JOHANNES NEUHOFER

»Auftrag aus Atlantis«

DER JOHANNESWEG ALS LEBENSZIEL

Aufgezeichnet von
Andrea Fehringer & Thomas Köpf

JOHANNES NEUHOFER

»Auftrag aus Atlantis«

DER JOHANNESWEG ALS LEBENSZIEL

Aufgezeichnet von
Andrea Fehringer & Thomas Köpf

MÜHLVIERTLER ALM

Johannes Neuhofer
Auftrag aus Atlantis. Der Johannesweg als Lebensziel
Aufgezeichnet von Andrea Fehringer & Thomas Köpf
ISBN 978-3-200-05066-2

Besuchen Sie uns im Internet unter
www.muehlviertleralm.at

1. Auflage
Satz und Schutzumschlaggestaltung: Daniel Blazej, Freistadt
Umschlagfoto original: Dieter Hawlan
Druck: Druckerei Haider, 4274 Schönau im Mühlkreis, www.haider-druck.at
Printed in Austria

VORWORT

Ich ziehe meinen Wanderhut

Danke, liebe Freunde. Ich weiß nicht, wie ich es anders ausdrücken könnte. Danke, dass ihr Teil dieser Sache geworden seid, einer Bewegung im wahrsten Sinne des Wortes. Bewegung in der Natur. Wandern aus gutem Grund. Was wir vor fünf Jahren als Pflänzchen in den Erdboden gesetzt und gegossen haben, ist heute ein Wald aus Bäumen der guten Gesinnung. Bis heute haben mehr als fünfzigtausend Menschen den Johannesweg besucht, und die EU hat unsere Aktion zum Leuchtturmprojekt erklärt. Zu etwas, das Strahlkraft hat.

Der Johannesweg begann als Idee. Wir wollten etwas Nachhaltiges schaffen, einen Pilgerweg für Menschen wie dich und mich. Etwas Richtungsweisendes, das den Körper aktiviert und vor allem die Seele motiviert. Einen Weg mit Tiefgang, nicht nur gedacht als Wanderpfad, der sich rund um das prachtvolle Gebiet der Mühlviertler Alm zieht. Aus der Vogelperspektive ergeben diese vierundachtzig Kilometer das Bild einer Lilie, diese weiße Lilie ist auch unser Zeichen. Nein, dieser Weg sollte mehr können, als einfach nur da zu sein. Er sollte Körper und Geist in Einklang bringen. Als Mediziner bemühe ich mich jeden Tag darum, Leute zu heilen. Als Johannes zeige ich ihnen den Weg, wie das im Idealfall sogar ohne Tabletten geht. Es braucht mehr als ein Rezept. Bücher zum Beispiel.

Sie sind wunderbare Ärzte, die Bücher. Lesen und Lernen, das gehört für mich zum Leben. Deshalb gibt es Seelennahrung, sozusagen als Wegzehrung, in Form dreier Bücher, die in ihrer Ausrichtung eine Gesamtheit ergeben, wenn auch jedes für sich alleine steht.

Das erste Buch, *Der Johannesweg*, ist ein freundlicher Lebensratgeber. Es ist das Leitwerk als Sachbuch. Ein Guide, der den Wanderer auf eine Reise ins Innere mitnimmt. Zwölf Lebensweisheiten liegen dem zugrunde. Sie sind die Basis für ein glückliches Leben. Das mag ein wenig hochtrabend klingen, ist aber in Wahrheit ganz einfach.

Das zweite Buch, *Ich bin jetzt am Johannesweg*, ist eine Kurzgeschichten-Sammlung. Es beschreibt zwölf Schicksale, die bewegen, alle sind angesiedelt am Wegrand, wie Meilensteine der Zuversicht.

Und hier ist das dritte Buch, *Auftrag aus Atlantis*, ein Roman. Etwas Besonderes, fast Mystisches zum Fünf-Jahres-Jubiläum. Atlantis, eine Annäherung. Die Geschichte ist ungewöhnlich, aber sie liegt mir am Herzen. Weil sie eine Welt und eine Zeit beschreibt, die unserer nicht unähnlich ist. Eine Hochkultur, die langsam zugrunde geht. Weil sie sich selbst zerstört. Das Böse zieht ein und verdunkelt das Paradies.

Es ist ein Roman, der parabelartig die größten Herausforderungen unserer Zeit behandelt. Radikalisierung, Hass, Geiz, Egomanie, Terror, Existenzängste, Raffgier, Finanzkrise, Stress, Burnout, Arbeitslosigkeit, Asylthema, Fremdenhass und dergleichen. Wo ist hier der Sinn des Lebens versteckt? Wer gewinnt am Schluss? Ich finde, es gibt sehr wohl eine Lösung für das globale Zittern, und sie heißt: innere Festigung. Nur wer innerlich gefestigt ist, kann äußerlich etwas bewegen. In seinem Bereich und weit darüber hinaus. Gute Gesinnung und positive Energie lassen sich nachweislich in Wellen verbreiten und schaffen ein Klima des Zusammenhalts. Und in weiterer Folge: Frieden. Wenn Sie mir dazu etwas schreiben möchten, gerne: office@muehlviertleralm.at.

Jedenfalls, Chapeau. Ich ziehe meinen Wanderhut vor allen Wegbereitern und Wegbegleitern. Eine Idee geht um. Jeder kann einsteigen, wo er will, wandern, wann er will, und so lange gehen, wie er will. Der Johannesweg ist für alle frei. Ich hoffe, wir sehen uns. Und jetzt: Nehmen Sie eine kleine Abzweigung, ja, gleich hier, und schauen Sie, wo Sie gelandet sind. Willkommen in Atlantis.

KAPITEL 1
Der Stein des Wandels

Worte sind wie Schmetterlinge, denkt er. Filigran, flatterhaft, golden schimmernd, mit schwarzen Sprenkeln drauf. Du siehst sie vor dir, die Worte und die Schmetterlinge, lächelst, wenn sie vor deinen Augen tanzen, und kaum willst du nach ihnen greifen, schwupp, sind sie wieder weg.

Aron hat das Bild eines Flügelfängers vor sich, der mit einem Netz in der Luft herumfuchtelt und alles erwischt, nur keine Schmetterlinge. Er will schreiben, einen originellen Bericht verfassen, konkret eine Depesche über die Moral. Irgendwie dürfte er nicht ganz bei der Sache sein, seit einer Stunde sitzt er vor einem leeren Blatt Papier und starrt in die büttenweiße Unendlichkeit.

Das Nichts ist wie das Alles. Nicht greifbar.

Auch wenn jeder denkt, Erzähler, ja, das ist was für ein gutes Leben, eine Aufgabe, mit der man zufrieden alt werden kann. Aron weiß: Als Scriber hast du es nicht immer leicht. Alle glauben, was für eine Ehre, eingesetzt zu sein für das Volk, um die Wirklichkeit aufzuschreiben. Liebevoll betrachtet von den Augen, die auf deine Zeilen warten, sie lesen und, wenn du Glück hast, in ihren Zwischenräumen das Ungesagte entdecken. Und das Tag für Tag. Genau dort liegt der Haken. Kein Scriber ist Tag für Tag gleich gut. Die Muse küsst dich, manchmal schmust sie mit dir, manchmal streift sie dich nur mit den Lippen, so einfach ist das. Jetzt zum Beispiel küsst sie überhaupt gerade jemand anderen. Vielleicht Hanna von nebenan.

Oder seinen Freund Fred. Oder eines seiner Ferkel im Stall. Arons Gedanken entgleiten, heute ist er irgendwie zappelig. Vielleicht liegt es am Guayusa, drei Becher davon hat er in sich, oder am Wetter oder an den Schmetterlingen in seinem Kopf.

Sein Federkiel schwebt bewegungslos über der jungfräulichen Fläche. Der erste Satz, den er schließlich schreibt, lautet: *Der Tag beginnt lieblich*. Er streicht ihn sofort wieder durch. Was ist daran neu? Tage beginnen immer lieblich, verlaufen lieblich, enden lieblich. Wo ist der Wert der Neuigkeit? Depeschen sollen nicht einfach so dahergedacht sein. Sie sollen zum Nachdenken anregen. Wie draußen, in der Stille der Natur, wenn man sich mit dem Ewigen verbindet. Nachdenken ist eine Kunst. Sie braucht Beharrlichkeit. Arons Disziplin hält sich momentan in Grenzen. Schreiben ist wie Laufen, denkt er bei sich, du grübelst nicht, ob du es tun sollst, du tust es, also zumindest bei ihm ist das so. Normalerweise bleibt er auch beim Schreiben dran, trotz der Ablenkungen, gibt nicht auf. Nur heute springt der Funke zu zaghaft. Der Funke, der das Feuer entfacht. Was ist los mit mir?, fragt sich Aron im Stillen. Die Unrast muss einen Ursprung haben. Welchen, scheint wie im Nebel verborgen. Er legt den Federkiel beiseite, schließt das Fass mit der grauen Schreibmelasse, er schreibt gerne mit dieser Farbe, lieber als mit Blau oder Schwarz. Er steht auf. Und setzt sich gleich wieder.

Der Tag beginnt unlieblich, schießt es ihm durch den Kopf.

Un-lieblich.

Das wäre doch einmal was. Die Leute würden … staunen. Kann man eine Depesche mit einem *Un* beginnen? Ein liebliches Wort zum Unding machen? Aron schüttelt den Kopf. Wo kommt denn das jetzt daher, dieses *Un*? Eine völlig *un*atlantische Vorsilbe, zumindest in dieser *un*schönen Bedeutung. Unglaublich. Aron kommt sich vor wie von den zwei Buchstaben umzingelt. Und was sollen sie überhaupt heißen?

Die Welt ist nicht *un*. Sie ist gut, die Welt. Das Leben ist schön, die Menschen sind glücklich. Das ist die Realität. So funktioniert das alles nun einmal. Sie kennen hier nichts anderes, und dafür bedanken sie sich, wann immer es geht. Es gibt kein Pendant zum Positiven. Kein Gegenteil von gut. Was soll das auch sein? Ungut?

Komische Geisteskreise, denkt Aron bei sich. Womöglich braucht er eine Luftveränderung, um seine Gedankenwelt aufs Neue zu süßen. Ein paar Tage die Wellen betrachten, kann Wunder wirken. Wasser beruhigt die Gefühle. Schwimmen. Ein bisschen Hochfrequenzenergie tanken. Vielleicht würde er nächste oder übernächste Woche eine Reise zum anderen Ende der Insel antreten. Der Kontinent hat viele Paradiese, jedes von ihnen über die Transportationsstationen in wenigen Sekunden erreichbar, und er kennt lange noch nicht alle. Nur bleiben ihm höchstens ein paar Tage zwischen den Depeschen, da bewegt man sich doch lieber nicht zu weit weg.

Auf telepathischem Weg schickt er einen Gedanken an die Sammelstelle für Öffentliche Depeschen: *Liebe Freunde, die Abgabe des Traktats verschiebt sich leider, ich suche nach zu vielen Worten, brauche frische Luft und muss mir die Inspiration holen, um euch was Vernünftiges vorzulegen, ich muss das Hirn wandern lassen.*

Kurz darauf hört er die Antwort in seinem Kopf. *Alles klar, Aron, nimm dir ruhig Zeit, wir haben noch zwei Depeschen von dir, Carl arbeitet gerade an der Rede, wir wissen, diese Dinge entstehen nicht von selbst. Du wirst schon spüren, wenn es soweit ist.*

Aron schickt noch einen Gedanken zurück: *Danke euch. Ich werde die Muse locken. Wir sehen uns am Abend beim Fest, lange Tage und angenehme Nächte.*

Er geht ins Vestibül, zieht seinen leichten, beigen Überwurf an und verlässt das Haus. Die Eingangstüre bleibt einen Spalt offen. Falls jemand etwas braucht, Milch, Eier, eine Schüssel Getreidebrei, was auch immer. *Meins ist deins, und deins ist unsres*, so steht es über jeder Haustür ins Gebälk geritzt.

Draußen scheint die Sonne von einem wolkenlosen Himmel. Was für ein traumhafter Tag, wie gemalt. Ein Geschenk Poseidons. Danke, denkt Aron unwillkürlich, so wie er es als Kind gelernt hat, nein, früher, er kam schon so auf die Welt, mit diesem Dank im Herzen. Sie alle kommen so auf die Welt. Die Luft schmeckt nach Freiheit, die Natur rundum sieht aus wie ein Fresko. Satte Farben, Pinselstriche der Perfektion. Die dunkelgrün geschwungenen Hügel im Hintergrund, die Pinienwälder, die Zedern, die Felder der Bauern, die schönen Häuser, weiß, rot, schwarz, die Farben von Atlantis.

Arons Blick folgt der gepflasterten Straße, die hinunter ins Tal und zum Marktplatz, dem Sonnenzentrum der Stadt, führt. Heute ist Wanntag, es wird jetzt schon einiges los sein. Trubel, jede Menge Rummel und Vorfreude auf das Fest zu Ehren von Poseidon. Heute Abend wird er mit einem Himmelsfeuer geehrt. Alle kommen zu dem Ereignis zusammen und staunen. Beten, dass sie das Glück umarmt. Jetzt und jeden Tag, der zum Jetzt wird. Das ist meine Heimat, denkt Aron und lächelt wieder. Alles in bukolischem Gleichklang, ja. Alles austariert und eins mit dem Universum. Stimmig. Wie ein Glockenspiel, bei dem jeder Ton stimmt. Alles ist da, um sie, in ihnen. Jeder hat alles, alle haben das Eine. Das Göttliche. Das Glück. Die Fülle. Das ist das herrschende Lebensgefühl. Wobei, hie und da blitzt jedem einmal der Übermut durchs Hirn. Denkt jeder einmal, dass da etwas ist, was noch warten könnte. Bei Aron ist das die Einheit der Zweisamkeit. Eine ständige Lebenspartnerin, die ihn durch die Fährnisse des Daseins begleitet, Seite an Seite, für jetzt und an allen Tagen, die zum Jetzt werden. Um Poseidons willen, das muss noch nicht gleich sein. Immerhin gibt es genug junge Mägde, und irgendjemand muss ihnen ja wohl zeigen, was die Liebe alles kann. Aron ist ein Freund der Frauen und der Literatur, Buchstaben und Busen gefallen ihm gleichermaßen. Er denkt das nicht laut, in Atlantis lacht jeder gern, das schon, trotzdem könnte es jemanden verletzten.

Jemand räuspert sich.

»Guten Morgen, Nachbar!«, tönt es von nebenan. Gesprochen, nicht telepathisch verschickt. Hanna zwinkert ihm zu.

Sie ist eine Kokette, das weiß Aron aus Erfahrung, er kennt sie seit Kindertagen. Er verbindet das Wort Verlockung immer mit ihren schwarzen Spirallocken, die auf und ab wippen, wenn sie sich bewegt. »Hanna, was kann dein Tag?«

»Nur Gutes. Ich habe viel vor, was genau, muss ich noch überlegen und ordnen. Vielleicht hilfst du mir ein bisschen dabei, hm? Möchtest du mit mir den Tag überlegen und ordnen?« Ihre Mundwinkel ziehen sich auseinander, eine Augenbraue hebt sich.

»Ich bedanke mich, bin selber am Überlegen und Ordnen, gemeinsam würde da erst recht alles durcheinander geraten. Ehrlich, ich habe einen Spaziergang nötig. Frischluft. Bewegung. Mehr Schwung. Ich weiß nicht, heute komme ich mir vor wie jemand, der in einem Sack aus Ideen steckt und nicht rauskommt.«

Sie stemmt die Arme in die Seiten: »Ein Sack mit Ideen, und du bist … was? … eine Erdbirne? Ein Gefangener? Unsichtbar? Ist das so ein Bild aus einer deiner Geschichten, über die man sich Gedanken machen soll? Der Sack, ein Mysterium. Ich weiß nicht, ob das alles jugendfrei ist, was mir dazu einfällt.«

»Deine Assoziationen sind selten jugendfrei«, sagt Aron und fährt sich durch die schwarzen Haare. Er trägt sie gescheitelt, etwas länger, und lässt eine Strähne in die Stirn hängen, in der Annahme, es verleihe ihm einen Hauch von einem Abenteurer.

»Nicht wahr?« Hanna fasst das als Kompliment auf. »Das ist es auch, was du an mir so aufregend findest.«

Resolutes Persönchen, denkt Aron nur für sich, zierlich und doch mit einem Selbstbewusstsein ausgestattet, für das sie jeder Donnergott beneidet. Seine Gedanken schlendern weiter. Bei Hanna braucht man einen festen Willen. Wenn sie etwas möchte, bekommt sie es auch, schon im Lernhaus war klar: Wünsche schlägt man ihr nicht so einfach aus. Gleich darauf kommt ihm der Vergleich mit dem der Hanna heute und der Hanna damals seltsam vor. Was in der Vergangenheit liegt, interessiert die Menschen auf der Insel nur marginal. Was gelebt ist, ist gelebt. Sie befinden sich ganz und gar im Jetzt. Sie reden in der Jetzt-Sprache, fühlen im Jetzt, gehen auf im Jetzt. Denken selten zurück, außer um den Beginn von etwas zu finden, was sie im Jetzt nicht verstehen. Und sie schauen nicht zu weit vor, weil dort die Tage liegen, die zum Jetzt werden, und das tun sie ohnehin von allein. Es kommt, was kommt, und das ist gut. Wie jemand im Lernhaus ist, zählt später nicht mehr. Menschen ändern sich, und zwar immer zum Besseren.

Aron schüttelt sein Gegrübel ab. »Hast du heute schon etwas Großes getan?«, fragt er.

»Noch nicht. Es ist erst Mittag, ich habe noch alle Zeit, den grünen Punkt im Großen Kalender zu machen. Die Hast macht das Leben kürzer.«

Er nickt. »Gibt es etwas Neues aus dem Zentrum?«

Hanna ist immer besser informiert als die meisten, selbst als Scriber lässt sich Aron von ihr Gespräche und gern auch Gerüchte tuschelheiß servieren. Wenn die Nachrichten, die der Visionator morgens in die Häuser bringt, das Frühstück für die Neugier sind, dann sind Hannas Bemerkungen der Nektar zur Vesper. Ihr entgeht nichts.

Sie überlegt einen Moment. »Es tut sich eigentlich wenig rund um die Kristallpyramiden. Ein paar Docea-Damen meinen es mit der Ausbildung besonders gut, die Kinder jonglieren mit fünfdimensionalen Vektorrechnungen. Ist das gut? Oder eine Spur zu viel des Besten? Man palavert wild in den Gedankenforen.« Sie imitiert eine Henne, um klarzumachen, dass so was für sie nicht mehr als Gegacker ist. »Sonst ist alles recht ruhig. Ach ja: Eine Hohepriesterin aus Area Acht lässt von sich hören, weil sie bei Zeremonien sogar Babys in hochfrequentes Licht taucht. Die Luzidenz soll früher beginnen, meint sie. Na ja. Neue Ideen sind immer gut. Ein paar Eltern haben vorsichtshalber eine Untersuchung erbeten, um sicher zu sein, das Richtige zu tun. Ansonsten sind die Grillen lauter als jedes Gerücht, alles brav und viel zu artig.«

»Und der Hohepriester? Was sagt Belan zum heutigen Tag?«

»Er lobt das Schwingungsniveau. Die Reinheit der Gedanken und die hehren Absichten des Volkes.«

»Niemand tanzt aus der Reihe?«

»Nicht einmal ich.« Hanna schürzt die Lippen. »Kann ich sonst noch etwas für dich tun?«

»Meine Depesche über die Moral schreiben.«

»Danke, das überlasse ich gerne dir. Am besten, du meldest dich, wenn du zu einem Schluss gekommen bist.«

»Das kann dauern.«

»Du weißt, ich bin die Stieftochter der Geduld.«

Aron lacht. »Na denn, lange Tage und angenehme Nächte.«

»Dir auch, Aron.«

Er hebt die Hand und geht die Straße hinunter. Obwohl das Rundsteinpflaster sich unter den Sohlen seiner Fußleder leicht buckelig wellt, fühlt er sich wohler als auf hufgeglättetem Boden. Der Weg ins Tal ist bei ihm immer mit einer Einsicht verbunden, ein Effekt, den andere Menschen beim Wandern spüren. Der Blick richtet sich von außen nach innen. Und wieder zurück. Schon allein deshalb verzichtet er auf Transportmittel wie die Kutsche, den Elektrowagen oder gar das Hochgeschwindigkeitskatapult. Distanzen zu überbrücken ist keine Frage der Zeit und der Bequemlichkeit, es ist eine Frage der geistigen Beweglichkeit, mithin von denkerischer Qualität. Aron erinnert sich an ein Paradoxon, das die Gedankenschule überliefert. Zenon von Elea denkt über die Grundsätze der Bewegung nach. Er bringt das Beispiel des Pfeils. Zenon geht davon aus, dass ein fliegender Pfeil in jedem Abschnitt und Augenblick seiner Flugbahn einen bestimmten, exakt umrissenen Ort einnimmt. An einem exakt umrissenen Ort kann sich der Pfeil nicht bewegen, er ist wie eingeschlossen in der Zeit, im Ruhezustand. Hingegen: Wenn sich der Pfeil in jedem Moment in Ruhe befindet, müsste er auch insgesamt ruhen. Und doch fliegt er. Hm. Paradox. Physiker haben unterschiedliche Erklä –

Wumm!

Etwas ist in ihn hineingekracht. Ein Veloceel, hellblau und ohne Fahrer. Jetzt liegt es verbogen am Weg, daneben eine junge Frau, die sich den Schrecken abschüttelt.

»Haben Sie sich verletzt?«

Sie rappelt sich auf, putzt sich ihr Cape ab. »Das tut mir furchtbar leid, wissen Sie, ich war da vorne und müsste jetzt dort unten sein, ich habe mich überhaupt nicht bewegt und dann doch.«

»Wie der Pfeil«, rutscht es Aron heraus.

»Welcher Pfeil?«

Er winkt ab. »Der von Zenon. Kennen Sie nicht, tut nichts zur Sache.«

Die Frau stutzt. »Ist das nicht das Paradoxon mit dem Pfeil, der sich bewegt und gleichzeitig in der Luft steht?«

Arons Miene hellt sich auf wie der Himmel nach einem Gewitter. »Interessieren Sie sich für Gedankenexperimente? Paradoxa?«

»Berufskrankheit. Ich sollte mich auf das Veloceelfahren konzentrieren«, sagt sie etwas verschämt. »Esra.«

»Wie bitte?«

»So heiße ich. Esra.«

»Ah, ja.« Er streckt die Hand aus. »Aron.«

»Hallo.«

»Fahren Sie immer fremde Männer über den Haufen?«

»Nur, wenn sie im Weg stehen und mir langweilig ist.« Sie macht eine Pause und hält den Kopf schräg. »Ich kenne Sie von irgendwo.«

»Ich schreibe. Die Depeschen werden sogar gelesen, deshalb werden sie manchmal auch mit meinem Konterfei hinausgeschickt.«

»Genau, der Scriber!« Sie hebt den Finger. »Jetzt weiß ich's. Sie sind der Typ mit den Sinnbildern.«

»Den Bildern, die keinen Sinn ergeben.« Aron grinst. »Das bekomme ich zumindest von meinem besten Freund zu hören.«

Esra legt die Stirn in Falten: »Wäre es schlimm, wenn Ihr Freund gerade Verstärkung bekommt?«

»Gar nicht. Texte polarisieren immer. Man wird nie hundert von hundert Menschen mit einem Traktat erreichen, ich meine, dass die Geschichte allen gefällt.« Apropos gefallen, denkt er bei sich. Sie hat ein hübsches Gesicht, wie eine Puppe aus Weißsandton. Hohe Backenknochen und einen sinnlichen Mund. Ihre Augen erinnern ihn an das blau schimmernde Grau von Sternenstaub. Die Haare, schulterlang und leicht gewellt, definieren einen besonderen Braunton, der ins Rötliche sticht, wenn das Sonnenlicht in einem bestimmten Winkel darauf fällt. Sie trägt einen knappen Kittel, weiß vor dem Unfall, und ein gelbes Armkleid, jetzt schmutzig vom Sturz, dazu ein Amulett aus Holz, ein Penrose-Dreieck, das den Anschein erweckt, es handele sich um eine geschlossene dreidimensionale Struktur. In Wahrheit ist es eine optische Täuschung.

»Hübscher Anhänger«, sagt Aron, »aus der Stadt?«

»Ich habe ihn von meinem Paul.«

Schlechte Nachricht. »Ihr Mann?«

»Fast. Mein Bruder. Er ist Bauer.«

»Schöner Beruf. Tut viel für die Gemeinschaft. Ernten heißt Essen. Der Zyklus bleibt gewahrt. Er trägt Wertvolles dazu bei. Sie können stolz auf ihn sein.«

»Bin ich auch. Obwohl, er kann ein ganz schöner Hitzkopf sein.«

»Sind wir nicht alle im Grunde unserer Seele Eroberer?«

»Das klingt provokant. Soll ich Sie noch einmal mit dem Rad niederfahren? Als Zeichen der Stärke?«

Er muss lachen. »Eroberungen stelle ich mir anders vor.«

Sie sieht ihm direkt in die Augen, eine Spur zu lange. Die paar Sekunden zu viel, die eine Stille erzeugen, ein Vakuum, das etwas Besonderes ausdrückt und vieles ungesagt lässt. Es ist einer dieser Momente, der eine gewisse Folgenschwere in sich hat und keine Worte braucht. Als mache das Schicksal eine Tür auf und zwinkere. Traust du dich hineinzugehen? Na komm schon, nur zu, geh schon. »Eroberungen? Die stelle ich mir ganz anders vor.« Sie lächelt, mitreißend.

Aron schluckt, sein Adamsapfel hüpft. »Woher kommen Sie?«

»Aus Area Fünf, die kleine Siedlung hinter den Hängenden Gärten. Gleich nach dem Tempel des Lernens.«

»Ich weiß schon, sehr schöne Gegend, so ruhig und stilvoll. Was machen Sie beruflich?«

»Ich bin eine Docea.«

Das ist das Letzte, was Aron hören will. »Ach.« Lehrerin für Ethik. Er selbst muss sich die moralbeklatschten Traktate aus dem Hirn destillieren und beflissen aufbereiten, damit sie dem Gemeinwohl dienen. *Lesen ist Lernen*, steht auf dem Eingang der Hauptbücherei. Ethik ist die Lehre vom richtigen Handeln. Eine Docea hat diese Werte verinnerlicht, sie weiß ganz genau, wie man Anstand schreibt und hochhält, nur allzu gern mit erhobenem Zeigefinger. Aron räuspert sich. »Sehr schön. Wen unterrichten Sie gerade?«

»Alle, die Unterweisung brauchen. Hauptsächlich Kinder und Halbwüchsige. Mithilfe von Farben wird die rechte Gehirnhälfte aktiviert«, sagt sie, als wüsste das in Atlantis nicht jedes Kind.

»Ah«, sagt Aron. Er weiß nicht genau, was er mit dieser Belehrung anfangen soll, und ah passt immer.

»Ich lasse ihnen geistiges Wissen zukommen«, erklärt Esra weiter. »Es ist sehr schön, mitanzusehen, wie sich diese kleinen Menschen entwickeln.« Sie wirft ihm einen besonderen Blick von der Seite zu. »Wenn die Seele wächst und formbar ist, darf man sie nicht in ein Gefäß gießen. Sonst bleibt sie für immer in dieser Struktur.«

»Das klingt tiefgründig, darf ich das für meine Depesche verwenden?«

Sie errötet und winkt ab. »Bitte nicht. Sind Menschen eigentlich immer Dialogspender für Scriber? Nutzen Sie Ihre Gesprächspartner dafür?«

»Manchmal.« Aron versucht, das Thema umzulenken und benützt gleich das, was ihm Hanna gerade gesteckt hat. »Ich höre, dass Kinder schon fünfdimensionale Vektorrechnungen machen müssen, stimmt das?«

Sie streicht sich über die Augenbrauen und sieht ihn mit schief gelegtem Kopf an. »Woher wissen Sie das? Das macht angeblich eine Kollegin. Es ist eher … intern.«

»Ich will nicht aufdringlich erscheinen«, sagt Aron, »ich habe das zufällig gehört. Meine Nachbarin redet mehr, als den meisten lieb ist.«

Der Mann ist von ungewohnter Natur. Esra überlegt eine schnippische Antwort, belässt es dann bei einem vielsagenden Nicken, das alles heißt und ebenso viel offen lässt. Nebenbei kontrolliert sie ihr Veloceel auf Fahrtauglichkeit. Sie biegt das Lenkrohr zurecht, auf ein paar Radspeichen kommt es nicht an. »Schaut aus, als wäre nicht alles verbeult.«

»Die Rundungen sind an den richtigen Stellen.« Aron hält die Doppeldeutigkeit für gelungen.

Esra schaut ihm ohne Reaktion in die Augen. »Wenn alle Scriber so eindimensionale Sprüche für die Allgemeinheit hätten, wäre die Welt schon taub.«

Bevor er etwas sagen kann, schwingt sie sich aufs Veloceel. »Lange Tage und durchaus angenehme Nächte.« Und weg ist sie. Ihre letzten zwei Gedanken sind Männer und danke.

Eine Spröde also. Man sieht das gleich. Aron hat Erfahrungen mit solchen Damen. Sie umgeben sich mit dem Nimbus der Unantastbarkeit, lassen ihre Umwelt, vor allem ihre männliche Umwelt, wissen, dass sie die Fleisch gewordene Gerechtigkeit, das unabdingbar Richtige sind, und wenn man sie näher begutachtet, Schicht um Schicht beäugt, sich zu ihren Grenzen vortastet, schwupp, sind sie weg. Wie die Worte und die Schmetterlinge. Ich bin dahin, schnöder Spaziergänger, lange Tage und durchaus angenehme Nächte. Durchaus. Das ist die raffinierte Art. Er kann es förmlich hören, woran er sich ihrer Meinung nach noch üben soll: Es fehlt dir an Empathie, mein Freund, daran solltest du denken und an dir arbeiten, wenn du deine nächsten Depeschen verfasst, fühl dich hinein in das Große und Ganze, bis es kribbelt in der Amygdala, spüre das Wunder und lass dich vom Gängelband des Altruismus ziehen, sei kein Abklatsch deiner selbst und hüte dich vor dem Doppeldeutigen. So was in der Richtung hätte sie gern gesagt, da war er sicher. Na ja. Manche Stachelbeeren soll man nicht pflücken.

Docea. Er hat nicht die beste Meinung von Lehrerinnen. Sie sind kühl, unnahbar und irgendwie allwissend in ihrem unmittelbaren Selbstwertgefühl. Ein ungewollt entschlüpftes Wort, ein unbedachter Geistesblitz, und schon sitzt man im fassgroßen Fettnapf. Danke, denkt er, seine Nächte sind angenehm genug. Trotzdem hinterlässt diese Frau in seinem Hinterkopf einen Eindruck, den Aron nicht zu deuten weiß. Interesse, ja, vielleicht. Interesse, ein kleines, ein winziges, ein fast nicht vorhandenes Atom von Neugier.

Er geht zum Marktplatz und findet Ablenkung in der Menge. Kräuterkrämer legen ihre Ware aus, auf einem Holzschild ist das getrocknete und geriebene Menü aufgelistet: Symbole für Beifuß, Thymian, Dille, Ysop, Kerbel, Estragon, Kresse, Blutampfer, Heiligenkraut, Lorbeer, Pimpinelle, Majoran, Rosmarin, Tripmadam und Salbei. Herrlich. Fischer präsentieren ihre Goldmakrelen, Adlerfische, Huchen, Sprotten und Steinbeißer, auch Muscheln und Fangschreckenkrebse. An jeder Ecke stehen Trauben von Menschen und ersuchen um Kumquats oder Gurken und Feigenblattkürbisse. Aron schaut ihnen gern zu, er liebt das bunte Treiben.

Die Marktleute packen das Gewünschte ein und bedanken sich für den Tauschhandel. Meistens wird Ware getauscht, ich habe dies, du möchtest das, möge es dir Freude bringen. Man holt sich, was man braucht, nicht mehr und nicht weniger. Jedem steht alles zur Verfügung. Niemand nimmt sich mehr als nötig. Wer gerade keine Ware zum Tauschen hat, quittiert mit kleinen, glänzenden Scheiben aus Metall. Das Rundmetall ist eine handliche Form des Dankes, der von einem zum andern geht, als Zeichen dafür, dass sie alle miteinander verbunden sind. Eine Gemeinschaft, mehr noch, eine Einheit. Der Überschuss an Rundmetall, der da von Hand zu Hand wandert, wird am Ende des Zyklus aufgeteilt, damit niemand zu kurz kommt.

Alle teilen alles, alle profitieren von allem. Die Grundversorgung mit Nahrungsmitteln und Alltagsgütern ist Voraussetzung für das Zusammenleben ohne Schieflage. Der Marktplatz am Sonnenzentrum ist sein Mittelpunkt.

Aron schlendert zwischen den Ständen durch. Es duftet nach Vielfalt, er fühlt sich wohl in dem geschäftigen Tun. Lebendig, als Teil von etwas Gutem, Wichtigem. Er schickt einen Gedanken an den Milchhändler. *Ah, Joricu, ich darf dich um ein bisschen von dieser Hartmilch ersuchen.*

Servus, Aron, den würzigen?

Ja, und ein kleines Stück Ziegenkäse.

Bitte sehr.

Aron nimmt seine Schätze entgegen. I*ch bedanke mich, lange Tage und angenehme Nächte.*

Er legt einen Zwischenstopp bei der Obstkrämerin ein.

Valeresca, Sonnenschein!

Aron! Was darf ich dir reichen?

Ein paar Himbeeren, bitte, ich danke dir.

Hast du etwas gesagt?

Nein, warum?

Valeresca sieht ihn erstaunt an. *Ich bin mir sicher, dass da jemand etwas gesagt hat. Ich habe es gehört.*

Seit ein paar Tagen ist sie schon so seltsam. Als würde sie mit jemandem reden, der gar nicht da ist. Aron wundert sich, beunruhigt ist er nicht. Er geht weiter zum Obsthändler und holt sich einen Krug ausgelassenen Saft, halb Himbeere, halb Papaya, er mag diese Mischung. Nebenan besorgt er sich ein paar Eier und bummelt mit seinem Einkauf über einen Umweg zurück nach Hause. Es ist gut, nicht schneller als nötig unterwegs zu sein. Wenn der Tag dir nichts Anspruchsvolles abverlangt, denkt er bei sich, braucht es keine unnötige Eile. Die Kraft liegt im Fluss, und der Fluss ist stetig, nie reißend. Alles hat mit Energie zu tun, mit der Gesamtheit. Es fließt für sich und gleichzeitig auf die Menschen über.

Daheim macht er sich einen Salat mit gebratenem Okra und isst sein Mahl in Ruhe. Dann nimmt er ein Bad und genießt die Stille, schließt die Augen für ein paar Minuten, um zu meditieren. Geistige Beschäftigung ist der Schlüssel zu körperlicher Gesundheit. Und umgekehrt. Eines stärkt das andere. Das warme Wasser und der Lavendelschaum geben ihm ein Gefühl von Geborgenheit. Aron sinniert über einen Traum, den er in letzter Zeit öfter sieht, was merkwürdig ist, denn sonst träumt er nie dieselbe Geschichte zweimal. Dieser Traum kehrt wieder. Er handelt von einem Hund, der sprechen kann. Ein schönes Tier mit eisgrauem, dichtem Fell, spitzen, wachen Ohren und stechend blauen Augen kommt zu ihm und sagt: *Du musst aufpassen. Hüte dich vor dem, was kommt. Kleine Dinge haben große Wirkung. Wie ein Stein, der in einen See fällt und konzentrische Kreise bildet, die nach außen schwimmen. Alles hängt zusammen. Alles hat Auswirkungen. Jeder Handgriff, jeder Gedanke, alles lebt in Wellen.* Im Traum will er den Hund fragen, was das zu bedeuten habe, und genau in dem Moment verwandelt sich der in einen Wolf, der den Mond anheult, dann wird er zu einer weißen Taube, die davonfliegt und Schwärze hinterlässt. Seltsam. Wenn Aron sonst schon einmal träumt, dann von Frauen und Abenteuern auf Karavellen, von Seefahrern, die Segel hissen und Richtung Horizont aufbrechen, um Neuland zu entdecken. Dieser Traum ist anders. Er fängt mit einem Geräusch an, das Aron nicht benennen kann, es ist unangenehm tief und schnell und rhythmisch, wie ein Herz, das schlägt wie ein Trommelhagel. Auch wenn er sich die Ohren zuhält, wird der dumpfe Ton nicht leiser, im Gegenteil, je mehr er sich dem entziehen will, desto mehr steigt es ihn an. Und dann kommen der sprechende Eishund und der Wolf und die weiße Taube. Aron hat vor, über die Sache mit einer Hohepriesterin zu reden. Vielleicht soll er sich wirklich ein paar Tage woanders gönnen. Nach dem Wanntag, nach dem Fest.

Er steigt aus dem Badezuber, trocknet sich ab und cremt sich den Körper mit einer Ölmischung ein. Sie ist für ihn komponiert, exakt auf seine Haut und seine Sinne abgestimmt. Er betrachtet sich im Spiegelglas und ist zufrieden. Er ist gut genährt, ohne eine Unze Fett, darauf achtet er neuerdings. Alles geht leichter, wenn der Körper leicht ist. Bis auf das Schreiben. Offenbar muss er da noch ein bisschen mehr auf sich achten. Anscheinend braucht er eine Hirndiät, um seine Gedanken ballastfrei bewegen zu können. Aron trägt ein, zwei Dufttropfen auf an diesem besonderen Tag. Er zieht eine dunkelblaue Hose und ein weißes Wams an, überlegt kurz, ob er einen Poncho nehmen soll, entscheidet sich dann für einen schwarzen Überwurf mit haardünnen, und doch frechen Streifen aus gelben Fäden. Eitelkeit ist nur die Freude an sich selbst, denkt er bei sich. Ein letzter Kontrollblick ins Spiegelglas, und er macht sich auf den Weg. Wie alle anderen auch. Zum Tempel des Poseidon, dem Zentrum der Zeremonie.

Das Abendrot ist nur mehr ein hauchdünnes Band am Horizont. Menschen schlendern in langen Reihen oder gehen in Gruppen, nicken einander zu, wissend, dass es wichtig ist, hier zu sein, als Einheit. Dem Weltenbauer und seinen Helfern zu huldigen und ihm zu danken für das, was sie haben. Aron biegt in eine kleine Gasse, geht vor, dann nach rechts Richtung Hauptplatz, es ist nur mehr ein Katzensprung, noch einmal um die Ecke, er denkt über die –

Wumm!

Stirn prallt gegen Stirn. Er ist in jemanden hineingerannt. »Verzeihung«, sagt er, »das ist mir sehr peinl –«

Es ist Esra. Als er sie erkennt, muss er unweigerlich lachen.

»Ah«, sagt sie. »Schöne Überraschung.« Sie reibt sich die Stirn. »Wird eine ordentliche Beule. Ich kann als Einhorn zum Fest gehen.«

Aron schüttelt den Kopf. »Ich … ich. Entschuldigung, noch einmal. Bin, ehrlich gesagt, fassungslos. Das gibt es doch nicht, oder? Zwei Unfälle am selben Tag, mit derselben Person. Wenn das kein Treppenwitz des Schicksals ist. Was sagt die Ethik?«

»Die Ethik ist eingedepscht.« Esra bemüht sich um ein ernstes Gesicht, das Lächeln ist stärker. »Manchen Menschen kann man einfach nicht aus dem Weg gehen.« Wenn sie lächelt, bilden sich winzig kleine Falten um ihre Augen, was charmant aussieht. Wie alt sie wohl ist?, denkt Aron, natürlich nur leise.

»Ich würde es so sagen: Die magnetische Anziehung zwischen manchen Körpern ist so hoch, dass es nur eine Frage der Zeit ist, bis sie aneinanderkleben. Plus-Minus ergibt Energie.« Er führt seine Zeigefinger zusammen, um das anschaulich zu machen.

»Sehr weise, danke für die Nachhilfe. Bevor wir uns weiter in der Elektromechanik umtun, möchte ich fragen, ob wir vielleicht weitergehen. Es beginnt bald.«

Aron wirft automatisch einen Blick auf seine Chronosonne. »Genau, ja, hm.« Jedes Mal, wenn er Esra ansieht, sind exakt die Worte weg, die er sagen will. Für ein geistreiches, telepathisches Palaver ist er zu aufgewühlt. Etwas Besonderes geht von dieser Frau aus. Was, kann er nicht benennen. Sie ist reizvoll auf eine seltsame Weise. So wie man Windwesen bewundert oder einen Mondstrahl.

»Ich möchte mich noch für die Bemerkung von heute Mittag entschuldigen. Ich meine das nicht so. Ist anscheinend falsch angekommen. Ich schlage vor, wir beginnen noch einmal von vorne.« Er hält ihr die rechte Hand hin. »Aron. Wir können das Du verwenden?«

Sie nimmt sie und nickt. »Ich, Esra. Du, Aron.«

Sie kann sogar schmunzeln, denkt Aron bei sich. »Wie bitte?«

»Ist eine Geschichte aus einem anderen Land.«

»Ich kenne sie. Wenn Scriber nicht schreiben, lesen sie.« Er macht eine kleine Pause. »Jedenfalls: Schön, dich kennenzulernen, Esra. Ehrlich.«

Ihre Hand fühlt sich warm an, zart und weich. Er hält sie eine Spur zu lange, einen Hauch über dem normalen Maß, so wie sie ihren Blick zu Mittag.

»Schicker Stoff übrigens, sehr raffiniert«, sagt sie und zieht eine der hauchdünnen, eingewebten, gelben Fäden mit dem Finger nach.

»Danke, dein Gewand ist …« Er überlegt, dass ja kein schiefer Zwischenton rüberkommt und falsch zu verstehen ist. »… ausgesprochen schön, dieses Mauve, ein Traum.«

»Ich liebe diese Farbe«, sagt Esra. »Sie erinnert mich an die Stunde vor dem Sonnenaufgang und ans Wandern mit meinem Vater.«

»Ihr geht gemeinsam wandern?«

»Er ist leider nicht mehr da.«

Aron nickt nur und schweigt mit Bedacht. Sie flanieren weiter zum Tempel. Zigtausende Menschen sind in der Zwischenzeit dort versammelt. In ihren Gesichtern spiegelt sich das Glück wider. Alle erwarten die Zeremonie, die Blicke auf den Tempel gerichtet. Ein Raunen. Die Zwölf Hohepriester treten auf den Balkon und reihen sich an der Balustrade auf. In wallend weißen Gewändern, wie Elfen oder Engel. Belan, gefolgt von Aleph, Daido, Clea, Horvin, Sasklevia, Gaia, Porto, Evan, Vira, Adam und Cara. Applaus.

Malestro ist als einziger Schwarzer Magier zugegen, die dreizehnte Macht sozusagen, er steht links hinter Belan und trägt eine pechschwarze Kutte mit Kapuze.

Wir begrüßen euch, Atlanten.

Die Botschaft kommt von allen Hohepriestern in einer Art telepathischem Chor. Die Leute senden telepathische Frohbotschaften zurück, ein flächendeckendes Bekenntnis.

Es ist Wanntag. Der Tag des Poseidon und der Grund des Danks. Lasst uns das Goldene Zeitalter bejahen. Seid ihr euch dessen gewahr?

Ja!

Selbsterkenntnis und Achtsamkeit haben uns hierher geführt. Freude speist die Kristalle. Die Energie sind wir.

Ja!

Die Kristallpyramiden, die das Gelände im Viereck umrahmen, pulsieren in blauweißem Licht. Aron sieht Esra von der Seite an. Sie wirkt unwirklich schön. Wie etwas, das verschwindet, wenn man es berührt. Als sie den Kopf dreht, sieht er wieder nach vorne zum Tempel.

Freude ist die Saat und die Ernte. Sie ist der Kern und die Frucht. Kosten wir sie aus, es ist richtig. Freude ist jetzt.

Ja!

Die Menschen spinnen ein feines Netz aus Gefühlsfäden, das sich über die Zuschauermenge legt. Man sieht es an den Gesichtern, aus denen jede Spannung weicht.

Poseidon sorgt für uns. Und der Weltenbauer wacht über uns. Wir sind es, die dieses Geschenk annehmen und zu schätzen wissen. Wir wissen um das Wunder Leben. Lasst es uns ehren.

Ja!

Wir stimmen die Gedanken. Wir richten den Fokus auf die Zwölf Chakren. Und wir konzentrieren uns auf die Kraft, die unsere Kundalini speist.

Belan breitet die Arme aus.

Jeder von uns denkt etwas, das ihn berührt.

Belan schickt die Botschaft in aller Dichte wie ein telepathisches Gebot.

Denkt an etwas Großes.

Aron denkt an Esra. Sie beobachtet ihn aus den Augenwinkeln, ihr Mund öffnet sich, wie erstaunt, als finge sie seinen Gedanken auf. Denn er denkt nicht flüchtig an sie, sondern intensiv.

Denkt an etwas Großes.

Esra denkt an den Radunfall und den Zusammenstoß mit Aron. Anscheinend entscheidet ihr Hirn, dass diese Ereignisse als groß einzustufen sind. Sie will das Bild ändern, gegen ihren Geist protestieren, da faucht es, und der Himmel explodiert in einem Kaleidoskop aus Farben und Formen.

Das Feuerspiel der Freiheit. Alle Menschen jubeln, reichen sich die Hände, lächeln und winken anderen zu. Lichtgischte zischen hoch und immer höher, hinterlassen bunte Hologramme. Grüne Kugeln, rote Kegel, blaue Pyramiden und orangene Tetraeder. Einzelne Feuerbälle sausen noch höher und lassen einen goldenen Regen auf die Figuren nieder. Wieder johlen die Menschen, und aufs Neue fliegen

Lichtgischte hoch. Silbrig fächern sie sich am Firmament auf, bis das Himmelsfeuer verblasst, nur das Mondlicht scheint auf eine große Theaterbühne. Aron und Esra kommen einander näher, ohne dass sie es will, Millimeter um Millimeter, da stößt jemand einen schrillen Schrei aus.

Ein Kind brüllt.

Kurz darauf schreit eine Frau. »Mein Kind. Mein Kind! MEIN KIND!«

Ein Bub steht da mit blutüberströmtem Gesicht. Aus einem Loch in seiner Stirn rinnt Blut. Die Mutter hält ihn schützend, versucht zu beruhigen. Sie drückt ihre Hand auf die Wunde, um den Blutfluss zu stoppen, und winkt mit der anderen wie wild nach dem Vater. Er drängt sich durch die Menge, reißt den Ärmel seines Hemds ab und legt dem Kind einen provisorischen Verband um den Kopf. Neben dem Buben liegt ein großer Stein auf dem Boden.

Die Mutter reißt den Arm hoch und deutet ruckartig in eine Richtung. Sie schreit wieder: »Der war's! Er hat den Stein geworfen! Der mit dem roten Wams!«

Ein paar Schritte weiter steht das Kind, auf das sie zeigt. Alle Blicke richten sich auf den Buben mit dem roten Wams, der verschämt auf den Boden schaut und gleichzeitig so gar nichts Schuldbewusstes an sich hat.

»Seht nur, was er gemacht hat! Er hat mein Kind verletzt! Hier – mit diesem Stein! Mein Rolf ist getroffen! ER HÄTTE TOT SEIN KÖNNEN!«

Das gibt's ja nicht, denkt Aron, das war noch nie da. Seit wir die Zivilisation begründet haben, seit dem Anbeginn von Atlantis. Eine Tat wider einen Mitmenschen. Mit Absicht! Wie kann das sein? Und warum?

»Das muss ein Missverständnis sein«, sagt Esra. »Kinder machen so etwas nicht. Niemand wirft mit Steinen. Das ist vollkommen unmöglich. Es muss ein Unfall sein.«

Die Eltern des Buben mit dem roten Wams stehen regungslos da, ihre Augen schreckgeweitet. Sie wissen nicht, wie sie sich verhalten sollen. Ist das gerade Wirklichkeit? Hat ihr Fredrick einen anderen Buben blutig geschlagen? Mit einem Stein? Alle haben es gesehen. Wie kann das sein? Ein Zauber? Ein Fehler? Ein … Vorhaben?

»Sie sind schuld! Es ist Ihr Kind! IHR KIND!«, schreit die Mutter des verletzten Jungen, der sichtlich verwirrt ist und nicht begreift, was geschieht. Er ist im Schock.

Ruhe!, tönt es vom Balkon der Hohepriester. Sie wirken verstört, beraten sich. *Bewahrt Ruhe, bitte!* Malestro schiebt sich die schwarze Kapuze nach hinten und flüstert Belan etwas ins Ohr, worauf der Oberste Hohepriester verkündet: *Der Festakt ist zu Ende. Wir danken für euer Kommen. Die Dinge werden sich aufklären. Geht hin in Gelassenheit und Vertrauen. Lange Tage und angenehme Nächte.*

Die Menge löst sich auf. Leute stellen Fragen, auf die es keine Antworten gibt. Nur Wortfetzen. Ein Babel aus Meinungen. Ja. Der ist es. Mit einem Stein, ja. Aus Absicht. Das Blut auf dem jungen Gesicht. Verletzt. Niedergestreckt. Geschlagen. Mit dem Stein. Überall Blut. Und plötzlich sind sie da, die unbekannten Worte.

Wut.

Rache.

Zorn.

Hass.

Als haben sie gewartet, endlich gedacht zu werden. Ausgesprochen. Niemand hat sie je gehört, und doch wissen alle, was sie bedeuten. Und sie wissen es nicht nur, sie fühlen die Bedeutung. Erkennen, dass es Motive eines Handelns sind, eines Handelns, das nichts Gutes bringt. Nie gebraucht, einfach da. Der Bub im roten Wams hat sie entfesselt, mit einem Steinwurf.

Aus Wut?

Aus Rache?

Aus Zorn?

Aus Hass?

Was ist in ihn gefahren? Er ist ein Kind. Steckt etwas Größeres dahinter? Habt ihr was gesehen? Wie hat es begonnen? Ohne Grund. Aber es muss einen Grund geben. Aber was kann das sein? Aber …

Aber.

Immer wieder dieses Aber. Auch neu. Das Wort des Infragestellens. Des Widerspruchs. Auf einmal gibt es ihn, den Zweifel. Die Dinge sind nicht mehr eindeutig. Das Aber lässt nichts mehr sein, wie es ist. Der Stein hat nicht nur die Stirn eines Buben verletzt, er hat ein Loch in den Glauben an das Gute gerissen. Auch dafür gibt es ein neues Wort.

Gewalt.

Es ist, als habe der Stein alle getroffen. Die Menschen sind wie vor den Kopf geschlagen. Die Töne werden leiser, bis das Gerede verstummt. Die meisten gehen nach Hause.

Aron fasst sich selbst an die Stirn. »Hast du die Wunde gesehen?«, sagt er wie abwesend. »Das wird eine riesige Narbe werden.«

Esra beobachtet den Platz, von dem die Menschen sternenförmig abziehen. »Nein«, sagt sie und schüttelt den Kopf wie in Trance. »Die Wunde wird nie mehr heilen.«

Was für ein traumhafter Tag. Ich beginne in Pierbach im Mühlviertel und marschiere rechts hinauf auf den Ramlberg, den kenne ich wie meine Ordination. Ich nehme mir die Zeit, weil auch ein Hautarzt einmal frische Luft braucht. Ich muss raus, in die Natur, dort weiß ich, was es heißt, Mensch zu sein. Ich atme ein und wieder aus, grüße jeden, der mir entgegenkommt. Das Schöne am Wandern ist die spontane Sorglosigkeit. Probleme, die vorher groß sind, sind plötzlich kleiner. Weil sich der Horizont um sie mit jedem Schritt erweitert.

Ohne viel Zutun schicke ich meinen Geist auf Reisen. Eigentlich verkrümelt er sich ganz von selber. Und dann kommen Bilder zurück, manchmal Lieder oder wie jetzt ein Satz. Ich gehe, also bin ich. Klingt, als würde ein Philosoph nicht stolpern wollen. Aber man muss kein großer Denker sein, um sich Gedanken zu machen. Gerade eben, beim Gehen, frage ich mich, was das Gegenteil von dem ist, was ich hier erlebe. Was müsste passieren, damit sich innerhalb einer Sekunde alles ändert. Es ist der Hass, das Nervengift der Seele: Wo er auftaucht und ins Grundwasser sickert, wird der Boden unfruchtbar.

»Der Hass ist die Liebe, die gescheitert ist«, hat der dänische Philosoph Sören Kierkegaard Mitte des neunzehnten Jahrhunderts gesagt.

Zurzeit scheitert die Liebe, wie mir scheint, flächendeckend. Der Hass wird regelrecht zur Gesellschaftsform. Leute vertreten Meinungen mit der Keule wie damals in der Steinzeit. Und bist du nicht für mich, dann schlage ich dir den Schädel ein. Wahnsinn. Was ist nur passiert? Wie kann das alles so schnell kippen?

Manchmal komme ich mir vor wie die Maus in einem Labor. Jemand schaut zu, was passiert, wenn man die Bodenplatte unter Strom setzt. Warum hassen wir, was löst so ein menschenfeindliches Gefühl aus? Angst? Wut? Abscheu? Rache? Hass ist eine der intensivsten Emotionen, zu denen der Mensch fähig ist. Für Hass gibt es kein Synonym, nichts drückt so viel an negativen Gefühlen aus wie er. Lässt er sich einschalten, wenn man ihn braucht, etwa zum Schutz? Oder ausschalten, bevor es zu spät ist? Was macht einen Misanthropen aus: heruntergezogene Mundwinkel? Ein roter Kopf? Ein Hals, an dem Kabelstränge hervortreten? Eine Hand, die sich zur Faust ballt, bis die Knöchel weiß werden?

Es heißt, dem Hass müsse etwas vorangehen, eine Enttäuschung, eine Verletzung, eine Bloßstellung, vielleicht auch nur eine überlieferte Meinung. Ich kenne Leute, die mögen die Zahl Dreizehn nicht. Manche Menschen fürchten sich vor Enten. Das ist eher eine

Phobie, mag vielleicht jemand einwerfen, Angst ist etwas anderes als Hass. Stimmt schon, aber wenn ein paar Tausend Leute behaupten, dass Enten zum Fürchten sind und die Zahl Dreizehn Unglück bringt, wird man sich das nächste Mal gut überlegen, ob der Weg rund um den Teich nötig ist. Könnte sein, dass einem eine Ente auflauert. Man wird nicht auf Zimmernummer Dreizehn absteigen wollen im nächsten Urlaubshotel, wenn die überhaupt noch eine Zimmernummer Dreizehn haben. Fakten und Hergänge werden konstruiert, an den Haaren herbeigezogen und auftoupiert.

Hass ist die Rache des Feiglings für dessen Einschüchterung. Hasspostings sind der Ausdruck anonymer Wut, das Internet ist voll davon. Getarnt als freie Meinungsäußerung. Wut ist viral geworden.

Ich finde, Hass ist übertragbar wie eine ansteckende Krankheit. Und wenn ich jetzt so dahinmarschiere und einen Fuß vor den anderen setze, wird mir klar, dass die Bestie in jedem von uns steckt und lauert. Manchmal schlägt sie gegen die Käfigstäbe. Ich vereinbare mit mir, dass ich aufpasse und auch den kleinen Bruder des Hasses, den Jähzorn, bändige, wann immer er raus will.

Himmel, Herrschaft noch einmal! Jetzt bin ich umgeknickt und hab mir den Knöchel beleidigt. Ich hasse diese depperten Stolpersteine –

Naja.

Ist schon wieder gut, alles vorbei. Schauen wir, wie's weitergeht.

KAPITEL 2
Der verschwundene Kristall

Neuerdings hört Valeresca Stimmen. Eine davon kommt aus dem Energiekristall, der die Wissensbibliothek im Tempel des Lernens speist. Als Krämerin auf dem Marktplatz ist sie es gewöhnt, oft und von mehreren Seiten gleichzeitig angesprochen zu werden. Trauben hier, Beeren dort, eine Karaffe Saft bitte. Neu ist, dass es seit ein paar Tagen keine Menschen mehr zu den Stimmen gibt. Die Stimmen existieren für sich allein. Besonders eine. Die in dem Kristall.

Hörst du mich? Kannst du mich hören?

Valeresca nickt.

Komm, hol mich, dann reden wir weiter. Dauernd spricht dich alle Welt an, aber zum Reden hast du niemanden. Niemanden, der dich versteht. Ich verstehe dich. Wir können die ganze Zeit reden, über alles, was dir wichtig ist. Dein Kind, nicht wahr, das Kind, das du dir wünschst. Der Kristall kann dir helfen. Du musst nur hingehen, ihn holen und mich mit ihm. Er wird dir alle Wünsche erfüllen, der Kristall. Ich weiß es. Ich verspreche es dir. Trau dich.

Sie nimmt einen leeren Korb und geht barfuß auf die Straße. Valeresca spürt die spitzen Steine nicht, die ihre Sohlen aufreißen. Beim Gehen hinterlässt sie rotbraune Schlieren auf dem Asphalt. Sie lächelt dabei. Wie jemand, der eine Erscheinung hat und in die Ewigkeit eintaucht. Der Weg zum Tempel des Lernens ist dunkel und weit. Zu dieser nachtschlafenen Zeit ist keiner mehr unterwegs.

Keiner, der Großes denkt. Die Luft ist lau, vom Meer her weht eine sanfte Brise. Der Sommer lockt mit einem Vorgeschmack. Eine Ratte huscht über den Weg und verschwindet in einem Loch im Boden.

Das Tempeltor ist offen, wie alle Pforten in Atlantis. Valeresca zögert kurz, in dem Moment meldet sich wieder die Stimme.

Du machst das gut. Genau hier hinein, ja, du musst nach vorne, dann nach rechts, durch die weiße Tür, weiter nach links durch den grünen Korridor, ja, geh weiter, sehr gut, du brauchst dich nicht zu fürchten, dort vorne ist das Seitenportal, es führt zum blauen Kristallzimmer, verschwende keine Zeit und mache dir keine Gedanken, du bist auf dem rechten Weg. Siehst du ihn dort schweben, über dem Altar und im Schatten des Schreins? Er ist dein. Dein Kristall. Er gehört dir, ja, greife zu, ich verspreche dir, er wird dir helfen, dass du schwanger wirst und dein Kind bekommst, er kann das. Nimm ihn. Nimm ihn. NIMM IHN.

Ihre zitternden Hände langen nach dem Energiekristall. Irgendwo in einem versteckten Winkel ihres Gedächtnisses versteht Valeresca das Unrecht. Die Zwölf Obersten Direktiven kennt jedes Kind. Die vierte besagt: Es ist falsch, etwas zu nehmen, das allen gehört, allen dienlich ist, allen hilft. Der Energiekristall speist das Gedankennetz. Das Allgemeinwohl muss hintangestellt werden.

Valeresca überlegt, kurz. Der Drang schiebt sich in den Vordergrund. Die Entscheidung, genau hier und jetzt etwas für sich tun zu müssen, ist unumgänglich. Sich etwas zu nehmen, das ihr zusteht, ihr gehört, nur ihr.

Valeresca mustert und betastet den Kristall von allen Seiten. Wie schön er schimmert. Vorsichtig legt sie ihn in den Korb. Mit einem Gefühl, alles für ihr ungeborenes Kind getan zu haben, was möglich ist, verlässt sie den Tempel. Die innere Stimme schweigt. Ihre Füße schmerzen. Es fühlt sich an wie Messerschnitte, trotzdem ist der Schmerz weit weg. Sie trägt den Korb nach Hause, hüllt den Kristall in ein rotes Seidentuch und bettet ihn in eine gepolsterte Kiste, wie einen Säugling. Sie legt sich auf ihr Lager, denkt an nichts, weil sich ihr Kopf seltsam leer anfühlt, und schläft ein. Im Traum erscheint ihr ein Hund. Ein schönes Tier mit eisgrauem, dichtem Fell, spitzen, wachen Ohren und stechend blauen Augen. Ein Eishund. Seine Lefzen zucken, heben sich nach oben. Er knurrt. Reißt das Maul auf. Beißt ihr ins Gesicht.

Aron überlegt, wie er es anstellen soll. Einfach bei ihr anzuklopfen und ein Palaver zu beginnen, ist ihm zu platt. Esra würde sofort durchschauen, dass das kein zufälliges Schwätzchen ist, und ihn sein Taktieren spüren lassen. Natürlich kann er auch hergehen und sie um einen Spaziergang fragen, was vorgegaukelte Naivität signalisiert. Bei einer Docea flunkert man selten mit Erfolg. Mit der Wahrheit kommt man am weitesten. Generell und insbesondere bei einer Natur wie Esra. Wahrscheinlich ist es am besten, es geradeaus anzulegen und sie zum Essen einzuladen. Kein Abendschmaus bei Flammenlicht, eher etwas Unverfängliches. Lass es langsam angehen, denkt er bei sich. Ein Picknick mit einem Korb voll Delikatessen, so was in der Art. Das hat einen romantischen Beigeschmack und kommt nicht mit pseudofrivoler Deutlichkeit rüber. Oder doch ein feines Speisen nach Sonnenuntergang? Aron kann sich nicht entscheiden. Wenn die Sterne günstig stehen und der Abend nach Möglichkeiten Ausschau hält, arbeiten die Umstände für ihn. Die Quarztechnologie haben sie erfinden können, die Liebe funktioniert wie eh und je, denkt Aron bei sich. Er malt sich aus, wie es sei, wenn er sie einfach wieder spontan treffe. Er sieht ihr Gesicht vor sich, da hört er die Stimme in seinem Kopf.

Du brauchst nur fragen.

Ein telepathisch geschickter Satz. Von Esra. Arons Puls beschleunigt, er fühlt sich wie nach einem Sprint. Sie spricht ihn direkt an, von Gedanke zu Gedanke. Gut, wenn sie es so will, warum nicht.

Er antwortet telepathisch. *Esra, äh, ich will eigentlich über das Essen reden, nein, fragen, ob du Hunger hast, also, nein, besser, ob wir gemeinsam einen belegten Teig oder sagen wir einen Braten, nein, wahrscheinlich besser einen Fisch zu uns nehmen wollen. Wir können auch, genau, das will ich eigentlich vorschlagen, eine Decke ausbreiten und die Sache mit dem Korb machen, das Essen im Freien oder wenn du etwas anderes vor–*

Du holst mich um sieben ab.

Aron zuckt richtig zurück, dann lächelt er. So geht das also heutzutage, denkt er leise.

Er pflückt sieben pinke Amoralis vom Blumenfeld neben seiner Bleibe, bindet sie zu einem Strauß und fährt mit dem Elektrowagen am frühen Abend nach Area fünf. Esra hat ihm die Adresse zugedacht, Haus neun in der Siedlung hinter den Hängenden Gärten. Die selbstfahrenden Mobile in ihrer stromlinienförmigen Bauart gehören der Allgemeinheit, jeder kann es bedarfsweise nutzen. Geräuschlos bewegt es sich über die Straßen. Aron findet den Autopiloten hilfreich, weil er sich beim Gleiten in einen Zustand tiefer Meditation versetzen kann, ohne sich auf den Verkehr konzentrieren zu müssen. Die Leute entscheiden je nach Laune, ob sie das Steuer übernehmen oder nicht. Aron weiß es zu schätzen. Der Mensch erfindet die Technik und bedient sich ihrer, nicht umgekehrt.

Nach dem Tempel des Lernens biegt der Wagen rechts ein und drosselt die Geschwindigkeit von selbst, bis er vor einem weißen Haus stehenbleibt. Die Fahrertür geht automatisch auf. Aron zupft sich das Wams zurecht, holt einmal tief Luft und klopft an der Haustür. Nichts rührt sich. Er klopft noch einmal. Anscheinend lässt sie ihn zappeln. Erst nach einer Ewigkeit hört er Schritte, sieht, wie die Türe aufschwingt und da steht – ein Engel.

Esra hat sich herausgeputzt, die Haare hochgesteckt, die Wangen, Augen, den Mund ausgehfein geschminkt. Sie trägt ein dünnes, mauvefarbenes Seidengewand, das die Figur betont. Sie sieht atemberaubend aus.

Aron versucht, sie nicht mit den Augen abzutasten, das würde ihn absehbar erscheinen lassen, er will nicht als Eindimensionaler gelten und hält den Blick auf Augenhöhe. »Hier«, sagt er und hält die Blumen wie ein Kind am ersten Schultag vor sich, »die sind für dich.«

»Das wäre wirklich nicht nötig gewesen«, sagt Esra, obwohl sie es natürlich absolut unumgänglich findet. Sie ist sehr um einen neutralen Ton bemüht. »Und? Was hast du für heute Abend ausgesucht? Oder sollen wir etwas jagen?«

»Wir besuchen die Laue Taverne, habe ich gedacht.«

Die Gaststätte ist für besondere Anlässe vorgesehen. Regulär muss man Wochen im Voraus bekanntgeben, wenn man dort zu Abend speisen will. Das Essen gilt als eines der besten in ganz Atlantis.

»Beeindruckend«, sagt Esra. »Ein Mann mit Geschmack. Mit dem habe ich ehrlich gesagt nicht gerechnet.«

Aron kennt Cucumberlandt, den Inhaber der Lokalität. Er hat ihn gleich nach Esras Nachricht verständigt und sogar einen Gefallen angeboten, wenn er heute einen Tisch in der Taverne bekommt, und zwar den besten.

Als sie vorfahren, kommen zwei Helfer vom Eingang angesprungen und weisen den Weg zum Portal, einer hält die schmiedeeiserne Tür auf und macht einen Kratzfuß. »Nach Ihnen«, sagt er. »Möge der Abend unter einem Glücksstern stehen.«

Aron bedankt sich und gibt dem Mann ein bronzefarbenes Rundmetall. Der Begrüßer senkt den Kopf und verschwindet wortlos mit dem zweiten Helfer. Seltsam, denkt Aron, normalerweise bedanken sich die Leute für ein Handgeld, oder haben sie mit mehr Rundmetall gerechnet? Kann nicht sein, das ist hochgradig unschicklich. Egal, denkt Aron.

Die Laue Taverne ist von Fackeln beleuchtet, die in Halterungen stecken. Der Weg durch die Stube führt durch kleine Zimmer, in denen Paare an massiven Holztischen sitzen und sich angeregt unterhalten. Überall stehen alte Fässer, von der Decke hängen Planken, Segelreste, Schiffsmodelle, Steuerräder, Anker, allerlei nautischer Zierrat. Cucumberlandt biegt um die Ecke, eigentlich erst sein

Bauch, dann der Rest. Wäre er nicht Wirt geworden, würde er große Arien im Höchsten Amphitheater singen. Sein Bart bedeckt das halbe Gesicht, er trägt eine Augenklappe und ein Piratentuch auf dem Kopf. Alles in allem ein Gesamtkunstwerk.

»Ich begrüße meinen Freund und seine wunderschöne Begleiterin«, brummt er, »willkommen auf hoher See, im Meer der Geschmäcker.« Er macht eine ausladende Bewegung.

Aron ereilt, wie immer, wenn er den imposanten Wirten sieht, der Verdacht, dass er gerne ansehnliche Matrosen in seiner Kajüte empfängt. Was in Ordnung ist, jeder soll seiner Bestimmung folgen, Atlantis ist Atlantis. Sie werden in den Festsaal geleitet. In der Mitte steht ein Tisch auf einem Podest. Rechts am Rand spielt eine Gruppe Musiker, einer auf dem Luftlochholz, zwei auf der Bogenseite, eine junge Frau sitzt anmutig an der Engelswand, das Instrument überragt sie fast ums Doppelte. Aron kommt die Melodie bekannt vor, nur fällt ihm der Titel nicht ein.

»Hier ist euer Ankerplatz«, tönt der Hausherr und klatscht Diener herbei, die wie aus dem Boden geschossen dastehen und Sessel nach hinten rücken, damit erst Esra, dann Aron Platz nehmen können.

Sie kommen sich vor wie bei einem offiziellen Empfang. Beide lächeln über die fast schon übertriebene Eilfertigkeit. Jemand schleppt eine Tafel herbei, auf der mit Kreide allerlei Speisen in parodistisch-blumiger Sprache feilgeboten sind, Gerichte, die Cucumberlandt auswendig vorträgt. »Verwurzelte Yamsen in glücklicher Weinsauce, umgeben von blutjungen Karotten, gegart von humorvollen Schwestern in roten Schürzen. Sensible Sepiasuppe, in der kleine Dinge aus dem Meer baden. Merkwürdiges Huhn in einem Kokon, serviert mit Regenbogenreis und unstetem Kerbel. Ein Stück Weidelamm, gebraten im Großen Ofen, das, wie es hieß, sogar einen Gaumen kitzelt, der grundsätzlich auf Fisch ausgerichtet ist. Dann eine Überraschung zwischendurch, die niemand errät. Und schließlich die Frage: Schon schnieke Frösche probiert, in hauchdünnen Scheiben?

Danke, nein, denkt Esra ganz leise.

Zum Dessert würden sie einen eigenen Wagen bringen, erklärt der Minordomus neben Cucumberlandt. »Oder ihr zwei Hübschen nehmt den ausgedehnten Dialog für zwei, ein zehngängiges Menü mit allen Spezialitäten des Hauses.«

Darauf einigen sie sich, und es möge auch Wein beigestellt werden, passend zum jeweiligen Gericht, die Auswahl überlasse man dem Kenner der Reben.

»Wein«, flüstert Esra beeindruckt, »hab ich noch nie getrunken. Man sagt, er schlägt sich auf die Gedanken.«

»Ach«, sagt Aron, der genau damit ein bisschen rechnet, »was man so alles redet.«

Als sie allein bei Tisch sitzen, sieht sich Esra noch einmal um. »Ich war noch nie hier. Fantastisch. So geschmackvoll. Das muss mehrere Leben dauern, um alle diese Dinge zusammenzutragen. Ich komme mir vor wie in einer Schatzkiste. Der Mann hat einen gewissen Unterhaltungswert. Cucumberlandt, ja? Die Gaukler am Markt können sich was abschauen bei ihm.«

»Er ist die Exzentrik auf zwei Beinen. Spaß, Spaß, Spaß, das ist seine Lieblingsbeschäftigung, immer schon«, sagt Aron. »Ich kenne ihn von klein auf, derselbe Sprachenlehrer hat uns unterrichtet. Die beiden haben sich gut verstanden, anscheinend besser, als der Schulleitung recht war, und am Ende hat offiziell niemand Näheres gewusst. Später hat man von Eskapaden gehört, besser Esskapaden, mit zwei s.«

Esra schmunzelt.

Freude huscht über Arons Gesicht, sie mag seine Scherze. Er redet weiter. »Er ist zur See gefahren und hat dort Koch gelernt. Man erzählt sich, dass sein Schiff untergegangen ist. Cucumberlandt ist der einzige Überlebende in einem Meer voller Haie. Vier Tage auf dem Wasser, stell dir das vor!« Aron kommt richtig in Fahrt »Auf einer Nussschale, angeklammert an die Reste des Schiffs. Ein Abenteuer, das sich keiner wünscht. Delfine haben ihn gerettet. So heißt es. Eine Delfinschule taucht auf, genau zu dem Zeitpunkt, als ihn die Haie umzingeln. Ein Festessen, denken die, man hört sie schon schmatzen. Die Delfine erkennen das natürlich. Sie machen einen Kreis um ihn, und einer schwimmt so hin, dass er sich praktisch an seiner Rückenflosse festhalten muss, und der Delfin zieht ihn raus. Zumindest erzählt Cucumberlandt es so. Vielleicht ist auch alles erfunden, um die Matrosen zu beeindrucken, jedenfalls hat er dann dieses Haus hier aufgebaut.«

»Die Laue Taverne.«

»Besser als die Blaue Kaschemme«, sagt Aron.

Sie lächelt wieder. »Irgendwie bist du witzig.«

»Ich bemühe mich. Ich habe meine guten Seiten, die beste Seite von mir finde ich gerade nicht.«

Wieder lächelt sie. »Hast du das geübt? Vorher gelernt?«

Er winkt ab. »Nein, wirklich nicht. Das Schöne ist, dass mir manche Sätze zufliegen. Ich vergleiche das mit Schmetterlingen.«

»Aha«, unterbricht sie. »Hat man die nicht im Bauch?«

»Ich habe sie im Kopf«, sagt Aron. »Dort richten sie mehr Schaden an.« Jetzt muss auch er kichern.

Der Minordomus bringt eine Karaffe und zwei Steinkrüge, Helfer stellen Teller auf den Tisch, die wie Kunstwerke aussehen.

»Darf man das essen, oder muss man ihm gut zureden. Oder es nachzeichnen?« Aron und Esra greifen zum Besteck und beginnen ihr Mahl. Es schmeckt fanstatisch. Sie prosten einander zu, nehmen einen Schluck Wein. Eine Offenbarung.

»Erzähle mir von dir«, sagt Aron. »Wie sieht das einstige Mädchen aus, das jetzt so eine schöne Frau ist?«

Sie übergeht das Kompliment. »Du willst die ganze Geschichte wissen? Auch das, was hinter mir liegt?«

»Gelebt ist gelebt, ich weiß«, sagt Aron, »außer Vergangenheit erklärt Gegenwärtiges. Und bei dir interessiert mich alles.» Auch die Tage, die zum Jetzt werden, wäre ihm fast herausgerutscht. Erschrocken über sich selbst, stockt er kurz. An die Zukunft denken? So weit ist es schon mit ihm?

Esra bemerkt seine Schrecksekunde nicht. »An die ganz frühe Zeit kann ich mich nicht mehr erinnern. Ich bin ohne Vater aufgewachsen. Meine Mutter hatte nicht nur sonnige Tage. Er hat sie verlassen, als ich noch in der Wiege lag. Er war verblendet, es ging um eine andere Frau oder um Freiheit, keine Ahnung. Alles Leben ist Bestimmung, wie es so schön heißt. Meine Mutter und ich, wir haben uns. Sie hatte zu tun, Nahrungsmittel heimzubringen und mich wachsen zu lassen. Es gibt sonst keine Verwandten in der Nähe. Meine Mutter wollte, dass ich etwas mit Wissensweitergabe mache. Das hat sie sich immer für sich selbst gewünscht. Ihr blieb es verwehrt, weil eine Lebenszeit eben nur eine Lebenszeit ist. Sie hat alles für mich getan. Die Ausbildung. Die Gemeinschaft. Das Lehren. Docea zu werden, war gar nicht mein Wunsch als kleines Kind. Es hat sich einfach so ergeben. Viele Wege erschließen sich scheinbar grundlos oder bahnen sich im Chaos der Plötzlichkeit. Und dann fühlt es sich auf einmal richtig an. So ist es bei mir. Der Vorhang wird weggezogen, und die Bestimmung ist klar. Der Wissenskristall hat mir später Zugang zu anderen Ebenen eröffnet.«

»Docea. Sicher eine große Herausforderung, jeden Tag aufs Neue. Kinder sind …«

Sie nimmt seinen Satz auf. »… wie kleine Löwen. Ich komme mir manchmal vor wie im Tierpark.«

Der Minordomus räumt die Teller ab und schenkt Wein mit einer theatralischen Geste nach, als handele es sich um einen liturgischen Akt. Er muss einen besonderen Bezug zum Rebensaft haben. Um seine Nase ranken sich rote Äderchen.

»Und jetzt du«, sagt sie »erzähl von dir. Wie wird man Scriber? Indem man als Baby Buchstabenbrei isst?«

»Auch eine Möglichkeit.« Er macht einen Schluck Wein. »Ich würde sagen Zufall. Der Tod hat mich begünstigt.«

Esra hebt neugierig die Augenbrauen und streicht mit dem Finger drüber.

Was für eine liebenswerte Angewohnheit, denkt Aron bei sich. Er legt eine dramatische Pause ein und trinkt noch einmal, dann spricht er betont langsam. »Bei der Sammelstelle für Öffentliche Depeschen ist einer gestorben. So etwas passiert.«

Esra reißt gespielt schockiert die Augen auf. »Sind die Texte so schlecht?«

Aron lacht auf, ihre Schlagfertigkeit gefällt ihm. »Der Mann hat mehr als hundert Sommer gelebt.« Er schüttelt kurz den Kopf. »Schon beeindruckend, wenn man sich's überlegt …«, sagt er nachdenklich, »zeit seines Lebens schmiedet er Sätze und schläft dann einfach über einem F ein. Sein Kopf sinkt auf den Tisch, das letzte Kapitel seines Lebens endet mit diesem F. Das nenne ich ein erfülltes Dasein. Jedenfalls: Die Scriber brauchten schnell Verstärkung, einen Ersatz oder zumindest jemanden, der irgendwelche Traktate bearbeiten kann. Da war noch gar keine Rede von eigenen Texten, selber schreiben und dergleichen.«

»Und deine Schmetterlinge im Kopf sind losgeflattert«, sagt Esra.

»Zumindest war die Gunst der Stunde da. Ich habe etwas geschrieben. Eine Geschichte über Mut und den Neubeginn. Über die Kraft, die das Alltägliche übersteigt. Manches Mal, wenn alles passt, verschwimmt vor meinen Augen das Papyrusblatt, und auch der Federkiel ist nicht mehr da. Auf einmal sind da Bilder, die ich nur mehr beschreibe, Bilder, die ich sehe wie einen Film in Zeitlupe. Manche Sequenzen bewegen sich, manche spule ich vor oder wieder zurück, manchmal friert das Bild ein, weil es eine genauere Betrachtung braucht.« Er sieht ihr tief in die Augen.

Sie lächelt und wendet den Blick zum Teller.

»Schreiben ist Magie«, sagt Aron. »Du zapfst eine Quelle an, einen Energiestrahl, der deinen Geist speist. Dafür muss Ruhe herrschen, absolute Ruhe, sonst geht das nicht. Und dann kommen sie, die Worte und die Sätze und die Zusammenhänge. Sie sind plötzlich da, wo vorher nichts war. Sie materialisieren sich wie –«

»Cucumberlandt«, sagt Cucumberlandt. Er steht neben dem Tisch wie eine Urgewalt. »Passt alles? Freut sich der Gaumen? Klatscht das Gemüt?«

Sie nicken und loben die Abfolge der Speisen, insbesondere die herausragende Qualität. Suppen werden gereicht, währenddessen unterhält sie der Hausherr. »Ihr seid so entzückend vertieft in euch, da habt ihr die Meldung des Tages vermutlich verpasst. Schon gehört?«

»Was denn?«, fragt Esra.

»Von dem verschwundenen Kristall.«

Beide schütteln den Kopf.

»Ja! Sie haben es vorher über den Visionator gebracht. Ihr glaubt es nicht! Im Tempel des Lernens ist ein Energiekristall verschwunden. Aktiv verschwunden, besser gesagt. So was geschieht nicht von allein. Davon gehen die Hohepriester aus.«

»Wie bitte?« Aron runzelt die Stirn.

»Ja, den hat jemand mitgehen lassen. An sich genommen. Gestohlen!«

»Gestohlen?«, wiederholt Esra. »Was soll das heißen? Das Wort gibt es nur in den Fabelgeschichten, mit denen wir den Kindern andere Welten erklären«, sagt sie, die noch immer nicht ganz begreift.

Cucumberlandt stößt mit dem Zeigefinger in Esras Richtung. »Ja genau! So ist es! Man muss es sagen, wie es ist. Da gibt es offenbar nichts zu beschönigen. Die Rede ist von einer Frau.«

»Weiß man, wer?« Esra legt die Gabel beiseite.

»Eine Krämerin«, sagt Cucumberlandt, »Valeresca heißt sie.«

»Die kenne ich!« ruft Aron, gleich darauf dämpft er die Stimme wieder. »Ich kaufe regelmäßig bei ihr ein. Am Marktplatz. Das gibt's ja nicht. Kann nur ein Missverständnis sein. Die Frau ist immer freundlich, ruhig und nett. Das ist keine – wie heißt das? – keine Diebin. Wozu in tausend Seelennamen soll eine Krämerin einen

Energiekristall brauchen? Sie fängt doch überhaupt nichts damit an?«

»Natürlich nicht«, sagt Cucumberlandt. »Da muss was anderes im Spiel sein. Sie befragen die Frau. Geklärt ist noch gar nichts. Angeblich hört sie Stimmen. Stimmen, die ihr gesagt haben, dass sie das tun soll.«

»Eine Verrückung im Gehirn?«, fragt Esra.

»Alles ist möglich. Aber ich will euch nicht weiter aufhalten. Hier, bitte sehr, das Hauptgericht. Die fidele Makrele.«

Beide widmen sich wieder ihren Gerichten. Trotzdem beschäftigt sie die Neuigkeit.

»Mir kommt vor, dass in letzter Zeit eigentümliche Dinge geschehen«, sagt Esra. »Die Sache mit dem Steinwurf. Ich meine, ein Kind, das zu einem Stein greift? Und einem anderen Kind ein Loch in den Kopf schlägt? Einfach so? Und niemand weiß, warum?«

Aron nickt. »Die haben bis heute keine plausible Erklärung dafür. Der *Zwischenfall*, wie es heißt. Der *Zwischenfall* wird bearbeitet. Der *Zwischenfall* wird untersucht. Als ob das ein Sturmschaden wäre. Köstlich übrigens, das fidele Seeungeheuer.«

»Und wie.« Esra macht beim Essen elegante Bewegungen, sie hat einen schönen Hals. Ihre Lippen bewegen sich sinnlich, obwohl das Thema eher beunruhigend ist. »Was mir nicht einleuchtet, ist diese Zeitnähe. Das ist doch kein Zufall. Ein Akt der Gewalt. Und jetzt diese Sache mit dem Energiekristall. Im Tempel des Lernens. Das ist übrigens gleich in der Gegend, wo ich wohne. Ich meine, wir reden hier von der Wissensbibliothek. Das ist kein Komposthaufen. Was ist los, Aron? Der Kristall ist kein Amulett, das man sich umhängt wie ein Kreuz. Wer nimmt so etwas mit? Wer *stiehlt* einen Kristall? Irgendetwas stimmt da nicht.«

»Mhm.« Er nickt und überlegt. »Ich weiß, was du meinst. Mir kommt das vor, als würde man nachts zum Himmel hinaufschauen, und auf einmal sind alle Sterne verschwunden.« Er macht eine kurze

Pause und legt Gefühl in seinen Blick. »Weißt du, warum? Weil ich sie für dich vom Himmel hole.«

»Sehr romantisch, Herr Scriber. Ist das ein Gedicht, das sich nicht reimt?« Sie will nicht wieder zu dem beunruhigenden Thema zurückkehren, stattdessen hebt sie noch einmal den Becher. Trotzdem, der Wein schmeckt anders, seit sie über den verschwundenen Kristall nachdenkt. Die Sache hat einen bitteren Beigeschmack, keine Frage. In Atlantis kennt man so etwas nicht. Es kommt einfach nicht vor. Niemand nimmt sich etwas, nicht einmal aus einer plötzlich aufkeimenden Verrückung. Wozu auch. Es gehört allen, also auch jedem. Etwas an sich bringen, um es allein zu haben. Niemand tut so etwas. Heimlich hinlangen, stehlen. Und doch …

Der Wagen mit den Nachspeisen kommt angerollt. Kuchen, Schnitten, Kekse, die sich bewegen. Holografische Späße, gemacht, um dem Auge zu gefallen. Aron hat davon gehört, es aber noch nie gesehen und schon gar nicht gekostet. Eine fliegende Torte, die zu einem Teller verschmilzt, irgendwie kindisch und gleichzeitig geschmackvoll.

»Was nimmst du?«, fragt Aron.

»Ich glaube, alles. Das schaut mehr als schmackhaft aus. Heute wird der Appetit nicht gezügelt. Heute darf man. Sagt der Minordomus. Also bitte.«

Wenn sie spricht, schwingt etwas Gefühlvolles mit. Esras Stimme hat ein Timbre, das bei Aron besondere Saiten anschlägt. Jede Silbe ist magnetisch, hypnotisch. Das mit Esra ist anders, als er sonst auf Frauen reagiert. Er kommt sich vor wie in der Jugend, wenn die Lenden die Herrschaft über den Körper übernehmen und der Kopf nur dazu da ist, um auf dem Körper obendrauf zu sitzen. Und doch ist es nicht so eindimensional. Er muss nicht denken, das schon, nur der Grund ist nicht rein körperlicher Natur, er liegt auf einer höheren Ebene: Er muss nicht denken, er weiß schon alles.

Esra findet, dass dieser Aron gar nicht so übel ist. Sie hat sich bei der ersten Begegnung verschätzt und in ihm einen ungehobelten

Klotz vermutet, ungeschlacht wie ein Stück aus dem Baum gerissenes Holz, an dem Teile spitz herausragen, die einen aufritzen können. Der Abend am Wanntag hat dann etwas ausgelöst, einen Funken gezündet. Es ist die Art, wie er sie ansieht, und er riecht besser als andere Männer. Ihre Sinne scheinen schärfer zu sein als sonst.

Irgendetwas blitzt aus ihren Augen, Aron fühlt es eher, als er es sieht. Das ist nicht nur das gedämpfte Licht der Fackeln. Es ist etwas, das mehr verspricht als einen hellen Abend, denkt er leise. Hoffentlich leise genug. Als sie ihn ansieht, glaubt er für einen Moment, sie hätte seine Gedanken gelesen, deshalb lenkt er auf ein anderes Thema um.

»Es ist vielleicht ein wenig direkt das zu fragen. Hast du Kinder? Sonstige Verpflichtungen, von denen man wissen soll? Wenn man … ich meine, wenn man sich für jemanden … also, interessiert, nachfragt, meine ich.« Seine Gedanken stolpern über ihre eigenen Beine. »Na, du weißt schon.«

»Ich weiß nicht schon. Und um deine Frage zu beantworten: keine Kinder, keine Ehen, keine Aufenthalte in der Wüste der Einkehr, keine nennenswerten Verfehlungen in vorigen Leben, keine absonderlichen Wünsche oder Praktiken, die der ärztlichen Schweigepflicht unterliegen. Du hast es hier mit einer Durchschnittfrau zu tun. Mit einer langweiligen Lehrerin, die Kindern ab jetzt beibringen wird, dass man nicht mit Steinen wirft.«

»Und des Nachts keine Energiekristalle an sich nimmt.«

»Genau. Danke dir. Ich muss den Lehrplan ändern. Es stimmt nicht ganz, dass wir die Tage, die zum Jetzt werden, nicht bedenken müssen. Wenn hier gerade etwas … «, sie runzelt die Stirn und sucht nach dem geeigneten Wort, »… etwas *Un*gutes? … ja, das ist es wohl … also etwas anderes als das Gute … passiert, bringt auch die Zukunft nicht zwingend nur das Bessere.«

»Das Pendant von gut«, murmelt Aron.

»Wie bitte?«

»Genau dasselbe habe ich vor kurzem auch überlegt.«

»Dann sind mir deine Gedanken voraus. Vielleicht seid ihr Scriber doch Denker. Ihr bin sonst kein Fan von euch, weil mir einige eurer Depeschen, Dekrete und Traktate zu süßlich sind, zu belehrend, von zu oben herab serviert. Erstaunlich. Ein Abendessen, und schon ist alles anders. Auf einmal sind Scriber … netter.«

»Wie wankelmütig.«

»Meinungen dürfen ihre Kleidung wechseln.«

Aron denkt kurz daran, wie es wäre, ihre Kleidung zu wechseln. In Hinblick auf etwas noch Luftigeres.

Sie sind die letzten Gäste in der Taverne. Cucumberlandt scharwenzelt mit ausladenden Bewegungen Richtung Tisch. Er deponiert eine kleine Schatzkiste auf Arons Seite, deutet ein genicktes Danke an. »Ich hoffe, es war alles genehm«, sagt er und zieht sich zurück.

Aron betrachtet das Kästchen. Da hinein kommt das, was der Abend wert ist, so ist es Usus bei den Wirtsleuten. Und damit ist nicht nur das Essen gemeint. Man überschlägt im Kopf, was die Ware am Markt kostet, damit der Koch keine Auslagen hat, die das Haus nicht trägt. Dazu kommt der persönliche, der wahre Wert eines Mahls oder eines Abends. Manche Gäste legen Blüten hinein, manche ein Schmuckstück, die meisten geben Rundmetalle für alles. Üblicherweise überlegt man sich vorher, was man als Anerkennung für die Küche mitnehmen will. Aron hat das in der Aufregung natürlich vergessen. Er kramt seinen Bestand an Rundmetallen aus der Wamstasche, zählt kurz nach und legt dann alles ins Kästchen. Esra quittiert seine Großzügigkeit mit einer hochgezogenen Augenbraue. Diesmal streicht sie sich nicht mit dem Finger drüber. Dann nimmt sie einen Armreif vom Handgelenk und legt ihn dazu. Der Abend ist ihnen beiden viel wert.

»Auch das werde ich den Kindern noch sorgfältiger näherbringen«, sagt Esra. »Den Wert der Dinge und den Wert von allem, was keine Dinge sind. Und dass man diesen Wert schätzen muss.«

»In Fabeln gibt es auch dafür ein Wort. Geiz und Wucher, weißt du noch? Der Geiz stellt das Eigene über das Gemeinsame. Er gibt nicht her, was er behalten kann. Und der Wucher ist sein Bruder, ebenso … ungut. Auch der Wucher stellt das Eigene über das Geteilte, nur andersrum: Er verlangt von anderen mehr, als ihm als Wertschätzung zusteht.«

Esra nickt. »Und die Mutter der beiden ist die Raffgier, ich erinnere mich.«

»Völlig unglaublich, wenn man in Atlantis lebt, oder? Wir kennen das nicht.« Aron zögert und berichtigt sich. »Wir kannten das nicht. Meine Güte, ist die ungewohnt, diese Sprache des Vergangenen. Ich meine, wenn man etwas aus dem Gestern erzählt, fällt einem das nicht auf. Aber jetzt … habe ich jetzt *aber* gesagt?«

»Und das einem Scriber.« Esra lacht, um die Schärfe aus dem Augenblick zu nehmen.

Aron ist nicht ganz so schnell. Wenn sich Sprache ändert, ändert sich mehr als das, das weiß er als Scriber, und in diesem Moment beunruhigt ihn das. Er bemüht sich, den Gesprächsfaden von vorher wieder aufzunehmen. »Wo waren wir? Unglaublich, ja, es ist tatsächlich unglaublich. Raffgier. Kein Mensch verlangt für ein Kraut mehr, als angemessen scheint. Derlei Gepflogenheiten passen nicht zur Balance des Systems. Warum soll man jemand anderem etwas wegnehmen, das er braucht? Wieso soll man mehr wollen, wenn man alles hat? Ich verstehe das nicht.«

»Ich auch nicht.«

Aron hat sich wieder im Griff. Bevor der Abend in der Gefühlsschwere der Ereignisse versinkt, schiebt Aron das Kästchen weg und steht auf. Er geht um den Tisch, hilft Esra auf und lässt ihr den Vortritt auf dem Weg nach draußen. In der Lauen Taverne ist niemand mehr außer ihnen. Sie gehen nach draußen und stehen unter dem Himmelszelt, das heller leuchtet als sonst.

»Vollmondnacht«, sagt sie.

»Solche Nächte können mehr als andere.« Einen Augenblick hängt das, was mit diesem Können gemeint ist, in der Luft.

Esra lässt es dort hängen. »Ich weiß«, sagt sie nur. »Bin ich froh, dass ich einen umsichtigen Begleiter habe, der mich nach Hause bringt. Und ich sage es gleich: ein Abschiedskuss, mehr nicht. Vor der Tür ist Endstation.«

Aron hat es nicht anders erwartet. »Ich verspreche es«, sagt er, nimmt die Hand hoch wie bei einem Schwur und legt ihr dann beim Gehen den Arm um die Hüfte. Das, was in der Luft hängt, lässt sich herab zu einem Knistern. Ja, das Leben kann schön sein. Keiner von beiden merkt, dass da noch etwas anderes ist, ein Windhauch von Dunkelheit.

Es geht bergab zur Kleinen Naarn. Der Bach rauscht, die Luft ist rein, und der Johannes wandert. Ich bin mein stiller Begleiter. Ich gehe durch den Wald. Der Weg ist mein Stil. Dort ist der Ort Kaining, und es geht weiter durch die Natur. Diese Welt besteht aus Wiesen und Ästen und Baumrinden und Wurzeln und Hasen und Grashalmen, auf denen ein Maikäfer klettert. Seine sieben Punkte auf dem Rücken trägt er mit Stolz, bevor er die Flügel ausbreitet und davonfliegt.

Der Waldweg führt nach Schönau zur Mühlviertler Alm Bundesstraße. Ich komme zum Herrgottsitz. Der Sage nach soll sich hier der liebe Gott in der Mulde niedergelassen und auf die Hügel heruntergeschaut haben. Was mag Er sich gedacht haben, nachdem Er die Welt erschaffen hat? Da ist mir was gelungen? Schaut wirklich schön aus? Jetzt soll sich der Mensch das Beste daraus machen?

Ich bin mir nicht sicher, ob der Mensch sich dessen bewusst ist. Ob sein Ziel, das Beste aus all dem zu machen, wirklich definiert und greifbar nah ist. Manchmal kommt mir der Mensch vor wie ein Mittelding aus störrischem Esel, liebem Kind und hungrigem Raubtier. Zurzeit dominiert die Jagd. Ein altes chinesisches Sprichwort besagt: Ein Fisch sieht den Köder, aber nicht den Haken.

Der Mensch ist gierig, will mehr und immer mehr. Die Finanzkrise hat uns ab dem Jahr 2009 gezeigt, dass der Kapitalismus vielleicht doch nicht die gescheiteste Form ökonomischen Zusammenseins ist. Die Menschheit gewinnt nicht, wie man sieht. Acht Menschen haben heute so viel Geld wie der Rest der Welt. Banken implodierten, als wäre die Abrissbirne der Wahrheit in ihre Glaspaläste gefahren. Es wurde gelogen und betrogen. Man machte Geschäfte mit Sachen und Werten, die es gar nicht gab, Wetten wurden abgeschlossen auf fiktive Rohstoffe, alles auf dem Rücken kleiner Sparer. Mehr, immer mehr, alles abgreifen, horten, noch mehr. Der Zynismus in Form von Scheinen griff um sich. Geld stinkt nicht, das mag stimmen, aber die Gier nach dem Kapital schon. Sie hinterlässt einen Schweißgeruch der Egomanie.

Der Ausdruck Raffgier hat sich erst im neunzehnten Jahrhundert gebildet. Besitz, Gewinn, ich muss alles haben. Der Drang, Dinge an sich zu reißen, die funkeln und glänzen.

Mein Schatz.

Mein Schatz.

Man schreckt nicht davor zurück, andere Menschen zu betrügen und ins Elend zu stürzen. Reich werden, absahnen, einstecken. Meins. Meins. Und noch einmal meins. Geld ist das Heroin des Kapitalisten. Sein Gift für das kurze Glück. Raffgier ist die Sucht, die dahintersteckt. Mir kommt vor, das Übel der Zeit besteht aus zweierlei Wahn: Geld und Macht. Wer Geld hat, hat auch Macht. Wer Macht hat, will mehr. Der Mensch glaubt, Freiheit kaufen zu können. Leute, die ich kennengelernt habe, sind der Meinung, Geld verschaffe ihnen einen grenzenlosen Freiraum. Die Möglichkeit, alles tun zu können. Häuser kaufen, Autos fahren, Reisen machen. Wenn die Grundbedürfnisse abgedeckt sind und sich eigentlich ein Gefühl der Sicherheit einstellen sollte, verabschiedet sich die Zufriedenheit, und an ihre Stelle tritt der kleine Teufel, der sagt: Und? Glaubst du wirklich, dass das alles ist? Genügt dir das? Warum holst du dir nicht mehr? Es ist doch da! Wenn du es nicht tust, macht es ein anderer. Hol dir noch ein Stück vom Kuchen, nein, nimm dir den ganzen und auch die Torte daneben, besser noch: die ganze Küche und das Haus drum herum und die Welt, die es umgibt.

Anerkennung, Applaus, Ansehen. Besitz zeugt von Bedeutung. Exklusivität, Genuss, Besonderheit. Haben macht attraktiv, stärkt das Selbstwertgefühl und lässt den Eigentümer aufatmen. Sattheit macht müde. Aber das stört den Hungrigen nicht.

Geiz und Wucher sind Brüder. Und sie haben noch eine Schwester, die Gier. Man sagt uns, Geiz sei geil. Gewiss ist die Gier ihr eigenes Reizobjekt und gleichzeitig ihr Pandämonium. Geld und Geltungssucht. Der Kreislauf der Menschenverachtung. Aller Ursprung ist die Gier. Der Troll im Nadelstreif.

Ich sehe etwas blitzen. Eine Münze liegt am Wegesrand. Ich hebe sie auf und beschließe, sie dem Johannesweg zu widmen. Ich werde einen besonderen Platz suchen. Weiter geht's zur Ruine Prandegg. Der Weg ist leicht zu bewältigen. Die Aussicht vom Turm ist gigantisch. Dort vorne sind die Alpen. Ich gehe hinauf und lege die Münze zum Gipfelkreuz. Sie gehört nicht mir, sie gehört allen. Hier oben ist es ganz still.

KAPITEL 3
Die Saat der Umwälzung

Unter dem Duftwasser riecht er nach Pferd. Paul kommt direkt aus dem Stall, trotzdem hat er zum Palaver aufgerufen, weil die Zeit nach Neuem verlangt. Etwas Aufwühlendes, Aufwieglerisches liegt in der Luft. Er ist aufgeregt, knetet seine wurstdicken Finger und tritt von einem Bein aufs andere. Er wird sprechen, frei reden wie ein Politiker, mitten auf der Bühne stehen und ihnen die Augen öffnen.

Die Versammlung findet in der großen Halle der Farmer statt, in Area Drei, gleich neben den Latifundien der Großbauern, den Feldern, Wiesen und den Rinderherden. Energiezäune sorgen dafür, dass die Tiere nicht zu weitläufig auseinandertraben und sich verirren. Paul holt tief Luft, noch hat er ein bisschen Zeit. Er steht nicht gerne da hinter dem schön zusammengezimmerten Verschlag, der ihn noch von der Menge abschirmt. Trotzdem, er muss hier stehen. Das spürt er. Er fühlt sich zu Höherem berufen. Ja, er hat das Zeug zum Anführer. Er streckt den Rücken durch, bindet sich die schwarzen Haare hinten zusammen, seine massige Statur, sein Brustkorb, seine Oberarme zeugen von lebenslanger, harter Arbeit. Alle kennen ihn, schätzen ihn, seine Verlässlichkeit, seine Ruhe. Sie werden auf ihn hören.

Jetzt.

Er lugt durch einen Spalt zwischen den ebenhölzernen Brettern. Das Podium ist leer, scheint auf ihn zu warten. Unten tut sich schon was. Reihe um Reihe stehen Holzbänke und schmale Holztische. Langsam füllt sich der Saal, Dutzende, Hunderte, in Summe vielleicht fünfhundert Männer und Frauen sind da. Es geht um die Tage, die zum Jetzt werden, heißt es, um etwas Wichtiges für ihre Zukunft, und wie es verlautbart ist, für die Zukunft der gesamten Zunft. Schwingt die Keulen! steht fett auf einem Transparent. *Keine Mauern für uns Bauern! Das Feld ist nicht die Welt!*

Paul findet, dass diese Sprüche Bisskraft haben. Seine Schwester weiß nichts von dem Engagement, das in ihm einen Feuereifer entfacht, den er sich selbst nicht erklären kann. Esra würde es erst recht nicht verstehen. Das ist schon immer so. Seine kleine Schwester hält ihn für einen Vierschrot. Sie, die Kopflastige, die Docea. Er, der Landmann, der Erdgräber. Es macht ihm nichts mehr aus. Paul fühlt sich wie neugeboren. Er hat eine Aufgabe zu erfüllen, die über das reguläre Maß hinausgeht. Paul würde ihnen allen, wie sie hier sitzen, die Neue Ordnung näherbringen. Malestro hat vollkommen recht mit seinen Ansichten. Seit Paul regelmäßig bei seinen Sitzungen ist, fühlt sich alles besser an. Der Schwarze Magier versteht Paul in seiner Gesamtheit, nimmt sich Zeit für seine Probleme und hat auf jede Frage die Antwort. Auch wenn andere meinen, man möge sich vor ihm hüten, Paul mag Malestro, mehr noch, er fühlt sich bei ihm geborgen. Woher die Idee der Einberufung dieses Palavers stammt, weiß er bloß dumpf. Egal. Paul hat keinen Zweifel, dass sie aus ihm geboren ist. Die Neue Ordnung soll Atlantis in die nächste Ebene der Existenz führen. Er lugt wieder durch die Ritze zwischen den glatten Hölzern und fühlt etwas Starkes aufkeimen. Der Saal ist jetzt voll, die Leute tratschen. Es ist Zeit, hervorzutreten. Zeit für seinen großen Auftritt.

Geh hinaus.

Paul trägt eine braune Lederhose, ein graues Hemd und ein dunkelgrünes Wams mit silbernen Knöpfen. Es ist das beste Gewand, das er hat. »Ich grüße euch, liebe Freunde«, sagt er, »und danke, dass ihr euch Zeit genommen habt.« Sie sehen ihn an, ein paar Ältere heben die Hand zum Gruß, wie das so üblich ist unter den alteingesessenen Farmern. »Heute will ich zu euch sprechen, weil wir vor neuen Herausforderungen stehen. Es braucht Taten. Erst sind die Worte, und dann sind die Taten.«

Ausgezeichnet.

Mehr als fünfhundert Bauern, manche haben ihre Kinder mitgebracht, sitzen da und hören ihm zu. Man kennt Paul nicht als Redner, schon gar nicht als guten Redner. Die meisten fragen sich im Stillen, wo er das jetzt plötzlich gelernt haben will. Gleich darauf sind sie überrascht. Paul spricht von »Entfesselung« und wie notwendig es sei, sich vom »Joch des Gleichmuts zu befreien« und eigenständig zu werden. Er wirkt mitreißend, seine Worte haben Gewicht. Fast scheint es, als würde jemand anderer aus ihm sprechen. Eine intelligentere Version, ein Über-Paul, gewachsen an seiner Aufgabe.

»Langeweile ist der Tod der Veränderung«, sagt er und hält den Zeigefinger hoch, als Signal, dass da gleich eine Erklärung kommt. »Gestern ist etwas passiert, liebe Freunde und Kollegen. Ich bin raus aus dem Pferdestall und auf mein Kornfeld, ihr kennt es alle, es ist da hinten, und irgendetwas sagt mir da auf einmal, dass das nicht alles sein kann. Das Säen, das Ernten, ja, das hat seinen Sinn. Ich meine, vieles hat seinen Sinn. Ich mache also eine Pause, lege mich auf die Erde, auf den Rücken, und schaue hinauf in den Himmel.«

Er zeigt nach oben, die Blicke der Zuhörer folgen ihm. Er schaut seinem eigenen Finger nach, dann fährt er fort, als passiere das alles noch einmal, genau jetzt.

»Dort oben ist etwas. Eine weiße Wolke, aus der sich ein Gesicht formt. Ein weises, altes Gesicht. Ein Mann spricht zu mir. Paul, sagt der alte Mann, du musst es ihnen offenbaren. Sage ihnen, dass das Leben einen tieferen Sinn hat. Du hast ihn gesucht, jetzt hast du ihn gefunden. Ihr müsst aufstehen und leben. Ihr müsst das Leben neu lernen, die Rolle übernehmen, die euch zugedacht ist. In einem Theater gibt es Spieler und Zuschauer. Zurzeit seid ihr nur Zuschauer. Das Publikum eines Stückes namens Wirklichkeit. Nie seid ihr auf die Bühne gestiegen und habt eure Rolle übernommen. So wie ich jetzt. Ich spiele Leben.«

Paul deutet mit seinen tellergroßen Händen auf sich. Ein paar Sekunden verharrt er so.

»Ich stehe hier vor euch, meine lieben Freunde, um euch die Rolle des Seins zu schenken. Komm, Fred –«

Er winkt einen jungen Mann in der ersten Reihe, der neben einer blonden Frau steht, zu sich.

»Und du auch, Anna. Kommt beide zu mir … hier herauf.«

Langsam steht das Farmerehepaar von der Bank auf und steigt vorsichtig auf die Holzbühne. Beide fühlen sich unsicher. Paul ermutigt sie, den Mund aufzutun, bittet sie zu reden. »Es ist gut, alles in Ordnung. Sagt, was ihr fühlt.«

Der junge Fred schluckt, sieht in die Menge und räuspert sich: »Ähm. H-Hm. Ich, wir … ich weiß nicht, was ich tun soll.«

»Genau!«, wirft Paul ein. »Genau so geht es uns allen. Wir wissen nicht, was wir tun sollen.« Er reicht Fred die Hand und dann Anna. »Komm her, meine Liebe. Wir stellen uns doch alle die Frage, seid ehrlich, ganz tief drinnen stellt sich jeder diese Frage: warum? Wozu das Ganze, hm? Warum arbeiten wir für die anderen? Warum müssen wir buckeln und schleppen und stemmen von früh bis spät, warum haben wir die Schwielen an den Händen, und die der anderen sind glatt und weich? Ich frage mich das immer öfter. Da gibt es Leute, die nur denken, wie sie sagen. Fein, schön für sie, ich würde auch gerne dasitzen und nur denken. Wir denken auch, aber nicht nur. Wir stehen auf, wenn die Sonne noch schläft, misten den Stall aus, füttern die Kühe und Schweine und Hühner, leben im Freien und werken mit unseren Händen, bis der Tag zur Neige geht, und wir erschöpft ins Bett fallen. Ist es nicht so?«

»Ja«, meldete sich eine Stimme aus der Menge.

Noch eine: »Ja.«

»Stimmt.«

Eine weitere. »Recht hat er.«

Ja.

Paul entlässt Fred und Anna aus ihrem Unbehagen da oben auf der Bühne, wo er sich mittlerweile ganz daheim fühlt. Er spricht weiter. »Und wozu das Ganze? Nicht etwa für uns. Es ist für andere. Für alle. Damit sie ungestört nur denken können, sind wir damit beschäftigt nur zuzupacken. Jetzt frage ich euch: Ist das der Sinn einer Gemeinschaft, die so glücklich, so ausgewogen, so ausgeglichen ist? Wir sind auch Teil dieser Gemeinschaft und sind nicht glücklich, ausgewogen, ausgeglichen. Wir sind müde, abgerackert, ausgelaugt. Da stimmt was nicht in dieser Gemeinschaft. Einer Gemeinschaft, die in Wahrheit für sich und auf unsere Kosten lebt. Wir sind nicht mehr die allseits geschätzten Versorger der Allgemeinheit, die Herren über das Land und seine Früchte. Wir sind nicht mehr geschätzt, wir sind selbstverständlich. Wisst ihr, liebe Freunde, was wir sind? Wir sind die Knechte der Gemeinschaft!«

»Du sagst es!«, tönt es von unten.

Und von weiter links: »So sehe ich das auch.«

Paul erhebt wieder seine Stimme. »Der aus den Wolken zu mir spricht, sagt das auch. Wir können es nicht zulassen, dass wir und unsere Kinder zu Knechten werden. Es ist höchste Zeit, das zu erkennen. Zeit, aufzustehen und die Hohepriester mit ihren sauberen Händen von ihrem hohen Ross zu holen. Atlantis ist kein Land der Vollblüter und Ackergäule. Das ist nicht unsere Gesinnung. Keiner ist höher als der nächste. Und doch ist genau das eingetreten. Langsam und schleichend. Vielleicht ist es nicht einmal Absicht. Womöglich ist es uns einfach entgangen in der Blindheit der Zuversicht. Und doch ist es die Wahrheit: Ein paar von uns thronen und herrschen. Aber was tun sie für uns? Was tun sie für euch? Ich frage euch, liebe Freunde. Schenken sie euch die Freiheit? Ebnen sie euch den Weg? Beackern sie euer Feld? Nein, das tun sie nicht. Sie sitzen in ihren Palästen und palavern und denken und hüten das Energiefeld, das Netz der Kristalle. Fragt jemand, ob nur sie das können? Nein. Sagt jemand, *dass* nicht nur sie das können? Ja. Ich. Ich spreche für euch alle. Ich denke, das können wir auch, nicht wahr, Adele?«

Die alte, zahnlose Frau nickt.

»Es ist an der Zeit, sage ich euch. Die Leute leben auf unsere Kosten. Ja, das tun sie. Sie sind Sauger geworden. Vielleicht auch das nicht mit Absicht. Aber ändert das was? Nein! Tatsache ist: Es ist nicht im Sinne der Gemeinschaft. Was hindert uns an einem Tausch? Jetzt sind *wir* dran, wir wechseln nur die Rollen. Wir Bauern leben nun in den Palästen. Als Dank für unsere Arbeit. Ach ja, Dank. Wird so hochgehalten in unserem Leben. Ist er jedes Mal so gemeint? Bedankt man sich wirklich für jeden Erdapfel, den wir aus dem Boden holen? Für jedes Ferkel, das wir heranziehen, um uns zu ernähren? Für jede Kuh, die wir melken, damit genug Milch für alle da ist? Wir sorgen für das Essen, für das Trinken, und damit sichern wir das Überleben, den Fortbestand unserer Art. Ja, Freunde, das tun wir und nicht weniger. Dafür braucht es keine Kristalle, sage ich euch. Milch und Brot und Fleisch und Fisch und Wasser. Das ist gleichbedeutend mit Leben. Ohne unsere Güter gäbe es kein Leben mehr. Keine Menschen in Atlantis. Wir verhungern.«

Paul macht eine Pause und sieht, wie viele Köpfe unter ihm nicken.

»Dafür bekommen wir ein geflüstertes Danke. Hingesagt, weil man es gewohnt ist. Über die Lippen geschoben ohne Inhalt. Das heilt nicht unsere kaputten Rücken, das lindert nicht den Schmerz, der von der harten Arbeit in die Knochen kriecht. Lasst sie spüren, die hohen Herrschaften, wie sich der Dank anfühlt.«

»Nach nichts«, ruft ein großer Mann mit Bart. »Nach gar nichts.«

»Wie wahr du spricht, Waldemar«, sagt Paul, »deshalb sage ich euch, liebe Freunde, lasst uns etwas Neues beginnen. Etwas, das unseren Wert hebt. Sie können sich ihre Paläste behalten. Wir haben mehr mit unserem Land da draußen. Wir lieben die Erde, die Tiere, und wir packen gern an, sofern es vergolten wird. Geschätzt und geehrt. Wir machen unsere Felder zu den neuen Palästen.«

Er hebt wieder den fleischigen Zeigefinger.

»Wie kann sie nun aussehen, diese Neue Ordnung? Ich kann es euch sagen. Die Neue Ordnung sieht vor, dass Bauern umfassende Mitspracherechte bekommen. Ich rede von einer Politea, einer Nova Atlantis.«

Paul ist selbst erstaunt, welche Wörter da aus seinem Munde prasseln.

»Wir brauchen ein neues Regelwerk, das unser Leben auf bessere, gleich verteilte Grundfesten stellt. Farmer dürfen nicht länger am Ende der Nahrungskette stehen. Wir sind es, die die Nahrungskette überhaupt erst möglich machen. Wir sind die Obersten!«

Er breitet beide Hände aus, mit den Handflächen nach oben.

»Das Feld ist nicht die Welt! Keine Mauern für uns Bauern! Sprecht mir nach. Das Feld … ist nicht … die Welt! Keine Mauern … für uns Bauern!«

Die Menge skandiert: »Das Feld … ist nicht … die Welt! Keine Mauern … für uns Bauern! Das Feld ist nicht die Welt! Keine Mauern für uns Bauern! Das Feld ist nicht die Welt! Keine Mauern für uns Bauern!«

Perfekt.

Paul dirigiert den Sprechchor. Ich habe sie, denkt er leise, ich habe sie.

Ja, du hast sie.

Malestro hat recht, er hat es prophezeit. Paul ist ein begnadeter Redner, mehr noch, er ist der geborene Anführer. Speerspitze der Farmersleute. Eine Heldenfigur. Was als nächstes kommt, ist klar, sie müssen ihre Werte verteidigen. Zur Not auch mit der Kraft der Mistgabel.

Malestro feilt sich die Fingernägel. Gedankenverloren sieht er in den Energiekristall und ist mit sich zufrieden. Es klappt besser, als er gedacht hat. Er kann sich in den Großen Zusammenhalt einklinken. Er kennt sie, die zerebrale Schnittstelle, deren Sinn es ist, sich über das Energienetz, das den ganzen Kontinent umspannt, direkt und beliebig in den präfrontalen Cortex der Menschen einzuschleichen. Und es funktioniert, reibungslos und über die gesamten zweitausend Kilometer Atlantis hinweg. Es ist eine Art Hypnose, nur tausendfach stärker. Malestro sieht es als Spiel. Er kann in Figuren hineingleiten und sie steuern wie einen Avatar. Und das Beste daran: Die Leute merken es nicht. Er kommt sich vor wie ein Puppenspieler, der unsichtbare Fäden zieht. Fäden, die niemand sonst bedienen kann. Malestro hat seine Macht weitreichend ausgebaut. Er ist kein Schwarzer Magier mehr, er hat nun die Rolle des Gottes inne. Und er meint damit nicht Poseidon.

Das Werkzeug für all das ist ein roter Würfel, spiegelglatt und lackiert. Niemand kann seine Bedeutung auch nur im Ansatz erkennen. Den Katalysator im Inneren, der seine, Malestros Gedanken wie Lichtstrahlen bündelt, die unter einem Vergrößerungsglas zu einem Laser werden, der sich mühelos in andere Gehirne brennt. Der Magier legt die Feile beiseite, seine Nägel sind rasiermesserscharf. Er greift nach dem Würfel. Vor seinem inneren Auge tut sich eine Welt auf, eine holografische Version von Atlantis, in der er reisen kann, wohin er will. Er sieht die Landschaft von oben, die Menschen in Miniaturform, er braucht nur den Würfel ein wenig zu drehen, um das Bild näher heranzuholen. Ein Weizenfeld. Die Sache mit den Farmern lässt sich gut an. Paul ist die ideale Puppe. Malestro wundert, dass sich niemand fragt, woher ein einfacher Bauer plötzlich so reden kann, mitreißend, aufwieglerisch. Na ja, sie fragen sich schon, aber Antwort brauchen sie offenbar keine. Jedes Volk, das weiß man überall, nur nicht hier auf Atlantis, ist dumm auf seine Art. Die Schwarmintelligenz eines Mobs reicht oft nicht weiter als bis zu den Ohren. So leicht sind alle zu steuern. Malestro grinst in sich hinein. Du musst ein paar Schlüsselfiguren herausnehmen, sie mit deinen geistigen Fingern wie Wachs umformen und als dunkle Kerzen brennen lassen. Paul ist spitze, und dieser Fred auf der Bühne macht sich auch recht gut. Nicht sonderlich eloquent, aber authentisch. Mit ihm können sich die Leute identifizieren, und das ist oft mehr wert als die geschickteste Manipulation von oben. Mit Fred hat Malestro noch etwas vor. Der soll sich überlegen, ob es nicht besser ist, den Überschuss an Mais für schlechtere Zeiten zu behalten, statt ihn herzugeben. Der Gedanke lässt sich gewiss leicht in dieses simple Hirn einpflanzen. Jedenfalls wirken beide Bauerntölpel vertrauenswürdig auf den Rest der Herde. Es wird eine gewisse Zeit brauchen, bis der Plan greift, keine Frage. Auch gut, Malestro kann die Geduld aufbringen. Schließlich ist das Ganze auch ein soziologisches Experiment, über dem die Prämisse steht: Kann der Mensch die Menschheit retten? Aus Malestros Sicht ist die Antwort ein klares Nein. Er grinst wieder. Der Kandidat bekommt hundert Hochrufe!

Die Idee mit dem Stein findet er aus heutiger Sicht genial. Ein Kind, das den ersten Stein wirft. Was für ein biblischer Zugang. Es brauchte nicht viel, um dem Balg den Keim des Hasses einzuimpfen. Dass es so leicht geht, hat nicht einmal er gedacht. Und wie sie alle geschockt sind. Freilich, man muss aufpassen. Belan und die anderen ahnen nichts von seinem Großen Plan, und so muss es bleiben. Er und die elf anderen Gestalten sollen nicht länger die Geschicke von Atlantis lenken, so einfach ist die Zukunft. Diese Großmäuler wissen nicht, was gut ist für das Land, das Volk, die Tage, die zum Jetzt werden. Er darf sich nichts anmerken lassen, dann wird alles seinen Lauf nehmen, so wie er sich das –

Er bricht den Gedanken ab wie einen trockenen Zweig. Knack. Eins nach dem anderen. Jetzt ist da dieses Mädchen, Leia. Ein Schulkind, das so unschuldig aussieht mit seinen blonden Zöpfen, zauberhaft, bis auf die großen Augen, die ein wenig schief zueinanderstehen, typisch für die Kinder, die vom anderen Ende des Kontinents kommen, ebenso wie die Aussprache. Er dreht an dem roten Würfel und holt sich ihr Bild ganz nah heran, bis er Leias Gesicht vor sich hat. Dann dringt er in ihren Kopf ein und wechselt die Perspektive. Er ist jetzt sie und denkt statt ihr.

Irgendwie fühle ich mich nicht so wohl heute. Komisch. Vielleicht das Wetter oder einfach ein Tag, an dem einem alles runterfällt, man sich überall anhaut und alles Mögliche vergisst, so was gibt es ja. Eigentlich will ich gar nicht aufstehen. Ich fühle mich überhaupt nicht gut. Mein Kopf tut weh. Alles schwer. Bin müde. Als hätte ich in der Nacht überhaupt nicht geschlafen. Ganz komisch. Überhaupt ist da in letzter Zeit so ein Gefühl, das neu ist. Obwohl alles gut läuft, mit den Freundinnen überhaupt. Sogar in der Schule, bis auf das Eine halt. Wahrscheinlich wird es sich in der Ethik nicht ausgehen. Die Docea gibt mir ein Zu verbessern. Ist das nötig, so ein Urteil? Heißt doch nichts anderes als: miese Darbietung. Keine Leistung. Überhaupt scheint alles, was ich mache, zu verbessern zu sein. Nichts reicht aus, damit man sagen kann: Ja, das ist es. Das ist gut. Wahrscheinlich strenge ich mich zu wenig an. Ich tue zu wenig. Ich bin faul. Und nichtsnutzig. Ich sehe das an den Blicken der anderen. Shanya tuschelt mit ihrer Sitznachbarin, dann zeigen beide auf mich und lachen. Sie wollen mich nicht, weil ich nicht aus der Stadt bin. Ich bin doch nicht selber schuld, dass ich nicht von hier bin. Und zu ihnen gehöre. Irgendwas fehlt mir. In Zahlenarbeit tu ich mir schwer, Atlantistik null Ahnung, und die Sprachen gehen gar nicht. Ich merke mir keine Wörter. Ich schaffe das nicht. Das ganze Jahr wird mit einem Zu verbessern enden, und dann fängt alles wieder von vorne an. Jeder hat eine zweite Chance verdient, heißt es. Offenbar bin ich nicht jeder. Leia, die Immer-Zweite, hat keine Chance verdient. Ich bin es nicht wert. Ich brauche mir nur Shanyas zugespitztes Grinsen anzuschauen. Es trifft mich von oben herab. Die Mädchen in der Klasse sind noch schlimmer als die Buben. Hinter meinem Rücken reden sie über mich. Lachen mich aus. Spotten. Da bin ich mir so sicher, wie das Feuer heiß ist. Ich habe die Zeichnung gesehen. Auf dem Pult. Ein Etwas mit gelben Zöpfen. Das bin ich für sie. Sie finden mich hässlich. Sie meiden mich, als hätte ich eine ansteckende Krankheit. Vielleicht stimmt's, so wie ich mich fühle. Nur, daheim kann ich auch nicht bleiben. Seit ein paar Tagen verstehen sich meine Eltern nicht mehr so gut miteinander. Laute Worte fallen, wo sonst Ruhe ist.

Störe ich die Harmonie? Verderbe ich die Luft? Einfach indem ich ausatme? Dann verbreitet sich das im Haus, und die Eltern atmen es ein. So muss es sein. Ich bin müde. Der Kopf tut immer mehr weh. Dieses Pochen, als wolle etwas herein, und wenn es drinnen ist, wieder hinaus. Ich möchte nicht aufstehen. Ich muss. Ganz langsam. Alles tut weh. Die Schule. Ich möchte nicht hin. Die Mädchen. Ich fühle mich so klein. Ich schrumpfe, werde immer kleiner, das ist gut, schrumpfen, bis ich nicht mehr da bin.

Über Leias Gesicht rollen Tränen. Automatisch wischt sie sie mit der rechten Hand weg, sie merkt es gar nicht, und steht vom Bett auf. Ihr Pyjama mit dem pinken Käfer, der fliegen kann, hat einen Blutfleck. Sie muss in der Nacht Nasenbluten gehabt haben. Sie bemerkt auch das nicht. Wie in Trance geht sie zur Tür. Aus ihrem rechten Nasenloch klettert ein Blutstropfen und hinterlässt eine rote Linie bis zur Oberlippe. Leia denkt Mami, bevor ihr schwarz wird vor den Augen und sie zusammenbricht.

Von nun an geht's bergab. Genauer gesagt ins schöne Waldaisttal und dann auch gleich wieder bergauf in die Ortschaften Stiftung und Reith. Ein bisschen weiter wandere ich bis zum Herzogreitherfelsen, der Spitze des Lilienblattes, aus der Vogelperspektive gesehen. Für die, die's nicht wissen: Die weiße Lilie, das Symbol des Johanneswegs, ist unsere Blume der Zuversicht. Ich gehe über die in Stein gehauenen Stufen hinauf auf den Felsen und komme mir ein bisschen vor wie ein Bergsteiger. Der Blick, liebe Freunde, der Blick! Das ist es, wovon ich rede. Die Natur. Die Größe. Die Tiefenschärfe des Lebens. Man sieht vor bis zu den Alpen.

Ich frage mich, warum Menschen auf der ewigen Suche nach dem Glück sind und es nicht erkennen, wenn es da ist. Ich marschiere weiter nach St. Leonhard bei Freistadt, vor bis zur Wallfahrtskirche.

Zum Thema Glaube fällt mir viel ein, da müsste ich den Johannesweg hundert Mal gehen. Ich bin Christ, glaube an den lieben Gott, ja, das tue ich. Der Glaube hat mir immer Kraft gegeben, in guten wie in schlechten Tagen, er ist mein Fels, wenn die Wellen branden und die Gischt schäumt. An etwas zu glauben, bedeutet, im Hier einen Sinn zu sehen. Egal welche Religion, möchte ich betonen. Vieles scheint aus dem Ruder gelaufen zu sein.

Der Wahnsinn – und der wahre Frevel – besteht in der Radikalisierung. Das Wort radikal kommt vom lateinischen *radix* und heißt Wurzel. Die Wurzel allen Übels könnte man meinen. Dabei ist das eigentlich etwas Löbliches. Wenn jemand eine radikale Haltung einnimmt, bedeutet das nämlich vorerst nur, dass er oder sie den Problemen auf den Grund gehen, sprich zur Wurzel vordringen möchte. An sich eine neutrale Einstellung. Im Alltag wird Radikalismus aber mit Extremismus gleichgesetzt. Wer das Wort Asylproblem nur flüstert, steht gleich im Verdacht, rechtsradikal zu sein. Wer sich offen um die Sicherheit in unserem Land sorgt, gilt ung'schaut als Nazi. Wer sich als Menschenfreund outet und Hilfsbereitschaft für ein hohes Gut hält, ist ein linker Zeck. Links gegen rechts. Sie schmeißen Steine, sie schmettern Worte. Die Gesellschaft hat sich in Wahrheit selbst radikalisiert. Meinungen werden niedergeknüppelt, Haltungen faschistisch punziert, Menschen denunziert. Politik oder selbst nur Geschwätz gerät vom Stammtischgespräch zur irrwitzigen Debatte, der jeder beiwohnen kann. Shitstorm, Hass im Netz, elektronische Mordlust. Und gibst du mir nicht recht, hack ich dich um. Der Mensch hat sich mit ein paar Mausklicks Richtung Steinzeit zurückentwickelt. Wer Profil zeigt, wird durch den Fleischwolf gedreht. Irgendwer wird gegen ihn sein, und dann folgen andere und weitere. Die Leute machen sich selber narrisch. Wenngleich: Jede Art der Radikalisierung braucht ein System.

Sekten funktionieren so. Jemand sucht sich labile Menschen und verspricht eine wunderbare Zukunft. Glück, Sicherheit, Gemeinschaft, Freundschaft, Liebe. Dann wird der Kontakt zu Freunden und zur Familie gekappt, der Mensch ist isoliert und wird indoktriniert. Das heißt, so lange von einer Sache überzeugt, bis er oder sie der Meinung ist, die Ideen kämen von ihm. Das interpretiert er als innere Überzeugung. Die Radikalisierung ist gelungen. Dem folgt die Phase des Fanatismus. Das Wort *fanaticus* kommt desgleichen aus dem Lateinischen und bedeutet göttlich inspiriert. Es benennt die Besessenheit von einer Idee, einer Vorstellung, einer Sache, welcher auch immer. Genauso geht der Islamische Staat vor. Er schart junge Männer um sich, die nichts anderes kennen als Krieg und Verderben. Mit nur einem Wort zeigt man ihnen das Paradies: Hoffnung.

Hoffnung auf ein besseres Leben. Hoffnung und ein Leben unter Freunden, Gleichgesinnten, Menschen, die einen starken Glauben haben, einen Glauben, der über allem steht, über den Gesetzen, über dem Leben. Dass dieser Glaube von Menschenhand geschrieben wurde, wird verschwiegen. Wichtig ist: die Aufgabe. Dass diese Fanatiker bloß manipuliert und instrumentalisiert sind, begreifen sie nicht. Sie hängen an den Fäden der Puppenspieler. Machen, was ihnen gesagt wird. Im Glauben, das Richtige zu tun. Wie Zinnsoldaten in einem Krieg radikaler Gesinnungen kippen sie um, werden von der Platte gefegt und wieder neu aufgestellt. Je simpler ein Gemüt gestrickt ist, desto leichter folgt es dem Willen des Feldwebels. Der Puppe entzieht sich elementares Wissen: Nicht Gott befiehlt es, der Mensch schickt sie in den Krieg.

Franklin Delano Roosevelt hat einmal gesagt: »Ein Radikaler ist ein Mensch, der mit beiden Beinen fest in der Luft steht.«

Da ist ein Hase am Wegesrand. Er sitzt da und putzt sich mit den Pfoten die kleine Nase. Er schaut aus, als würde er zittern. Ein bisschen Wind kommt auf, und ich ziehe meine Jacke enger um mich. Vielleicht sollte ich eine kleine Rast machen oder einkehren. Viele Dinge beschäftigen mich, wie jeden Menschen. Man macht sich Sorgen, Gedanken, wie alles weitergeht. Wie das Morgen wird und das Übermorgen. Was kann der einzelne Mensch tun, wenn er merkt, dass ganze Systeme kollabieren. Dass sich Strukturen neu ordnen wie Stränge in der Erbsubstanz. Ich meine, wir können die DNS unseres Daseins beeinflussen. Trägheit ist eine Todsünde. Jeder kann etwas tun. Ich gehe noch ein Stück weiter, bevor es dunkel wird. Morgen ist auch noch ein Tag, sicher ein guter.

KAPITEL 4
Nur ein kleiner Schnitt

Sie täuscht sich doch nicht in ihm. Der Kuss, Esra kann ihn noch spüren. Die Umarmung. Seine Hände. Der Körper. Der Duft. Mit dem blauen Veloceel ist sie auf dem Weg zur Arbeit, zum Tempel des Lernens, und lässt dabei den gestrigen Abend Revue passieren. Sie nimmt ihre Einschätzung zurück. Aron ist kein Gaukler. Er ist ein großartiger Mann. Ein Kavalier. Im Geiste entschuldigt sie sich bei ihm für ihre Voreiligkeit, ohne den Gedanken abzuschicken.

Sie versetzt sich zurück, in den Spaziergang am Ende der Woche, sieht alles noch einmal vor sich. Er holt sie ab, sie wandern den kleinen Berg hinauf und lassen sich oben auf der Lichtung zu ihrem Picknick nieder. Schau an, denkt sie, Aron hat eine romantische Seite. Ein Korb mit Brot und Käse, Fruchtmus aus roten Beeren und einer Flasche Rebengold mit zwei Bechern. Kein ordinäres Guayusa, er serviert ihr den Luxus des Einfachen und doch Außergewöhnlichen. Sie sitzen auf der karierten Decke, sind allein und reden vom Glück, das man haben kann, wenn man es sucht.

»Was ist Glück für dich?«, fragt Esra.

Aron schaut ihr lange in die Augen und sagt: »Das da.« Er nimmt ihren Kopf in seine Hände und küsst sie, bis die Zeit zerrinnt.

Esra gibt sich dem Augenblick hin, alles wird unbedeutend. Was zählt, ist das Jetzt. Unglaublich schön. Alle Sinne, alle Nervenenden sind aufgestellt wie Fühler. Sie badet in einem Meer aus flüssiger Energie, das jede Pore durchdringt und sie leben lässt, leben.

Während sie das Veloceel bewegt, kommen die Standbilder wieder hoch, monochrome Schnappschüsse eines Schicksalsmoments. Zärtliche Berührungen, die Blumenwiese, alles leise, keine Menschenseele weit und breit, nur das Flüstern des Windes. Nachher liegen sie umschlungen auf der Decke, die Flasche ist umgekippt, es macht nichts. Das Veloceel rumpelt über das Rundpflaster, die Bilder vor ihrem geistigen Auge verschwimmen. Schon erstaunlich, dass ihr so etwas passiert. Sie und ein Scriber, der ihr ins Leben kracht, obwohl, eigentlich ist ja sie in sein Leben gekracht. Na und? Was macht das jetzt noch für einen Unterschied? Sie genießt den morgendlichen Weg ins Lernhaus. Diese Veloceelfahrt hat für sie immer etwas Meditatives. Die runden Bewegungen, die Übersicht, heute ist es eben etwas Handfesteres. Heute sind es seine Hände, seine Wünsche, ihr Dulden, sein Duft. Ach.

Das Veloceel hoppelt über einen größeren Rundstein und bugsiert Esras Gedanken wieder in die Gegenwart. Menschen, an denen sie vorbeifährt, heben die Hände, grüßen mit Selbstverständlichkeit und lachenden Augen. Sie fährt gerne in die Arbeit. Wobei das Wort in Atlantis keinen Beigeschmack der Anstrengung hat, egal, mit welcher Arbeit man zur Gemeinschaft beiträgt. Esra hat lieber mit Menschen zu tun als mit Dingen, und während man Kindern und Jugendlichen etwas beibringt, ist so viel von ihnen zu lernen. Esra doziert aus Freude und Überzeugung. Das Fach Ethik und seine Verästelungen in Richtung Herzensbildung oder Literatur oder Alte Werte lässt sich ihrer Meinung nach nicht mit der Pragmatik von Wissensfächern wie Energielehre, Mathematik, Metasprachen, Handelsökonomie oder sonstigen Lerneinheiten vergleichen. Es bereitet den jungen Menschen auf das Leben vor.

Ohne die richtigen Werte ginge jedes Soziotop, da war sie sicher, über kurz oder lang unter. Lässt der Mensch von den Werten ab, mündet das automatisch im Chaos, und das Faustrecht stünde über dem Gesetz der Gemeinschaft. Die Zivilisation bräche zusammen wie ein Kartenhaus, der Boden würde mehr und mehr zittern. Die

Karten können noch so schön beschrieben sein, bebt das Fundament, stürzt das Gebäude unweigerlich ein. Esra ist froh, dass sie den jungen Leuten den Weg weisen darf. Ihr eigenes Dasein gewinnt dadurch an Bedeutung. Sie gilt als Übersetzerin gelebter Rechtschaffenheit.

Als sie beim Tempel ankommt, bremst sie und stellt das Veloceel zu den anderen. Jeder kann sich jedes nehmen. Trotzdem halten sich die Leute üblicherweise daran, dass man das Veloceel, mit dem man kommt, auch wieder für die Heimfahrt nutzt. Es ist eine unausgesprochene Übereinkunft. Esra geht die Treppen hinauf, durchschreitet das Portal und sucht den Saal, in dem sie heute vortragen soll. Es ist der vierte, wie sie auf dem Plan im Eingangsbereich sieht. Sie hält ihre Tutorien nie in denselben Räumlichkeiten ab. Nachforschungen ergeben immer wieder, dass die Kreativität mehr gefördert ist, wenn man die Plätze des Denkens ändert. Anscheinend strömt von der Umgebung eine Art wechselwirkende Energie aus. Sie weiß es von sich selbst. Es macht einen Unterschied, ob sie in einem finsteren Keller Gedankenübungen abspult oder in einem lichtdurchfluteten Raum nachdenkt. Oder im Freien. Das Außen und das Innen unterliegen einer bestimmten Energetik.

Esra betritt Saal Nummer vier. Gut dreißig Kinder sitzen auf ihren Plätzen. Eine Wand aus stummem Gekicher.

»Ich begrüße euch«, sagt Esra.

»Wir begrüßen die Docea«, rufen die Kinder im Chor.

»Ich möchte heute mit euch ein spannendes Thema besprechen. Wir werden uns über einen klugen Kopf in unserem Innersten unterhalten, er ist gleichsam Richter und Geschworener, Denker und Ratgeber. Das Gewissen.«

Ein Mädchen hält die Hand hoch, Esra deutet hin. »Ja?«

»Ich weiß, was ein Gewissen ist, es zwickt, wenn man nichts Großes denkt und tut. Nur, Docea, kann sich so ein Gewissen auch irren? Geht das? Und wenn ja, wie weiß man das?«

»Allem voran«, sagt Esra, »Irren ist nicht das Problem. Sich irren und nichts draus lernen, das ist der Knackpunkt. Wir sind Menschen, und die irren, das ist einmal so sicher wie …«

»… Leia schiefe Augen hat«, ruft das Mädchen neben ihr.

Leia, das Mädchen mit den blonden Zöpfen und den großen Augen, spürt einen Stich. Sie ignoriert ihn.

»Erstens«, sagt Esra, »ist es unhöflich, jemandem ins Wort zu fallen, und zweitens, ja, Leia hat wunderschöne schräge Augen. Darf ich weitersprechen?«

Das Mädchen nickt.

»Danke schön. Also natürlich kann auch das Gewissen falsch liegen. Es handelt aus der Sicht der Gerechtigkeit, aus philosophischer Meinung oder religiöser Überzeugung. Die Ratio, also die Vernunft, unterscheidet zwischen richtig und falsch, sie fordert uns auf, etwas zu tun, sie lässt uns handeln. Und dann, bevor man sozusagen loslegt, mischt sich das Gewissen ein und stellt die Sinnfrage: Machst du das, weil es die Vernunft vorschreibt? Oder tust du das, weil es die Pflicht so will? Das Gewissen ist der Schatten der Seele, es verfolgt dich auf Schritt und Tritt, manche meinen, ein irrendes Gewissen sei nicht möglich, andere vertreten die Ansicht, das Gewissen hänge mit der Kindheit und der Erziehung zusammen. Mit einer Werteskala, die um einen herum vorgelebt wird. Das Schema erzeugt ein Gefühl des Müssens: Das muss ich tun, und das muss ich lassen.«

Während Esra spricht, machen sich die Kinder Notizen. Alle, bis auf Leia. Sie wirkt abwesend und sieht blass aus, als habe sie schlecht oder gar nicht geschlafen.

Esra macht eine Pause und fragt: »Leia? Alles in Ordnung? Geht es dir gut? Brauchst du etwas, einen Becher Wasser?« Das Kind ist leichenblass, Esra streckt die Hand aus, um ihr über die Wange zu streichen. »Dein Gesicht –«

Leia zuckt zurück. Sie schaut Esra mit unruhigem Blick an. Die Worte der Docea hallen in ihrem Kopf wider. Nur ganz anders. Der freundliche Ton wandelt sich auf dem Weg von Esras Mund zu Leias Ohr. Dort kommt er scharf an, dringt in Leias Hirn ein wie eine Lanze. Und auch die Sorge der Lehrerin kommt bei dem Mädchen nicht mehr an. Sie hört etwas, das Stacheln hat. *Leia! Du störst die Ordnung. Geht's dir noch gut? Brauchst du einen Becher Wasser ins Gesicht?*

»Leia?«, fragt Esra besorgt. »Was ist denn los mit dir? Verstehst du etwas nicht? Ich kann es gerne noch einmal sagen. Es ist auch nicht einfach zu begreifen. Kinder, könnt ihr Leia vielleicht ein Beispiel nennen?«

Leia sitzt wie angefroren. Die lanzenhafte Stimme ihrer Lehrerin sticht ihr die aufgespießten Worte ins Ohr. Es sind ungefähr dieselben, die Esra sagt, nur bedeuten sie nicht mehr das, was Esra meint.

Leia hört stattdessen: *Was ist nur wieder los mit dir! Du verstehst nichts. Muss ich alles zweimal sagen? Du begreifst es einfach nicht. Nimm dir ein Beispiel an den anderen Kindern.* Das Mädchen kämpft mit den Tränen.

Esra versucht, sie zu beruhigen. »Ach, Leia, weine nicht, es gibt doch keinen Grund, das ist es doch nicht wert. «

Für Leia heißt das: *Hach, Leia, weine nur! Du hast allen Grund dazu, du bist nichts wert.*

Leia schluckt. Sie will sagen: Warum bin ich nichts wert? Heraus kommt nur: »N-num binchs n-nichwet?« Das passiert öfter. Wenn Leia Angst hat, stottert sie und redet Kauderwelsch. Sie hat grundsätzlich eine andere Aussprache, was mit ihrer Herkunft zusammenhängt. In Area Zwei spricht man einen Dialekt.

Die zwei Mädchen auf der Sitzbank neben Leia wiederholen das Gestammel, um auf den Sinn zu kommen: »N-num binchs n-nichwet? N-num binchs n-nichwet?« Je öfter sie es sagen, desto lustiger klingt es, und sie machen sich einen Spaß draus, es immer mehr zu verballhornen. Leias verstolperter Satz wird zum Sprechgesang.

Leia schluchzt. Für sie klingt es wie das Echo ihrer Unzulänglichkeit. *N-num binchs n-nichwet. N-num binchs n-nichwet.* Sie hält sich die Ohren zu.

»Ruhig jetzt«, mahnt Esra mit fester Stimme. Instinktiv spürt sie, dass da irgendwas verquer läuft.

Die beiden Mädchen glauben, dass Esra Leia trösten will, fühlen sich nicht angesprochen und rätseln weiter. Bald macht die ganze Klasse mit. Die Schüler, die weiter weg sitzen, bekommen Leias Ausbruch nicht so richtig mit, schon gar nicht den Grund dafür. Sie hören nur das Gestammel, das immer mehr zum Abgesang wird.

»N-num binchs n-nichwet?«

Alle spielen jetzt mit. Einer fragt den anderen. »N-num binchs n-nichwet?«

Der schüttelt den Kopf und fragt wieder den nächsten. »N-num binchs n-nichwet?«

Wie eine Art Stille Post geht es durch die Reihen. Und jeder verhaspelt sich seinerseits noch einmal, bis ein echter Zungenbrecher herauskommt und alle noch mehr lachen. Die ganze Klasse brüllt vor Lachen, manchen laufen sogar die Tränen herunter.

Leia ist fassungslos. Sieht sich um. Sie lachen über sie. Sie lachen sie aus. Und die Lehrerin macht mit. Leia verbirgt das Gesicht in den Händen.

Esra ist froh über das Lachen. Lachen ist ein Wundermittel, es repariert alles. Sie rechnet nicht damit, dass Leia es ganz anders auffasst. Dass es ihr wie Hohn in den Ohren klingt, was vor allem auch daran liegt, dass man in Atlantis Hohn nur aus den alten Fabeln kennt. Seltsam ist nur, dass keiner spürt, wie es Leia dabei geht. Die Empathie, dieses hohe Gut der Menschen von Atlantis, ist wie weggeblasen. Untergegangen in der Heiterkeit. Erstickt im Lachen. Niemand weiß, was in Leias Kopf vorgeht. Dass sie leidet, sieht jeder. Und trotzdem lachen alle weiter. Über die Schwäche eines anderen, der nicht genauso ist wie sie.

Sogar Holger. Leia sieht es durch ihre Finger. Ihr Blick sucht ihn, sie hofft, dass er der eine unter allen ist, der nicht mitlacht. Sie hofft vergeblich. Von ihm hätte sie das nicht gedacht, er ist immer nett zu ihr. Holger könnte ihr Freund sein, sie will ihm schon lange anbieten, dass sie gemeinsam nach Hause gehen, auf dem Schulweg lässt es sich gut palavern, und er stößt sich nicht an ihrer Sprechweise. Jetzt anscheinend doch. Leia fühlt sich schlecht, wie im Fieber.

Das Mädchen neben ihr stößt sie mit dem Ellbogen in die Seite. »Findest du das nicht komisch?«

Leia hört: *Du bist aber wirklich komisch.* Sie blinzelt zu Holger hinüber, hilfesuchend, vielleicht irrt sie sich doch nicht in ihm. Aber sie schaut ihm nur in sein weit aufgerissenes Maul, aus dem ihr das Gelächter der Häme entgegenschlägt. Ihr ist, als würde es sie auffressen, dieses Maul. Und nach und nach öffnen sich auch die Mäuler der anderen Kinder, immer weiter, immer größer werden sie. Leia ist umzingelt von Riesenmäulern. Und auf einmal machen sich die Stimmen in Leias Kopf selbstständig. Es ist egal, was wirklich gesagt wird, sie hört nur noch, was ihr die Schwarzen Mächte einflüstern. Sie hört es mit Esras Stimme. *Du liegst völlig richtig, sogar Holger ist gegen dich. Er mag dich nicht. Niemand mag dich. Sie wollen dich hier nicht. Du gehörst nicht hierher. Dein Gewissen soll dir das eigentlich sagen. Deshalb habe ich das Thema heute angeschnitten. Damit sich dein Gewissen meldet. Es soll dir sagen, dass du weg musst. Verschwinde von hier. Du siehst anders aus als wir, du bist keine von uns. Du solltest nicht hier sein. Du bist uns fremd.*

Jetzt also auch die Docea, denkt Leia bei sich, auch Esra ist gegen mich. Durch ihre Tränen hindurch sieht sie sich der Klasse gegenüber. Sie, der Klassen-Feind. Holger nimmt ein Taschentuch, hält es hoch und wedelt damit, um ihre Aufmerksamkeit zu erregen. Er möchte es ihr zuwerfen. Leia empfindet das als eine Abschiedsgeste, eine Aufforderung zu gehen. Sie hebt die Arme vors Gesicht, wie zum Schutz. *Du bist uns fremd. Du bist uns fremd*, hallt es ihr in den Ohren.

»Was ist denn nur, Mädchen?« Esra kann sich keinen Reim auf Leias Verstörung machen und will erklären: »Holger möchte dir sein Taschentuch geben, du brauchst doch eins. Du kannst es ruhig nehmen.«

Leia versteht: *Holger gibt dir, was du brauchst. Kannst du dich nicht benehmen?*

Esra erkennt, dass die Situation verfahren ist. »Gebt ihr etwas Ruhe«, sagt sie und versucht, die Klasse wieder unter Kontrolle zu bekommen. Keine Chance.

Die Schüler sind jetzt komplett außer Rand und Band. Sie unterhalten sich in Leias Stotter-Sprache und führen quasi ein Theaterstück auf. Leia als Hauptperson, die neu zu ihnen stößt, und keiner versteht sie. Die Aufführung gerät immer mehr aus dem Ruder, die Schüler gestikulieren, das Ganze gerät immer mehr zum Affentheater. Keiner beachtet Leia, die völlig in sich zusammensinkt. Sie kanzeln das Mädchen mit ihrer Parodie ab, keiner denkt daran, wie sie sich fühlen muss.

Leia sitzt da wie tot. Dass die Docea wieder zum Lernstoff und dem Gewissen des Menschen übergeht, hört sie nicht. In ihrer Wahrnehmung verdichtet sich das Klassenzimmer und wird zu einem Stahlkorsett, das sich langsam um sie herum zusammenzieht. Sie bekommt kaum Luft. Es ist, als wäre sie in eine neue Welt katapultiert, in die sie nicht gehört. Das, was sich in ihr abspielt, wird langsam zur eigentlichen Wirklichkeit. Sie sieht die Welt durch eine neue Brille der Erkenntnis.

Genau das ist es, was die Stimme will. Diese Wechselwirkung, diese Unvereinbarkeit: Leia in dieser Welt und die Welt in Leia. Das ist nicht dasselbe. Das sind zwei völlig verschiedene Dinge. Naturgesetze, die nicht zusammenpassen, die sogar gegeneinander arbeiten.

Leia weiß nicht mehr, in welcher Welt sie ist, geschweige denn sein will. Dieses Jahr, das steht außer Frage, übersteht sie nicht. Das Lernen übersteigt ihre Möglichkeiten. Sie ist am Ende ihrer Kräfte. Und allen ist das egal. Die Stimme hat recht, fühlt Leia. Sie ist nichts wert, sie soll gehen. Sie schielt zur Klassentür, über der steht: Exitus. Sie sieht es zum ersten Mal. Bisher ist ihr diese Exitus-Tür nur im Traum erschienen. Als Ausgang in eine bessere Welt. Mit Fanfaren im Hintergrund, hin und wieder spielt auch ein Cembalo. Eigentlich ist es so einfach. Man braucht nur durchzugehen. Exitus. Aus. Einmal durchgehen und alles wird gut. Nein: besser. Was stellt man mit einem Leben an, das verdorrt ist? Die Docea in Biologie würde sagen: Eine tote Knolle blüht nicht mehr. Richtig. So fühlt sie sich. Wie eine tote Knolle. Leia schaut zur Tafel, dann zu Esra, wieder zurück zur Tafel, dann bittet sie um Gehör: »Darf ich kurz hinausgehen?«

»Natürlich, geh nur. Nimm dir ruhig Zeit.«

Geh endlich. Es wird auch Zeit.

Etwas zittrig steht Leia auf, hält sich kurz am Pult fest und stakst schließlich an den Mädchen vorbei, die sie groß anschauen. Ihr kommt vor, dass die Docea sie hinter ihrem Rücken hinauswinkt. Esra hat nur das Tafeltuch ausgeschüttelt.

Leia öffnet die Tür. Geht durch. Der Gang. Das Korsett löst sich nicht, im Gegenteil, es legt sich jetzt noch enger um ihre Brust und presst die ganze Luft aus den Lungen. Leia versucht, den Atem einzuziehen. Es geht nicht. Sie erstickt langsam. Sie sieht nicht mehr scharf. Weiter. Der Gang verliert an Farbe. Leia watet wie durch Wasser. Schmutziges Wasser. Eine Kloake. Ja, dort gehört sie hin. *Zur Erleichterung steht auf der Tür.* Das ist es, was sie sucht. Erleichterung. Die Tür ist die Tür aus ihrem Traum. Endlich erreicht sie sie. Durch diese Tür zu gehen, wird ihr Leid beenden und sie ins Licht führen.

Leia geht durch sie hindurch. Sie sieht sich selbst. Exitus.

Als das Spiegelglas im Waschraum bricht, hört Leia nur ein Cembalo. Und in dem Moment, als eine Scherbe ihr die Pulsader aufschneidet, ertönen die Fanfaren.

Eine Stimme sagt: *Du hast es geschafft.*

Das nervöse Pochen an der Tür reißt Aron aus den Gedanken. Er will eine Depesche verfassen, und immer, wenn er kurz davor ist, ein Thema einzukreisen, ist es verpufft. Die Disziplin weg, der Frohsinn dahin, die Leutseligkeit vorbei. Schon seltsam, was da neuerdings mit ihm geschieht. Es scheint, als kann sich die innere Stimme, die sonst seine Texte leitet, nicht entschließen, ob sie ihm etwas wispern soll oder nicht. Vielleicht ist sie heiser, denkt Aron. Das Klopfen zerreißt auch diese Überlegung. Aron geht durch sein erdfarbenes Wohnzimmer hinüber in den Willkommensbereich und öffnet die Tür. Hannas schwarze Lockenpracht drängt sich herein. Wenn sie einen ansieht, tanzen ihre Wimpern Rumba.

»Edler Nachbar, du wirst nicht glauben, was sich die Leute so erzählen. Erst denke ich, es sei Geschwätz oder hysterisches Vordrängen. Die Bauern, ich sage dir, die haben irgendeine Verrückung im Hirn. Und ich bin nicht die einzige, die das so sieht.«

Aron hebt die Hände, um sie zu bremsen. Ihre flatterhafte Aufgeregtheit passt ihm heute nicht in den Tag. »Erst einmal hallo«, sagt er, »ich grüße dich Hanna. Was ist den los? Warum bis du so aus dem Hut?«

»Die Bauern«, sagt sie, als müsste damit schon jeder wissen, was sich tut. Sie wartet auf seine Reaktion.

Aron schweigt.

»Sie sind auf eine Neue Ordnung aus, so nennen sie es. Stell dir vor, hinter verschlossenen Türen reden sie von Veränderung, Umwälzung, eben was Großem.«

»Ist doch gut. Haben sie es für heute erledigt. Hast du schon was Großes getan?«

»Du verstehst wirklich langsam.«

»Du irrst dich«, sagt Aron, »ich verstehe gar nicht.«

Hanna baut sich ganz nah vor ihm auf. Sie redet jetzt laut und bedächtig, wie mit einem tauben Greis. »Die Bauern. Neue Ordnung. Geheime Versammlungen. Alles soll anders werden.«

»Was?« Endlich scheint Aron doch interessiert.

»Ja. Die Bauern, die erdigsten Menschen, die es gibt, wollen alles umpflügen. Kaum zu glauben. Da ist mehr dahinter, sag ich dir. Da ist etwas im Gange. Mir scheint, alle drehen gerade ein bisschen durch. Ich meine, schau doch, was in letzter Zeit alles passiert: Kinder entdecken die Gewalt. Erwachsene nehmen sich, was sie wollen. Die Alten reden über neue Gesetzmäßigkeiten.«

»Welcher Art? Was meinst du?« Aron legt die Stirn in Falten.

»Ich will nicht sagen, dass da Strukturen infrage gestellt werden. Niemand weiß etwas Konkretes. Die Bauern beschweren sich angeblich bei den Alten. Dass sie, ich weiß nicht, mehr für die Gemeinschaft tun als die Gemeinschaft für sie. Irgendwie geht es um die, die nur genießen und die anderen, die nur zum Genuss beitragen. Keine Ahnung, das funktioniert doch abwechselnd, so ist das Wesen der Balance. Irgendwer stellt komische Fragen. Nicht nur einer, das sind mehrere, die solche neuen Gedanken spinnen. Wüsste ich es nicht besser, würde ich sagen: Das ist ein Fieber, das wir noch nicht kennen.«

»Ich verstehe nicht ganz, was du meinst, Hanna. Warum bist du überhaupt hier?«

Sie dreht sich einmal aufreizend im Kreis. »Um dir zu zeigen, was in deinen Träumen vorkommt.«

Er schmunzelt. »Ehrlich gesagt, erscheinst du mir schon länger nicht mehr … andererseits … wäre gar nicht so übel –« Er stockt und fragt sich, warum er jetzt noch mit ihr flirtet.

»Ach so?« Ihre Mimik bekommt einen Hauch von Ruch. »Meinst du die Träume, in denen man sich wälzt, ohne Gewand und so? Meinst du die?«

Aron will weg von dem schlüpfrigen Parkett. »Mir ist schon geholfen, wenn der verdammte Hund verschwindet. Ich meine –«

Hanna ist noch zum Plänkeln aufgelegt. »Wir könnten doch endlich … Was für ein Hund?«

»Du wirst glauben, dass ich verrückt geworden bin.« Er sieht kurz verschämt zu Boden.

»Keine Sorge«, unterbricht sie ihn, »das glaube ich schon länger.«

Aron übergeht das. »Also da ist dieser Hund, der mir jede Nacht im Traum erscheint. Er kommt aus dem Nichts und fletscht die Zähne. Es ist ein Eishund. Er will –«

»Was?« Hanna starrt ihn an. »Ein Eishund?«

Er nickt.

»Keine deiner Scherze bitte, Aron. Du siehst den Eishund auch?«

»Wieso auch?«

»Ich sehe den Hund. Seit einer Woche. Jede Nacht erscheint er in meinen Träumen.«

»Blaue Augen, stechender Blick?«

Sie nickt.

»Er kann reden?«

Sie nickt.

»Und die Verwandlung?«

»Er verwandelt sich in einen Wolf, der den Mond anheult und …«

»… in eine weiße Taube, die davonfliegt«, ergänzt er. »Und dann wird alles schwarz.«

Hanna schluckt. »Gruselig. Über die Maßen gruselig.«

In dem Moment klopft es wieder, und beide zucken zusammen. Aron öffnet und schaut direkt in Esras verheultes Gesicht. Ohne Gruß stürmt sie herein und beginnt zu erzählen, was alles passiert ist, von den Kindern in der Schule, die ein Mädchen ausgelacht haben, niemand hat sich etwas dabei gedacht. Leia mit Namen. Esra spricht nur in Satzfetzen und schluchzt. »Sie war still und zurückhaltend … immer gut und aufmerksam … geht raus, einfach so … ich halte gerade meinen Vortrag … ganz normal … Gewissen und diese Dinge … Themen wie sonst … ein herkömmlicher Tag … und sie geht raus … schaut mich noch an … glasige Augen … ja, ich glaube, dass sie glasig waren … Leia … ich habe mir nichts weiter dabei gedacht … und dann kommt sie nicht mehr zurück … wir gehen nachschauen … überall Blut.«

Aron braucht ein paar Minuten, um zu verstehen, was geschehen ist. Dass sich eine Schülerin, ein junges Mädchen im Waschraum des Lerntempels mit einer Glasscherbe ins Handgelenk geschnitten hat.

»Ist sie …«

»Nein«, sagt Esra und holt Luft, »zum Glück nicht. Sie lebt. Der Not-Heiler … den Göttern sei Dank.«

»Wo ist sie jetzt?«

»Im Gesundenhaus. Die Heiler meinen, es ist knapp. Eine Sache von ein paar Sekunden, sie ist fast verblutet.« Sie hält sich die Hände vors Gesicht. »Schrecklich. Wie kann das nur geschehen. Bin ich schuld?«

Aron will sie beschwichtigen. »Das darfst du nicht einmal denken, hörst du, das ist völlig …«

In dem Augenblick kommt Hanna aus dem Wohnzimmer. »Hallo«, sagt sie, ich bin Arons Nachbarin Hanna. Du brauchst dir wegen mir keine Gedanken zu machen. Ich bin schon weg.« Im Gehen sagt sie: »Was für eine Geschichte. Das wird sicher Wellen schlagen. Von mir erfährt keiner was, das kann ich garantieren.« Und fort ist sie wie ein Zaubertrick.

Esra sieht Aron an, er zuckt die Schultern. Wie um sich für etwas zu entschuldigen, das gar nicht passiert ist. Was soll denn auch passiert sein? Die beiden sind Nachbarn. Völlig unkompliziert so was.

In der Nähe des Kirchenwirts in St. Leonhard fällt einem was ins Auge. Das Augenbründl heißt nicht ohne Grund so. Das Wasser, das da aus der Quelle sprudelt, enthält Radon, deswegen wird ihm eine positive Wirkung auf Augen und Ohren zugesprochen. Und das braucht man auch, wenn einem angesichts der weltpolitischen Wirrnisse Hören und Sehen vergeht. Alle sind Kontrahenten. Contra als Mantra. Man ist grundsätzlichen gegen wen statt für etwas. Gegen das Neue und vor allem gegen das Andersartige. Xenophobie greift um sich. Xenos, der Fremde.

Carl Friedrich von Weizsäcker hat einmal gesagt: »Fremdenfeindlichkeit zeugt nur von eigener Schwäche.«

Das hat was. Wenn versucht wird, das Thema Fremdenfeindlichkeit zu erklären, holt man gerne aus und gelangt zu Rechtfertigungen wie der, dass die Angst vor dem Unbekannten dem Menschen angeboren sei, eine Art Schutzreflex, um das Eigene zu sichern. Dem gegenüber steht die Erkenntnis, dass Angst vor dem Fremden keineswegs natürlich ist, sondern eine gesellschaftliche Erfindung. Es ist das starke wie autarke System einer Sippe.

Eine Gruppe definiert sich über die Abgrenzung von anderen Menschen und erklärt sich selbst. Durch Eigenschaften, Erkennungsmerkmale, Zugeständnissen der Zugehörigkeit. Ein Soziotop aus eigenen Gnaden. Zehn Leute gehen her und sagen: Hey, wir sind die Schrillen Vögel, okay? Unser Zeichen ist ein gelber Papagei, den wir auf der Brust tragen. Und fertig ist die Abgrenzung. Alle anderen, die sich nicht der Definition im Allgemeinen wie auch im Detail unterwerfen, gehören automatisch nicht zu den Schrillen Vögeln. Sie sind Normalos, garantiert nichts Besonderes.

Jede Elite definiert sich zuerst selbst, grenzt sich dann von den anderen ab und bewahrt ihre Werte, mithin ihre Eigenständigkeit. Das wiederum bedeutet: Zäune entstehen nicht auf dem Feld.

Zäune entstehen im Kopf.

Das Ich wird zum Wir. Wir sagen, was wichtig ist. Wir sind wir. Und wer nicht für uns ist, ist gegen uns. Der Mensch in seiner hochkomplexen Art ist, wie wir sehen, eigentlich recht simpel gestrickt. Ich bin jetzt kein Soziologe oder Freizeitpolitiker, und ich bin ehrlich gesagt auch nicht frei von Mulm. Mein Heim ist offen für jeden, aber es gelten Regeln. Wer ohne Regeln lebt, entscheidet sich für die Anarchie. Und ich finde, dass ein offener und ehrlicher Umgang in allen Ausländerfragen unerlässlich ist. Ohne nervös zu werden. Man braucht nur das Pluralwort Asylanten aussprechen, und schon verhärten sich allerorten die Gesichtszüge. Die einen sagen welcome, die anderen raus mit ihnen. Perfid ist, dass es keine Zwischengröße gibt. Als Mensch finde ich, ist es Pflicht, politisch Verfolgten Schutz zu gewähren, das gebietet nicht der Anstand oder irgendwelche pseudomoralischen Attitüden, das ist ein Grundrecht, verankert im Buch der Menschlichkeit. Trotzdem, und das ist bitte schön nur meine Meinung, sollte das nicht unkontrolliert vonstattengehen. Bloß zu sagen: Kommt alle rein in mein Haus, und dann werden wir schon sehen, dass alles gut wird, das ist ein Irrglaube.

Es braucht Werte, an die alle Mitglieder einer Gesellschaft glauben, und Regeln, an die sich alle Mitglieder einer Gesellschaft halten. Wenn ich bei Freunden zum Abendessen eingeladen bin, weiß ich, dass ich ihnen nicht in den Teller spucke. Ich nehme vielleicht ein paar Blumen mit und bedanke mich für die Gastfreundschaft. Um das geht es. Jeder Verein hat Statuten, jeder Kindergarten Regeln. Wenn du und ich uns nicht an die Regeln halten, hat das Konsequenzen für jede Umgebung. Unbehagen, Ärger, in weiterer Ausprägung Angst und Gefahr, am Ende Kollaps des Systems.

Lapidar gesprochen, ist das wie bei einem Spiel, an dem sich alle an die Spielregeln halten müssen, sonst ist es kein Spiel mehr. Ernst gemeint. Sonst geben wir alles her, wofür wir stehen. Sonst fallen wir zurück ins Mittelalter und spielen nicht mehr mit Smartphones und Tablets, sondern mit Harnisch und Schwert. Es ist nur die Spurbreite eines schmalen Grats.

Die Dinge müssen sich nur um ein paar Millimeter verschieben, und alles ist anders. Jeder kann sich das für sich überlegen. Ich mache das, seit ich auf dem Johannesweg unterwegs bin, wenn ich über die Welt, deine, meine, unsere, nachdenke. Ich meine, Xenophobie entsteht, weil man wenig bis gar nichts über den anderen weiß und sich auf Vorurteile beruft. Die Ausländer sind schuld an … allem. Am Terror, an der Arbeitslosigkeit, am Wetter. Generell und ohne Ausnahme. Wie einst die Juden und Radfahrer.

Jede Gruppe hat schwarze Schafe, bitteschön. Natürlich gibt es Vergewaltiger, Mörder und Terroristen unter denjenigen, die nach Europa kommen, um hier Fuß zu fassen. Aber Kriminelle gibt es auch mit österreichischem Pass. Vielleicht auch in der Nähe des Johanneswegs. Überall gibt es Gut und Böse. Das Fremde ist nicht schuld an der Talfahrt des Humanismus. Es ist das etikettierte Gruppendenken in einem Machtgefüge namens Zusammenleben.

Tut mir leid, wenn ich da jetzt ein bisschen abgeglitten bin. Das Augenbründl zeigt mir jedes Mal einen anderen Blickwinkel. Und warm ist es geworden, Moment, ich ziehe mir nur kurz die Jacke aus, ja, besser so. Ich wollte noch kurz eine Geschichte erzählen. Vor ein paar Wochen war ich zu Besuch in Jakarta. In meiner Funktion als Honorarkonsul von Indonesien besuchte ich die Stadt, in der ungefähr zehn Millionen Menschen leben. Also mehr als in ganz Österreich. Die Leute sind malaiischer, arabischer, indischer, niederländischer und chinesischer Abstammung, ein Schmelztiegel. Im Mai hatte es heimelige zweiunddreißig Grad im Schatten. Ich wollte gerade zum Nationalmuseum gehen, da kam ein Mädchen zu mir und redete mich an. Sie sprach Bahasa Indonesia, Bahasa heißt Sprache. Die Kleine trug ein weißes Kleid mit großen roten Punkten und gab mir einen Zettel, auf dem ein Gedicht stand.

Regen im Juni heißt es und stammt aus der Feder des Lyrikers Sapardi Djoko Damono. Viele Indonesier kennen es auswendig. Für unsere Ohren klingt es geheimnisvoll fremd, zungenbrecherisch weich.

tak ada yang lebih tabah
dari hujan bulan Juni
dirahasiakannya rintik rindunya
kepada pohon berbunga itu
tak ada yang lebih bijak
dari hujan bulan Juni
dihapusnya jejak-jejak kakinya
yang ragu-ragu di jalan itu
tak ada yang lebih arif
dari hujan bulan Juni
dibiarkannya yang tak terucapkan
diserap akar pohon bunga itu

Das Mädchen fuhr mit ihrem kleinen Finger den Text entlang und übersetzte Wort für Wort. »Nichts ist elastisch … von Regen im Juni … gesprenkelt Geheimnis … Sehnsucht zu den blühenden Bäumen … nicht klüger … von Regen im Juni … Abschaffung Fußabdruck … das Zögern auf der Straße… nicht klüger … von Regen im Juni … links unausgesprochene … von den Wurzeln der Bäume absorbiert, die Blume.« Das Mädchen winkte zum Abschied. So wurde ich als Fremder begrüßt. Mit einem Gedicht.

Jetzt wandere ich weiter in Richtung Haiderberg. Die Umgebung wirkt vertraut wie ein sehr großes Zuhause.

KAPITEL 5
Weizen ist Macht

Es regnet Stimmen. So hört es sich an am Markttag. Eine Wolke aus menschlichem Gesumme. Tag für Tag werden auf dem großen Platz am Sonnenzentrum die Waren getauscht. Einmal in der Woche bringen die Bauern, was ihre Felder und Tiere hergeben, als Nachschub auf die Große Wiese vor der Stadt. Obwohl hier nur die Vergabe der Güter und Rohstoffe an die Zwischenkrämer stattfindet, ist es jedes Mal ein Ereignis. Was in Atlantis gefeiert werden kann, wird gefeiert. Der Sinn des Lebens ist die Freude am Leben, und die ist groß am Markttag. Die Leute kommen von überall.

Die Sonne scheint auf die umliegenden Felder und lässt die noch unfertigen Ähren in einem satten Mattgold schimmern. Andere Göttergeschenke sind schon gereift und warten darauf, geerntet zu werden. Unter dem poseidonblauen Himmel bereiten sich die Krämer auf die Übergaben der Bauern vor, Geschenke von Mensch zu Mensch, von Hand zu Hand. Es ist eine uralte Zeremonie, die zeigt, wie alle mit allem verbunden sind. Tröge voll Roggen, Pritschen voll Mais, Karren voll Weizen. Äpfel und Birnen sind nicht dran, heute ist Tag des Vorbrots und der Kukuruzer. Das gemahlene Getreide rieselt durch unzählige Finger, man riecht daran, reibt es in den Händen und fühlt, wie es schmecken könnte. Dutzende Menschen in leutseliger Erwartung stehen da mit aufgekrempelten Ärmeln und rosigen Gesichtern, der Dinge harrend, kurz vor dem Zugreifen.

Ein Krämer ruft: »Holla, Cuthbert, wenn du noch eine Spur langsamer wirst, bewegst du dich in der Zeit rückwärts!«, und alle lachen.

Eine Bäuerin zieht seitlich ihren Rock hoch, bis unter der Schürze ihre stattliche weiße Hinterbacke aufblitzt, und sagt: »Das kannst du haben, wenn du dich noch einmal vordrängst.«

Der Angesprochene nickt und ereifert sich. »Gern, Gundula, zeigst du mir auch die Vorderseite der Medaille?«

Sie lachen, und sie rufen, sie reden, und sie kichern, sie schieben, und sie werken. Arme langen vor, Hände fassen nach der guten neuen Ernte, Säcke werden prall gefüllt, man bedankt sich für die Gesamtheit. Alles für alle! Eins miteinander! Die Natur hat's gegeben, und der Mensch wird es teilen. Es ist genug da. Die Welt knausert nicht, sie ist freigiebig und großzügig wie ein Mäzen, der sich unsterblich machen will.

»Moment!«, ruft Fred ins Gewusel. »Moment einmal.«

Seine Frau Anna hebt den Kopf. Da schau her, denkt sie bei sich, er tut es. Sie reagiert schnell, schiebt ihn vor, falls ihn der Mut verließe, drängt ihn mit Nachdruck durch die Menge. *Komm, zeig's ihnen, mach schon, komm endlich*, feuert sie ihn mit Gedanken an. Sie hilft ihrem Fred auf die Sprünge, so wie Paul ihm vor ein paar Tagen bei der Versammlung der Bauern, als er ihn samt Anna zur Unterstützung bei seiner so unerwarteten wie erstaunlich grandiosen Rede, die in Freds Innerestem so viel ausgelöst hat, auf die Bühne geholt hat.

»Moment«, wiederholt Fred, und Anna nickt.

Die Leute rund um sie reden eine Spur leiser, schauen auf, was er zu sagen hat. Fred ist wirklich kein Redner, er wird sich auch nicht als solcher entpuppen wie Paul. Trotzdem schafft er es, dass das Gesumme verstummt und man ihm zuhört, er weiß selber nicht warum. Seine ersten Worte sind zaghaft, seine Körpersprache ist umso deutlicher, und langsam kommt er in Schwung. Er erzählt von Gedanken und Träumen, die er hatte. Die Sätze fliegen ihm von irgendwoher zu, sind nicht immer ganz gerade und klingen doch, als kämen sie tief aus ihm heraus. Hier und da nickt jemand. Dann gerät ihm irgendwas von einem Eishund dazwischen, von einem Wolf und einer Taube. Damit können die Zuhörer wenig anfangen, und Fred verheddert sich noch ein bisschen mehr in seiner Logik. Die Rede gerät etwas durcheinander. Manche runzeln die Stirn, andere vermuten, dass da vielleicht doch jemand zu tief in den Tonbecher geschaut hat. Und dann, ohne besondere Überleitung oder Vorbereitung, verkündet Fred: »Wir werden den Weizen bei uns belassen.«

Anna nickt und hebt den Daumen, gut gemacht, das ist mein Mann. Fred wirkt unsicher, er scheint nachzudenken, wenn auch nicht lange. Seine Ankündigung gibt für die Anwesenden keinen Sinn. Wie? Was hat er gesagt? Was sollen wir? Bei uns belassen. Was heißt das? Und was meinst du mit uns, Fred?

»Ich mache das«, sagt Fred unvermittelt. »Ich behalte meinen Weizen.«

Das war eine klare Ansage. Trotzdem versteht sie noch niemand. Er erntet teils verstörte, teils fassungslose Blicke. So als hätte jemand gesagt: Es gibt keine Götter, nur den Diabolus. Oder: Es gibt keine Gegenwart, die Zeit ist eine Lüge.

Anna zuckt die Schultern und schickt eine knappe telepathische Botschaft, *tja, das ist jetzt so, Leute, das ist neu, neu bei Fred und mir. Der Weizen bleibt bei uns, vorerst einmal. Es gibt keine Schuld, keine Bringschuld, nicht einmal eine Veranlassung für eine Aufteilung oder Weitergabe.*

Fred probiert noch eine Erklärung: »Aber geteiltes Leid ist doppeltes Leid, nicht wahr?«

Jetzt kennt sich überhaupt niemand mehr aus. Sie starren ihn stumm an. Das Aber tut seine Wirkung, sie erkennen Freds ernste Absicht, auch wenn er nicht mehr weiter weiß. Er findet keine Worte mehr, trotzig steht er oben auf der Barrikade. Anna neben ihm. Sie könnte ihm aus der Patsche helfen, den Menschen erklären, was hinter ihrem Entschluss steckt. Aber dass sie in jüngster Zeit diese

Stimme hört, hat sie nicht einmal Fred gesagt. Die Idee, die diese Stimme verkündete, alles bei sich zu belassen, weil es die anderen nicht verdienen, leuchtet ihr von Anfang an ein. Ungewöhnlich, das ja, neu, das sowieso, aber in ihrem Fall gewinnbringend. Das Wort gefällt ihr besonders gut. Gewinn. Woher sie die Idee hat, geht niemanden was an. »Die Ernte bleibt bei uns, und Schluss«, sagt Anna.

Fred errötet, nickt trotzdem, genau. Genau.

Nach und nach begreifen die Menschen, dass sich die beiden tatsächlich gegen die Aufteilung verwehren. Sie wollen den Weizen und auch den Mais, den sie auf ihren Feldern geerntet haben, nicht hergeben.

»Er gehört nämlich uns«, sagt Fred.

Die Krämer schütteln die Köpfe, es muss sich etwas verrückt haben in seinem Kopf. Vielleicht ein Fieber. Wolken ziehen auf und verdunkeln den Himmel von einem Hellblau in ein Aschgrau. Es donnert, donnert noch einmal, und als die ersten Regentropfen fallen, sind die Stimmen verhallt. Es regnet keine Stimmen mehr, jetzt regnet es kalte Tropfen, die wie flüssige Sägespäne quer auf die Landschaft fallen.

Anna strahlt Fred an: »Denen hast du's gezeigt, stolz bin ich auf dich, immens stolz.« Sie umarmt ihn.

Er bleibt mit hängenden Armen stehen, lässt es geschehen und schluckt. Er fragt sich, wie er das seinem besten Freund beibringen soll.

Der Tag beginnt unlieblich.

Aron schreibt den Satz und diesmal lässt er ihn stehen. *Unlieblich*, denkt er leise, vielleicht sogar zu harmlos für das, was gerade geschieht. Er sitzt daheim in seinem Denkerzimmer, streicht das *unlieblich* und schreibt stattdessen *unmenschlich.*

Der Tag beginnt unmenschlich. Diese Depesche mag den einen oder die andere wohl verstören, aber was sich hier im Hintergrund tut, ist alles andere als lieblich und menschlich oder auch nur mitmenschlich.

Ich gehe sogar soweit, nicht die Gegenwart zu beschreiben, nein, ich berichte von dem, was gestern war. Ich rede von genau jener Vergangenheit, die das Jetzt erzittern lässt. Gestern war, ja, Sie lesen richtig, ich rede von gestern, denn der Tag ist nicht gelebt und vergangen und vorbei, er hat Folgen. Also gestern war ich bei einem Gerstensaft-Treffen mit meinem besten Freund. Ihr kennt ihn vielleicht, es ist Fred. Und ich gehe noch weiter zurück in die gelebten Tage.

Fred und ich, wir sind gemeinsam aufgewachsen, zusammen in die Schule gegangen, auf Bäume geklettert, wir haben gemeinsam Schwimmen gelernt, Berge bezwungen, uns in dieselben Mädchen verschaut. Ich kann mich noch genau daran erinnern, wie wir das erste Mal die Macht der Energiekristalle erlebt haben. Die Gnade der Erkenntnis. Das Bewusstsein, für mehr da zu sein, als bloß zu atmen. Ein Teil der Gemeinschaft zu sein, genau jener Gemeinschaft, die uns Menschen ausmacht, wir, die wir Atlantis besiedelt und uns zivilisiert haben. Fred und ich wollten als Kinder immer sein wie die Hohepriester, dastehen in weißen Gewändern, umgeben von der Aura der Unendlichkeit. Mein Vater hat uns beiseite genommen und gesagt, Kinder, ihr seid nicht geboren, diesen Weg zu gehen. Eurer Pfad ist ein anderer, er geht nicht hinauf bis zum Tempel des Poseidon, er führt euch woanders hin. Wo, das werdet ihr noch sehen. Den einen vielleicht auf sein Feld, den anderen vielleicht zu seinem Federkiel. Niemand weiß, was die Bestimmung vorhat. Im Leben geht es darum, genau das herauszufinden und anzunehmen. Das haben wir getan. Fred hat sein Feld gefunden und es beackert, und ich führe den Federkiel über büttenweiße Papyrusbögen. Die Bestimmung hat uns diese Wege auferlegt. Gestern also sind Fred und ich beim Gerstensaft gesessen, der Schaum ist übergequollen, als wir uns zuprosteten, und da hat er mir erzählt, was manchen von euch schon geläufig ist. Fred und seine Frau Anna werden die Ernte nicht mit uns teilen. Sie haben beschlossen, das, was sie gesät hatten, für sich zu behalten, und nur für sich.

Ich habe gelacht und noch einen Gerstensaft bestellt, Fred, habe ich gesagt, das ist ein sehr seltsames Theorem, das du da gerade aufstellt, ein Gedankenexperiment, das mich kirre macht, stell dir vor. Und er hat mich angesehen mit seinen grünbraunen Augen, das Kinn so merkwürdig vorgereckt und gesagt, du, das ist kein Theorem. Ich mache das so. Ich ziehe das durch. Ich gebe es nicht her. Wer weiß, was für ein Winter kommen mag, vielleicht brauchen Anna und ich heuer mehr Mais und mehr Weizen, wahrscheinlich viel mehr von allem, und wenn wir alles aufteilen, haben wir nachher nichts für uns selbst. Das wäre unklug. Ich muss vorher auf uns schauen und dann erst auf die Allgemeinheit. Der Rock ist einem näher als die Egge. Was immer er damit sagen wollte. Er stand auf und ging. Ohne nähere Erklärung. Der Rock ist einem näher als die Egge.

Und deshalb beginnt der Tag heute unmenschlich. Was ist los, liebe Leser, was passiert mit uns? In alten Überlieferungen gibt es ein Wort. Geiz. Der Geiz ist der kleine Bruder der Gier. Ich möchte an dieser Stelle das Namenlose benennen. Meine Depesche der Irritation will Klarheit schaffen. Der Geiz und die Gier und die fliegenden Steine und die Fäuste und das Blut. Wo kommen wir her, wo gehen wir hin? Sind das Ausreißer auf einer Skala der Normalität? Kleine Erdbeben, wo sonst nur Ruhe ist? Ist da vielleicht mehr dahinter als schnöde Nichtigkeiten? Die Götter mögen den Berg hinunterblicken und gelangweilt die Schultern zucken. Wir aber sind konfrontiert mit der Düsternis.

Aron nimmt telepathische Verbindung zur Sammelstelle für Öffentliche Depeschen auf: *Liebe Freunde, hier mein Traktat, bitte leitet es an die Allgemeinheit weiter.*

Kurz darauf hört er die Antwort in seinem Kopf. *Aron, danke. Hm… eines noch. Wir lesen es gerade, wie gesagt danke, also, wir denken auch nach. Bist du sicher, dass wir das über das Gedankennetz veröffentlichen sollen? Der Rock ist einem näher als die Egge? Bist du sicher? Und der Schluss: Die Götter mögen den Berg hinunterblicken und gelangweilt die Schultern zucken. Wir aber sind konfrontiert mit der Düsternis. Also ich weiß nicht, das ist heftig. Und dieses Aber! Jetzt auch bei uns. Sollen wir wirklich …*

Aron schickt einen Gedanken zurück: *Ich weiß. Ja, ich bitte euch, es soll so erscheinen.*

Bist du dir ganz sicher?

Ja, das bin ich. Meinung bleibt Meinung. Haltung bleibt Haltung. Lange Tage und angenehme Nächte, meine Freunde.

Aron streckt sich, schlendert hinaus ins Vestibül und reibt sich die Augen. Ungewöhnlich müde, ausgezehrt fühlt er sich. Die Sache mit seinem besten Freund nimmt ihn mehr mit, als er sich eingestehen will. Fred ist sich bis heute keiner Schuld bewusst. Das ist das, was ihn am meisten verwundert. Fred wähnt sich im Recht.

Aron überlegt, ob er duschen soll, wäre nicht schlecht. Er will zu Esra, sie bereitet gerade einen Schmaus vor. Vielmehr, sie braucht seine Nähe, ist immer noch so aufgewühlt und er im Inneren auch Wildwasser. Ein gemeinsames Essen wird sie beruhigen. Nachdem er sich ein wenig herausgeputzt hat, macht er einen Kontrollblick ins Spiegelglas. Das, was er sieht, passt: ein zweiunddreißigjähriger Geschichtenerzähler, der sich auf etwas Neues einlässt, als Mann und als Scriber. Man stellt sich dem, was die Tage bringen. Sonne und Überraschungen. Licht und Prüfungen. Und jetzt auch Unmenschliches. Wer hätte gedacht, dass so etwas jemals in Atlantis geschrieben werden würde. Nun, jetzt ist es auf seinem Weg in die Köpfe der anderen. Er nickt seinem schwarzhaarigen Konterfei zu. Verlässt das Haus und macht sich Richtung Osten auf zur nächsten Teleportationsstation. Obwohl der frühe Abend warm und freundlich für einen Spaziergang ist, entscheidet er sich für die schnelle Variante. Teleportationen sind an sich dazu da, größere Strecken zu überwinden, und zu Esra ist es nur ein Hörnchensprung. Sei's drum, denkt er bei sich, der Fußmarsch kommt ihm heute viel zu weit und die E-Kutsche viel zu langsam vor. In der Station geht er zu den ockerfarbenen Schleusen für die Transportgäste. Es ist kaum etwas los. Vor ihm steht nur eine alte Frau. Sie dreht sich um und fragt: »Wo geht's hin, junger Mann?«

»Area Fünf, die Siedlung hinter den Hängenden Gärten. Nach dem Tempel des Lernens.«

»Ich weiß, wo das ist. Hübsche Gegend. In Ihrem Alter wäre ich dorthin zu Fuß gegangen.«

Aron nimmt es als leisen Vorwurf und schüttelt gleich darauf den Kopf, um den Gedanken wieder loszuwerden. Vorwurf? Wegen einer unnötigen Teleportation? Wir sind immer noch in Atlantis, denkt er leise, machen einen ganz wirr, die Ereignisse.

»Was haben Sie vor? Freunde besuchen?«, will die Frau wissen.

Aron steht der Sinn nicht nach Unterhaltung, trotzdem antwortet er. »Ich treffe meine … eine gute Bekannte, eine Freundin.«

»Verstehe. Das Körperliche, jaja. Das Körperliche kommt immer vor dem Geistigen.«

»Ich weiß nicht ganz, was Sie meinen.« Aron sieht die Alte verdutzt an.

»Ich habe gerade die neue Depesche empfangen. Sehr beunruhigend, das alles. Zu meiner Zeit, wenn wir schon im Gelebten blättern, hätte es das nicht geben.«

Aron will nicht sagen, dass der Text aus seinem Federkiel geflossen ist. Er belässt es bei unauffälliger Neugier: »Was denn? Was hätte es nicht gegeben?«

»*Unmenschliche* Tage hat dieser Schmierfink es ausgedrückt. Und wissen Sie, wie es aufhört, dieses … Traktat?« Sie spuckt ihm das Wort vor die Füße.

Aron schüttelt den Kopf, als habe er keine Ahnung.

Die Alte hebt die Stimme: »Wir aber sind konfrontiert mit der Düsternis! Wir *aber*!«

Aron will fragen, was daran so verwerflich sein soll. Die Frau lässt ihn nicht zu Wort kommen. Sie nimmt ihre Tasche, steigt in die Schleuse und gibt die Transportdaten in ein Holopaneel ein, dann das telepathische Kommando *Start*.

Es dauert dreißig Sekunden, bis Aron einsteigen darf und seine Vorbereitungen für den Rutsch trifft. Er schiebt die Verwunderung über die Alte beiseite und konzentriert sich auf die Technik. Erstaunlich, dass es diese Form der Fortbewegung schon hundert Jahre gibt. Die Technologie basiert auf einer quantenphysikalischen Theorie, die davon ausgeht, dass ein Körper sehr wohl gleichzeitig an zwei Orten sein kann. Forscher haben damals eine Methode erfunden, wie man die Phasenverschiebung von A nach B anstellen kann, indem man das Objekt zuerst gleichzeitig auf A und B erscheinen lässt und dann von A wegnimmt, dass es nur mehr auf B existiert. Einfach gesagt, vollzieht sich so die ganze Reise von Punkt A nach Punkt B: Erst doppeln, dann das eine wegnehmen und das andere belassen, guten Tag schön. Aron hat sich Details im Lernhaus eingetrichtert und sie wieder verblassen lassen. Ihm sind Worte wichtiger als Quanten. Er denkt an Esra.

Zooom … kurz dehnt sich alles in seinem Sichtfeld, die Welt wirkt, wie aus Gummi gezogen und wieder fügt sich alles zusammen … Zooom.

Er ist in Area Fünf angekommen. Fünf Sekunden für eine Strecke, für die man zu Fuß gut eine Stunde geht. Nach dem Rutsch ist man kurz benommen. Ein Dichter hat es einmal damit verglichen, dass auch die Seele ihre Zeit braucht, durch den Kanal zu sausen und zum Körper zu finden, er hält das in einem merkwürdigen Gedicht über Gene fest, die durch die Unendlichkeit fliegen. Aron überlegt, wie es beginnt. Es fällt ihm nicht ein. Er geht über den steilen Weg hinauf zur Siedlung und zu Esras weißem Haus. In dem Moment, als er anklopfen will, macht sie die Tür auf.

»Ich habe das irgendwie gespürt«, sagt sie und probiert ein Lächeln, es wird keines. »Komm herein.« Sie sieht müde aus, mitgenommen. Das Weiß der Wohnung im Hintergrund und ihre Gesichtsfarbe haben einen ähnlichen Ton. Sie trägt ein schlichtes graues Hauskleid, sogar das wirkt anziehend an ihrer blassen Erscheinung. »Ich habe etwas zu essen gemacht. Geschmortes Shambala. Möchtest du? Es ist gerade fertig.«

»Gerne.«

»Kochen lenkt ab«, sagt sie. Ihr Blick verliert sich in der Leere.

»Wie geht es deiner Schülerin?«, fragt Aron.

»Ich war heute in der Früh bei ihr im Gesundenhaus. Wie durchsichtig, das Mädchen. Um ein Haar ist sie gestorben, sagen die Ärzte. Ich bin zu ihr hin ins Zimmer, und sie liegt da mit ihrem verbundenen Handgelenk. Furchtbar. Ich habe nichts gesagt, mich nur zu ihrem Bett gestellt.«

Aron setzt sich zu Esra, sie erzählt weiter, ist wieder ganz im Moment dort im Gesundenhaus. »Sie sieht mich an. Die Augen sind rot umrandet, vom Weinen. »Warum lebe ich noch?, fragt sie. Stell dir vor. Ich sage ihr, Leia, meine Güte, zum Glück bist du da, das Leben ist alles, was wir haben. Bitte, Leia, glaub mir, ich verspreche dir, dass alles wieder gut wird, alles, was schrecklich für dich ist. Ich verspreche es dir. Dabei halte ich ihre Hand, und sie sieht mich an. Als wolle sie mir irgendetwas sagen. Aber nein. Aber – hörst du? Jetzt verwende ich es auch schon.«

»So schlimm ist das Aber aber wirklich nicht.«

Esras Miene hellt eine Spur auf, nur kurz. »Sie wollte mir nicht verraten, warum sie das getan hat. Wieso geht ein zwölfjähriges Kind einfach so durch eine Scheibe und schneidet sich die Pulsadern auf? Das gibt es doch nicht. Das macht kein Erwachsener, und wenn das Schicksal noch so traurige Haken schlägt oder Pfade nimmt, niemand macht das. Warum ausgerechnet Leia? Ich verstehe es nicht.«

»Niemand verstehst das.« Während sie reden, hilft Aron den Tisch zu decken. »Hast du eine Vermutung? Wurde ihr irgendetwas angetan?«

»Ein paar Mädchen haben ein wenig gekichert. Das alte Spiel, wenn jemand aus Area Zwei kommt. Der Akzent, die schief liegenden Augen. Ich habe das Lachen gefördert, als Ventil, vielleicht war das ...« Sie überlegt kurz. »...nein, es muss noch etwas gewesen sein, etwas ganz anderes.

»Hast du mit ihren Eltern gesprochen?«

»Natürlich. Die können sich das noch weniger erklären. Ihre Mutter erzählt, dass Leia in der Früh öfter Nasenbluten hat und kurz ohnmächtig ist. Möglicherweise eine psychische Störung, die das alles auslöst. Die Ärzte im Gesundenhaus machen jetzt alle erdenklichen Tests. Bisher hat man nichts gefunden.«

»Wie fühlst du dich?«

»Schrecklich. Schrecklich, immer noch.« Esra verliert die Fassung, während sie sich an das Bild erinnert, das Bild von Leia in der Schule, in der Blutlache. Sie schluchzt. Aron nimmt sie in die Arme, hält sie fest. Esra bebt, weint leise und fängt sich wieder, Aron eng neben ihr. So sitzen sie da und schweigen. Als sei die Stille eine Medizin, die die Trauer verscheucht. »Genug jetzt«, sagt Esra und trocknet sich die Augen mir einer Serviette ab. »Eigentlich habe ich mich gefreut auf dich. Toll, nicht? So schaut meine Einladung zum Schmaus aus. Heute auf dem Menüplan: Gebackene Heulsuse in Weinsauce.«

Er schmunzelt. »Esra, bitte, das ist doch verständlich. Übrigens, ich freue mich auch.« Er denkt kurz nach. Erstaunlich eigentlich. Wenn er still bei sich vergleicht: Früher hat er Frauen auch gerne getroffen, als lustvolle Abwechslung. Bei Esra verhält sich das anders. Für sie hegt er Gefühle, die tiefer gehen als bis zu den Lenden. Merkwürdig. Äußerst merkwürdig.

Esra scheint seine Gedanken zu lesen. Sie schmunzelt, während sie das Shambala auf den Tisch stellt und eine Flasche öffnet. Sie hat sich für Guayusa entschieden, für Rebensaft ist der Anlass zu überschattet. Nur der Jahrgang ist was Besonderes, eine Staubschicht liegt über dem Etikett. Während sie einschenkt, beobachtet Aron jede kleine Regung in ihrem hübschen Gesicht. Zur Abwechslung schickt er einen telepathischen Gedanken. *Wenn du so weitermachst, läuft du Gefahr, dass ich mich in dich verl … verschaue.* Sie sieht ihn an und zwinkert ihm zu.

Während des Essens erzählt Aron, dass ihm heute eine neue Depesche gelungen ist, etwas sehr Persönliches. Sein bester Freund, sagte er, verhalte sich zurzeit mehr als ungebührlich. Aron zögert, dann spricht er es aus, das eigentümliche Wort. »Geiz.«

Esra stockt in der Bewegung. Sie will Aron gerade noch etwas Shambala vorlegen, dann bleibt das Schöpfholz in der Luft stehen und sie sieht ihn an. »Ich habe ein ganz merkwürdiges Gefühl im Bauch.«

»Verliebtsein?«, fragt Aron keck.

Esra lächelt wieder, und das Schöpfholz wandert weiter zu Arons Schüssel. *Möglicherweise, ja*, denkt sie. »Und doch ist da noch etwas anderes«, sagt sie laut und etwas bedächtig. »Etwas, das ich an meinem Bruder bemerkt habe. Paul ist in letzter Zeit wie ausgetauscht.«

»Inwiefern ausgetauscht?«, fragt Aron zwischen zwei Mundvoll Shambala.

»Das kann ich nicht sagen, nicht konkret. Erst habe ich gedacht, er sei launisch oder habe Sorgen. Er kommt mir manchmal gar nicht vor wie mein großer Bruder.«

»Wie denn?«

»Ich weiß es nicht. Fremd jedenfalls. Ich treffe ihn morgen, er will etwas besprechen. Naja.« Sie tut es ab und hebt den Becher. »Also, lass uns anstoßen.«

Aron nimmt sein Glas. »Auf … dich!«

»Auf uns!« Sie sagt es mit dem Herzen.

Sie reden wenig beim Speisen. Wie schön, denkt sie bei sich, mit ihm kann man auch gemeinsam schweigen. Der Guayusa lockert das Gemüt bei beiden. Wohligkeit breitet sich aus, mit einem Hauch von Spannung. Nach und nach dimmt das Abendlicht die Zweisamkeit. Hände finden zueinander, Lippen legen sich aufeinander.

»Komm«, sagt sie, »ein Zimmer kennst du noch nicht in meinem Zuhause.«

Er folgt ihr ins Schlafzimmer. Selbstbewusst streift sie ihr graues Hauskleid ab, steht nackt und vollkommen vor ihm und sagt. »Jetzt können wir dort anknüpfen, wo wir das Picknick beendet haben. Oder hast du keinen Appetit mehr?«

Im Tempel des Poseidon ist ein Palaver der Hohepriester anberaumt. Alle Zwölf sitzen an der Großen Tafel, einem riesigen Tisch, in einem Stück aus einem Mammutbaum gehauen, umgeben von Fackeln. Im Hintergrund pulsiert hellblaues Licht, der Widerschimmer des Großen Kristalls, des Urquells aller Energie. Belan hat wie üblich den Vorsitz, neben ihm der dürre Aleph, Daido mit ihrer wallenden Mähne, Clea mit einem goldenen Armreif, der elegante Horvin, Sasklevia mit ihrem Überbiss, die laute Gaia, der gleichsam feiste wie fröhliche Porto, Evan mit seiner Narbe unter dem rechten Auge, Vira mit ihren rotierenden Händen als untermalende Gesten, der immer etwas gelangweilte Adam und dann noch Cara, die für heute eindeutig zu viel Gesichtsfarbe aufgetragen hat. Im Nebenzimmer steht eine Gestalt, vermummt in einer schwarzen Kutte, und belauscht das Gespräch. Niemand bemerkt sie.

Belan ergreift das Wort. Er, der es sonst vorzieht, telepathisch zu kommunizieren, wählt die gesprochene Sprache. Niemand fragt, warum. »Geschätzte Freunde, ehrenwerte Hohepriesterinnen und Hohepriester. Normalerweise sitze ich hier, um die frohe Botschaft zu verkünden. Wir sind hier, um Aufgaben zu verteilen und die Geschicke von Atlantis zu lenken. Wir tun es nach bestem Wissen und Gewissen. Wir stehen im Dienst des Weltenbauers, der den Hohen Plan ersonnen hat, und dienen Poseidon, der über die Weltenmeere herrscht. Alles ist recht, alles ist an seinem Platz.«

»Wie recht er spricht«, sagt Cara und schaut sich ins Spiegelglas, das sie immer dabei hat.

Belan fährt fort. »Es ist etwas im Gange. Ich denke, ihr spürt das alle.«

Elf Köpfe nicken. Ja.

»Mehr als ein Gefühl breitet sich aus, es ist da noch eine andere Botschaft, und ich muss sagen, eine Nachricht, die nichts Gutes hat.«

Sasklevia meldet sich. »Wovon sprichst du, Belan?«

Er sieht kurz auf den Tisch vor ihm, als stehe dort eine Antwort, die das Gespräch erleichtern werde. »Die Kristalle verlieren an Strahlkraft.«

»Was?« Vira, Horvin, Daida und Aleph schnappen nach Luft.

»Das ist unmöglich.«

»Ganz und gar.«

»Völlig undenkbar.«

Clea hebt die Hand, ihr Armreif rutscht den Oberarm hinunter bis aufs Handgelenk. »Was verursacht das, Belan?«

Der Vorsitzende schüttelt den Kopf. »Ich kann es nicht sagen. Meine Untersuchungen haben zu nichts geführt. Ich weiß nur, dass es stimmt. Die Kristalle verlieren an Spannung, die Energie an Dichte, es ist, als ob irgendetwas die Kraft absaugt.«

Sasklevia fragt in die Runde. »Kann sich jemand vorstellen, was das für Auswirkungen hat? Ich meine, wir reden hier nicht von einem Kurzschluss. Was passiert, wenn die Energiekristalle schwächer und schwächer werden und … «

»Wir wollen nicht gleich den Diabolus an die Wand malen.« Aleph fängt sich und findet wieder zur Zuversicht. »Wir müssen das Gute denken, immerhin –«

Horvin unterbricht ihn. »Wir denken immer das Gute, was sonst? Und wir müssen darauf schauen, dass auch unsere Mitmenschen weiterhin das Gute denken. Sie sind ohnehin verunsichert. Unsere Aufgabe ist es, die Folgen abzusehen. Die Folgen für die Tage, die zum Jetzt werden. Die Kristalle speisen das Gefüge, die Gemeinschaft. Stellt euch vor, eine Struktur verliert ihre Integrität, ihr Energiefeld, das den Seelen Kraft gibt, was dann?«

Belan fährt durch seine weißen Haare. »Ich weiß es nicht, meine Freunde, vielleicht ist das … der Anfang vom …« Er wagt das Wort nicht auszusprechen.

Sasklevia tut es für ihn: »… vom Ende?«

»Glaubst du, das hängt mit den Vorkommnissen zusammen?«, fragt der jetzt ganz ernste Porto, der bisher unüblich ruhig geblieben ist.

Evan fühlt sich desgleichen aufgefordert mitzureden. »Genau, die Leute sind allesamt durcheinander. Was passiert mit unserer Welt? Kinder schlagen andere mit Steinen nieder. Ein Kristall wird gestohlen. Wir hören, dass die Bauern unzufrieden sind. Das klingt wie eine schwarze Erzählung.«

»Es gibt keine Zufälle«, sagt Belan. »Das ist das einzige, was ich dazu sagen kann. Es scheint sich irgendetwas auszubreiten. Vielleicht eine Seuche, die keinen Namen hat. Oder eine Große Prüfung, wer weiß.«

Clea hebt die Hand, der Armreif rutscht wieder nach oben. »Wie ist man eigentlich mit dem Buben verfahren?«

»Ich habe selbst mit ihm gesprochen. Die Eltern waren dabei. Er sagt, es war ein Gefühl, das ihn überkommen ist. Er meint wohl Wut. Ganz plötzlich war sie da.«

»Und das am Wanntag!« Horvin schüttelt das Haupt.

»Er wusste, was er tat. Ich habe ihm klargemacht, dass er keine Strafe von seinen Eltern zu erwarten hat. Und dass er so etwas nie wieder machen darf.«

Clea hebt die Augenbrauen. »Und die Frau, die den Kristall genommen hat, ist die auch nur … verwarnt worden?«

»Es geht hier nicht um Strafe, Clea.« Belan versucht zu beschwichtigen. »Sie hatte eine Art Traum. Und einen Kinderwunsch. Das dürfte sich zu einer fixen Vorstellung vermischt haben, einer Vorstellung, in der der Kristall eine wichtige Rolle spielt. Die Frau wird zurzeit betreut, eine Seelenheilerin kümmert sich um sie.«

»Dann können wir nur hoffen, dass der Schaden reparabel ist.«

»Porto, hast du das von dem jungen Bauern gehört?«, fragt Horvin.

Porto schüttelt den Kopf. »Was denn? Noch mehr Beunruhigendes?«

»Das kann man wohl sagen«, ruft Daido dazwischen.

»Ein Farmer will seine Ernte behalten«, sagt Horvin.

»Davon weiß ich«, sagt Sasklevia, »man hat sogar etwas darüber geschrieben. Eine Depesche. Ich glaube, Scriber Aron hat da –«

Cara will etwas einwenden, da hören sie ein Geräusch im Nebenraum.

»Was ist das?«, fragt Belan und steht auf. Er geht nach nebenan, macht das Licht an. Schaut sich um. Da ist niemand. Muss eine Maus gewesen sein. Oder ein Geist.

In Area Elf steht ein Rudel Straßenköter vor einem Stall. Das Alphatier knurrt. Sein Fell ist räudig und schmutzig, der Körper ausgezehrt und fleckig. Die anderen Tiere sehen noch übler aus. Der Anführer öffnet mit den Zähnen die Holztür zum Hühnerstall. Er schleicht hinein, die anderen warten. Hühner gackern, man hört sie schreien, Fleisch reißen und dann Schmatzen. Das Rudel muss draußen warten, bis das Alphatier sattgefressen ist.

Menschen wachen nachts schweißgebadet auf. Alle haben das gleiche Traumbild vor Augen. Ein weißer Hund auf einem Berg voll Schnee. Kalter Wind. Nachtschwärze. Auf der Welt gibt es keine Menschen mehr. Nur mehr den Eishund, der sich in einen Wolf verwandelt und den Mond anheult, immer wieder anheult. Als wolle er ihm erzählen, was geschieht. Dass es auf der Welt keine Menschen mehr gibt. Der Wolf verliert seine Konturen, wird kleiner, zu einer weißen Taube, die am Strand flattert. Im Hintergrund dröhnt ein tiefes Geräusch, es wummert. Die Taube fliegt davon.

Esra schreckt auf. Sie greift zur anderen Seite des Betts. Aron liegt da und schläft friedlich.

Ich muss kurz eingenickt sein. Sekundenschlaf auf dem Johannesweg. Du sitzt auf einem Bankerl in der Pause nach dem Wandern, die Sonne scheint wohlig warm auf deine Haut, ja, auch ein Hautarzt bräunt sich hin und wieder, aber immer vorsichtig. So eine kleine Rast ist gut, finde ich. Innehalten und nachdenken, Kraft schöpfen für den weiteren Weg.

Es geht bergauf über den Haiderberg in die Ortschaft Langfirling. Weiter über eine herrliche Panoramastrecke nach Waldfeld. Von dort zu einer Sehenswürdigkeit mit unüblichem Namen: Galgen. Der Galgen ist vielleicht nicht wirklich eine Sehenswürdigkeit, eher was Verstecktes, man muss schon genau hinschauen, um ihn zwischen all den Bäumen zu entdecken. Ich denke mir, schau an, der Moment gehört jetzt nur mir. Natur pur, nur mir. Und so schön dieser Gedanke auch ist, bringt er mich auf andere Überlegungen. Nur mir. Aus meiner Sicht. Gehört nur mir. Aha, denke ich, das sind die Worte, die der Geiz schreibt. Nicht direkt bei einem Naturerlebnis, das soll jeder bitte schön für sich haben. Der Geiz dagegen, den meine ich, der soll mir gestohlen bleiben. Er ist das Nervengift für die Seele. Ein Serum mit Langzeitwirkung, wie wir Ärzte diagnostizieren.

Geiz ist nicht geil, wie sie uns in der Werbung weismachen wollen, nein, liebe Freunde, der Geiz ist überhaupt nicht geil. Es ist gut, zu teilen. Es ist richtig. Einen perfekten Sonnenuntergang mit einem Menschen zu teilen, den man liebt, ist etwas anderes als alleine die Sonne am Horizont verschwinden zu sehen. Ein schönes Mahl unter Freunden ist besser, als Essen gierig in sich hineinzustopfen. Teilen macht Freude. Momente zu teilen macht glücklich. Geiz macht einsam. Es gibt da diese schöne Frage: Was ist das einzige, das sich verdoppelt, wenn man es teilt? Genau, die Freude.

»Der Geiz beginnt, wo die Armut aufhört.« Der Satz stammt von dem französischen Schriftsteller Honoré de Balzac und beschreibt den Wildwuchs des Kapitalismus in sieben Wörtern. Avaritia haben ihn die Lateiner genannt. Als Hautarzt denkt man da an Varizen, und ja, der Geiz ist eine Krampfader. Er bezeichnet eine übertriebene, wenn nicht sogar zwanghafte Sparsamkeit, damit verbunden auch den Unwillen, Güter zu teilen. Laut einer Studie der Universität Salzburg, die der Religionspädagoge Anton Bucher 2012 veröffentlicht hat, rangiert der Abscheu gegenüber dem ungebührlichen Anhäufen von Geld und Besitztümern unangefochten auf Platz eins unter den Todsünden.

Perfiderweise sehen sich nur wenige Menschen selbst als geizig. Es wäre eine negative Wertung, die als Schmutzfleck im Selbstbild klebt, und so was will man nicht haben. Ein Geizhals wird von der Gesellschaft kurz belächelt, aber nicht geschasst. Er ist halt so. Mein Gott. Ein Sparefroh.

Dem Geiz liegt der Drang nach Mehr zugrunde. Wie bei den Windhunden, die im Kreis rennen, immer im Kreis, und einem Stofffetzen nachjagen, den sie nie erreichen. Bis zum nächsten Rennen hoffen sie und laufen sie, schnell und immer schneller, im Kreis. Aber den Stofffetzen, den sie wie eine große Beute jagen, bekommen sie nie.

Der Golum im Hinterkopf flüstert dem Kleinhirn genüsslich zu. Ich habe zu wenig Geld. Ich darf mir nix gönnen. Ich brauch mehr, dann kann ich mehr. Geld ist wichtiger als Spaß. Geld bedeutet Macht. Euro ist die Währung für Anerkennung. Ich muss andere kontrollieren und sie abhängig machen, knapp halten, zum übertriebenen Sparen auffordern. In unsicheren Zeiten braucht es Rücklagen, mehr von allem, nur zur Sicherheit.

Und das soll geil sein? Zahlen für billige Produkte, vielleicht sogar gefertigt unter unmenschlichen Bedingungen, in Ländern, deren Menschen viel Hunger und wenig Zukunft haben? Na, bravo.

Es gibt drei Arten von Geizkragen. Erstens, Menschen, die allen und sich gegenüber geizig sind. Zweitens, Menschen, die anderen gegenüber großzügig sind, sich selbst aber nichts gönnen, weil sie es in ihren Augen nicht verdient haben. Und drittens, Menschen, die sich selbst gegenüber großzügig und anderen gegenüber geizig sind. Alles nicht fein, sage ich.

Da pfeift was. Ja, schöne Töne. Ein Vogel sitzt auf dem Baum gleich neben dem Johannesweg und singt. Ich sehe ihn. Es ist ein Stieglitz. Er hat einen roten Kopf, als würde er sich ein bisschen schämen beim Singen oder zu sehr anstrengen. Ich greife in meinen Rucksack und hole ein paar Brotkrümel hervor. Ich werfe sie hin. Der Stieglitz dreht seinen Kopf, saust zu Boden und schmaust seinen Lunch. Dann fliegt er auf und flattert weiter.

KAPITEL 6
Zeit zu handeln

ICH. Die drei Buchstaben sind mit weißer Mehlpappe dick und fett auf die rote Hauswand gemalt. *ICH.* Aron ist auf dem Weg in die Sammelstelle für Öffentliche Depeschen und so in Gedanken versunken, dass er zuerst gar nicht versteht. Es dauert, bis aus den drei Buchstaben in seinem Hirn tatsächlich ein Wort wird. Und es dauert noch länger, bis er begreift, dass das keine Kunst am Bau ist. Das hat irgendwer hingeschmiert. Kinder?, fragt sich Aron, während er weiter auf das Gebäude zugeht. Nur, würden die ausgerechnet ICH schreiben? Die hätten sicher andere Lustigkeiten im Sinn. Milva hat Mäusezähne zum Beispiel. Oder Carl wohnt im Popo der Dolcea. ICH ist da schon etwas anderes. Die Ich-Sucht ist eine Krankheit, die man im atlantischen Wir-Gefüge nur vom Hörensagen kennt. Ich-Menschen, denkt Aron bei sich, seit wann gibt es denn so was bei uns? Wer beschmiert Allgemeingut? Wer verdreckt Häuser? Oder ist das ein Nachbarschaftsstreit? Kann nicht sein, die Sammelstelle ist kein Privathaus. Nein, da ist mehr dahinter. Aron hat ein mulmiges Gefühl.

Er versucht es loszuwerden. Der Tag ist herrlich. Das Leben tanzt. Und vor allem die Nacht mit Esra, die übertüncht das Schmierfinken-ICH, so unerhört es ist, allemal. In Wahrheit übertüncht sie alles. Aron hebt den Kopf und atmet tief ein. Die Sonne steht als Feuerball am Himmel, ein paar weiße Wattebäusche zieren dieses endlose Blau am Firmament und öffnen den Ausblick in eine göttliche Menagerie. Menschenknäuel wuseln über das Rundsteinpflaster der Straßen, die Leute sind in Bewegung, voller Leben, irgendwie geschäftig und doch in aller Ruhe. Noch sind offenbar nicht alle in Aufruhr, die Mehlpappen-Botschaft tröpfelt ihr Gift langsam aus. Man grüßt einander, schenkt ein Lächeln her, alles wie immer. Manche sind in telepathische Verhandlungen vertieft, manche in eigene Gedanken, einige pfeifen leutselig vor sich hin. Ein vierschrötiger Mann rempelt eine Frau an.

Es ist, als sei Aron selbst gerempelt worden, so abrupt bleibt er stehen. Er ist noch ein paar Meter von der Frau entfernt, sieht, wie sie strauchelt, vielleicht muss er helfen. Der Mann, der daran schuld ist, geht unbeirrt weiter, entschuldigt sich nicht einmal. Popanz, denkt Aron, Verzeihung wird er noch sagen können, wenn ihm so was passiert. Atlanten sind höflich, aus einer natürlichen Selbstverständlichkeit heraus. Diese Werte bekommt man als Kind vermittelt, die Umsichtigkeit wird nicht gefordert, sie gehört zum guten Ton. Die Frau stolpert ein, zwei Schritte dahin und fängt sich dann. Auch Aron geht wieder weiter. Womöglich hat der Rempler gerade anderes zu überdenken, überlegt er in typisch atlantischer Manier. Der Reflex, als erstes das Gute anzunehmen, scheint noch zu funktionieren, jedenfalls bei ihm. Es wird ein Missverständnis sein. Da hat jemand einen unhübschen Tag begonnen, ist vielleicht mit dem unüblichen Fuß aufgestanden, fühlt das Gute heute womöglich nicht gar so deutlich, weil er auf einen Reißnagel oder eine sperrige Idee gestiegen ist. Man kennt nie die Vorgeschichte, denkt Aron für sich und sinniert: Kann sich die Seele einen Schiefer eintreten? Das könnte auch einmal Thema für eine Depesche sein, warum nicht.

Währenddessen ist er an der Sammelstelle für Öffentliche Depeschen angekommen und klopft, schon im Durchgehen, an die Tür. Er betritt den Raum und grüßt flächendeckend. »Hallo, allerseits! Hallo, liebe Freunde!«

Niemand antwortet. Zwei, drei Leute nicken vorsichtig. Hm. Der Raum ist karg eingerichtet und atmet Papier. Hier hohe Stöße, überall lose Blätter, dazwischen provisorische Mappen. Lange, übereinander an der Wand angenagelte Holzbretter, die Scriber nennen sie Eselsbrücken, sind bis oben hin voll mit Papierrollen. Aron atmet tief ein, er liebt diesen Geruch. Das beste Parfum der Welt, denkt er jedes Mal, wenn er hier hereinkommt. Er mag den Duft von verstaubtem genauso wie den von frischem Papier, es erinnert ihn an seine Kindheit. Er sieht es vor sich, wie seine Mutter wieder ein neues Kinderbuch öffnet, ganz langsam, als sei ein Schatz zwischen den Seiten vergraben; und er hört, wie sie ihm daraus vorliest. Von Zauberern, die bedeutungsschwangere Namen tragen wie Bonifatalissimus, und Füchsen, die auf roten Planeten wohnten. Geschichten faszinieren ihn, sein Lebtag schon. Märchen und Phantasmagorien. Träume, die stimmen. Erzählungen mit Nachhall. Worte im Gleichklang oder auch Ungereimtes. Er liebt alles, was aus Buchstaben besteht.

»Ist jemand auf eine Stachelbeere gestiegen?«, fragt Aron scherzweise. »Hat jemand seine Depesche in Schwermut herausgebacken? Leiden ein paar Vokale am Tourette-Syndrom? Wo drückt der Stiefel?«

»Hier drückt er, der gottverdammte Scheißstiefel!«, donnert es in dem Augenblick durch den Raum.

So viel zu allem, was aus Buchstaben besteht, denkt Aron bei sich. Die Bassstimme gehört Elgar, dem Oberscriber. Er flucht sonst nie. Es ist ungebührliches Verhalten, Wörter wie gottverdammt oder dergleichen auch nur laut zu denken, und Elgar ist an sich vollkommen gebührlich. Er hat graue Haare, die wie ein Heiligenschein über ihm zu schweben scheinen und so gar nicht zu seiner Stimmung passen. »Genau da drückt er«, lässt er es weiter dröhnen und deutet auf seinen Allerwertesten.

Releyn, die beste Scriberin in der Sammelstelle, kann sich ein Schmunzeln nicht verkneifen. »In der Ritze?«

»Was sagst du, Releyn?«

»Sie sind spitze, Elgar, das sage ich.« Releyn vertieft sich wieder in ihre Schriften, zumindest so weit, dass sie noch hören kann, was um sie herum vorgeht.

Die anderen Scriber wenden sich ab, damit man das Lachen nicht sieht. Alle bis auf Hakon. Er schüttelt den Kopf. Hakon ist Aron nicht ganz grün. Atlantisbewohner sind eine riesige Familie, was nicht heißt, dass alle Menschen von Haus aus in derselben Farbe verbunden sind. Man lebt friedlich in der Gemeinschaft, das schon, nur manch unterschiedliche Charaktere eher neben- als miteinander. Wenn nötig, geht man sich aus dem Weg. Die meiste Zeit meidet auch Hakon seinen Kollegen Aron. Umso mehr sucht er Elgars Nähe, weil er sich beim Oberscriber einen weißen Fuß machen will, wie das so schön heißt. Wer sich einen weißen Fuß macht, hat gewissermaßen etwas gut beim Vorangesetzten. Hakon sammelt Gutpunkte bei Elgar, seit er in der Sammelstelle arbeitet. Er ist kein sonderlich begabter Scriber, bei weitem nicht, doch hat er das gewisse Etwas, das ihn zum Mitglied der Leitenden Ebene beruft, vielleicht sogar demnächst zum stellvertretenden Oberscriber der Sammelstelle für Öffentliche Depeschen. Und Aron steht ihm bei diesem Karrieresprung im Weg. Da kommt Hakon mit Aus-dem-Weg-Gehen nicht weiter. Elgar erwähnt hier und da, er halte viel von Aron und könne sich sogar vorstellen, ihn zu seinem Vertreter zu machen. Ein verkehrter Gedanke in Hakons Augen. Und jetzt wittert er die Möglichkeit, die Sache ein für allemal aus der Welt zu schaffen. Arons berufliches Schicksal steht unter einem Stern, der nicht mehr lange leuchten wird.

»Komm herein, Aron«, sagt Elgar jetzt ruhiger und winkt ihn in sein Büro. »Wir müssen ein paar Dinge besprechen.«

Aron folgt Elgar in sein Büro und schließt die Tür. Hakon bleibt draußen neben dem Eingang stehen und tut, als schlichte er etwas in ein Regal ein, um bequem lauschen zu können.

»Was, in Poseidons Namen, hast du dir nur dabei gedacht?«, beginnt Elgar.

»Wovon redest du? Was ist los?«

»Was los ist? Wir bekommen hier jede Minute ein paar Hundert telepathische Meldungen herein, weil ein gewisser Scriber sich auf einmal dem Rundsteinpflaster-Geschmiere verschrieben hat. Tiefste Gelbe Presse ist das, mein Freund. Effektgeschreibsel, formulierter Gedankenschrott, deiner völlig unwürdig. Die Leute sind stinksauer, hörst du. Deine letzte Depesche –«

»Ist nicht die letzte«, unterbricht ihn Aron in alter Gewohnheit. Es ist ein typisches Geplänkel unter Scribern, die sich dauernd gegenseitig berichtigen, wenn einer die Sprache verunstaltet.

Elgar weiß, was gleich kommen wird, er hat es Aron beigebracht. Er lässt ihn weiterreden.

»Es muss heißen: die vorige«, sagt Aron prompt, »sonst würde ich ja überhaupt keine Depesche mehr schreiben, nicht wahr?« Er grinst Elgar an.

»Ganz genau«, sagt Elgar. »Du wirst überhaupt keine Depesche mehr schreiben.«

Aron grinst noch ein paar Sekunden, dann ändern sich seine Züge. Langsam. Unaufhaltsam. Es ist, als male ihm die Mimik langsam ein Fragezeichen ins Gesicht. »Wie bitte?«

»Du hast richtig gehört«, sagt Elgar. Er ist wütend auf Aron, weil er ihn zwingt, etwas zu tun, was ihm zutiefst zuwider ist. »Wegen deines Traktats schlagen alle Leute die Hände über dem Kopf zusammen. Hast du zu tief in den Tonkrug geschaut, oder was ist los? *Der Tag beginnt unmenschlich.* Das ist ein erster Satz? Willst du mir sagen, DASS DAS EIN ERSTER SATZ IST!« Edgars Donnerstimme wird noch lauter, das Gesicht puterrot.

Aron, der nicht begreifen will, versucht zu beschwichtigen: »Ich denke mir, dass wir hier einmal –«

»Du denkst? Bloß merkt man das nicht.« Elgar hat die transkribierte Depesche vor sich liegen und zitiert daraus. »*Diese Depesche mag den einen oder die andere wohl verstören.* Und wie es den einen oder anderen verstört. Und hier: *Ich rede von genau jener Vergangen-*

heit, die das Jetzt erzittern lässt. Ah, hier reden wir von Gestrigem, sehr aktuell für eine Nachrichten-Depesche. Oder das: *Gestern war ich bei einem Gerstensaft-Treffen.* Was, frag ich dich, interessiert unsere Leser, mit wem ein Scriber einen Gerstensaft säuft? Und jetzt das Beste: *Der Rock ist einem näher als die Egge. Was immer er damit sagen wollte.* Ganz genau, was immer er damit sagen wollte. Solche Worte ertränkt man im Gerstensaft, in eine Depesche schreibt man sie nicht. Man übersetzt den Leuten die Inhalte, man lässt sie nicht rätseln. Und dann der Höhepunkt, der grandiose Schluss: *Wo kommen wir her, wo gehen wir hin? Sind das Ausreißer auf einer Skala der Normalität? Kleine Erdbeben, wo sonst nur Ruhe ist? Ist da vielleicht mehr dahinter als schnöde Nichtigkeiten. Die Götter mögen den Berg hinunterblicken und gelangweilt die Schultern zucken. Wir aber sind konfrontiert mit der Düsternis.* Und da verliere ich nicht einmal ein Wort über das ABER!«

Elgar wirkt, als wisse er nicht, ob er das Traktat auf den Boden werfen und darauf herumtrampeln oder Tränen drauf weinen soll. Dann sagt er in völlig normalem Tonfall: »Frederick sitzt mir im Nacken, verstehst du?«

»Was hat der damit zu tun?«, fragt Aron.

»Na ja, er ist Initiator der Öffentlichen Sammelstelle, da hat er vielleicht ein gewisses Interesse an den Depeschen, die VON HIER RAUSGEHEN!« Elgar nimmt sich zusammen. »Auf der ganzen Insel lösen die Leute die Zusammenarbeit mit der Sammelstelle auf. Sie springen der Reihe nach ab. Kapierst du, was das bedeutet? Das System wankt, mein Freund, unser ganzes wunderbar ausbalanciertes System gerät in Schieflage. Stell dir vor, die gehen alle her und sagen, danke, eure Depeschen und die gesamte Ausrichtung der Denke sind für uns die falsche Botschaft. Damit können wir nichts anfangen. Unser Gefüge basiert auf Geben und Geben. Wir geben der Gesellschaft Information und einen Halt, indem wir über Geschehnisse berichten und sie für die Leute übersetzen, jawohl. Dafür wiederum gibt man uns Informationen. Darauf sind wir angewiesen. Ohne Informationen sind wir aufgeschmissen. Depeschen ohne Inhalt. Wen würde das interessieren? Und nicht nur wir sind aufgeschmissen. Unsere ganze Gemeinschaft würde schlingern. Der Handel kommuniziert über uns mit den Menschen. Wo gibt es was zu tauschen? Wann gibt es was zu tauschen? Wer hat etwas Neues zum Tauschen? Dafür bekommen wir von den Krämern Waren oder Rundmetall, um unseren Betrieb aufrecht zu erhalten. Um die Depeschen drucken zu lassen und sie unter die Leute zu bringen. Und nicht zuletzt, um dich zu ernähren. Ohne Öffentliche Kommunikation ist der Handel tot und unsere Gemeinschaft am Aushungern, geistig wie nahrungstechnisch. Dann fällt alles auseinander. Dann ist Schluss, Aron, SCHLUSS!« Elgar holt Luft.

Aron runzelt die Stirn. »Aber –«

»UND LASS VERDAMMT NOCH EINMAL DIESES ABER!«, brüllt Elgar, »damit hat überhaupt alles angefangen!«

Aron zuckt zusammen. »Ab– äh … ich habe doch nichts getan. Ich habe nur über die Tatsache geschrieben, dass ein Bauer und seine Frau ihre Ernte für sich behalten. Das ist ein Ereignis, über das wir berichten müssen. Das wir deuten müssen. Und ganz nebenbei ist der Mann mein bester Freund. Wer weiß, ob das jetzt noch so ist?«

»Um das geht es nicht, Aron. Es ist die Art der Berichterstattung. Hakon hat recht, wenn er meint –«

»Hakon, ach so, na klar –« Aron überlegt, ob sein Kollege vielleicht bei Elgar ein bisschen nachgeholfen hat.

»Gar nichts Hakon.« Elgar haut mit der Faust auf den Tisch. »Die Leute sind es. Eine alte Frau steht heute in der Früh sogar hier in der Sammelstelle und will schriftlich Beschwerde gegen dich einlegen. Hier bitte.« Elgar hält ihm das Schreiben unter die Nase.

Unwillkürlich fällt Aron die Frau an der Teleportationsstation ein. Jetzt wird ihm doch wieder mulmig. Elgar scheint es tatsächlich ernst zu meinen mit seiner letzten Depesche.

Der Oberscriber fährt fort. »Die rotieren hier alle im Kreis. Frederick verlangt Aufklärung. Was soll ich ihm sagen? Aron denkt sich nichts? Aron ist neuerdings unpässlich wegen eines eingewachsenen Zehennagels? Aron ist überhaupt ein Eindimensionaler? Kapierst du nicht! Abmachungen gelten nicht mehr. Wenn das so weitergeht, verliert das Rundmetall an Glaubwürdigkeit. Und was ist dann? Der ganze Handel gerät ins Wanken. Chaos statt Balance. Auch eine Art Tauschhandel.«

Aron schöpft wieder etwas Hoffnung. Das geht doch jetzt etwas zu weit. Er fühlt sich schuldig, an *allem* schuldig fühlt er sich auch wieder nicht. »Elgar, du willst mir doch nicht allen Ernstes weismachen, dass die Ökonomie wegen einer … wegen meiner Depesche in Gefahr ist? Das ist lächerlich.« Das klingt alles wie ein schlechter Traum. Ein paar Sätze Meinung, und plötzlich ist alles anders. Was ist nur los mit dieser Zeit, mit diesem Land, mit diesem Kontinent, mit dieser Welt?

»Soll ich dir den Schmetterlingseffekt erklären, mein ahnungsloser Freund? Die Chaostheorie?« Elgar fuchtelt mit den Händen ein Und-so-weiter in die Luft. »Kleine Abweichungen können ein ganzes System langfristig, vollständig und unvorhersehbar verändern. Der Flügelschlag eines Schmetterlings in Area Zwei kann einen Tornado in Area Elf auslösen. Das weißt du wahrscheinlich noch aus der Schule des Denkens.« Elgar fährt sich aufgebracht durch die Haare. »Es bleibt dabei, Aron. Du wirst jetzt nichts schreiben, zumindest nichts, was die Sammelstelle veröffentlicht.«

»Bin ich gesperrt? Willst du mir das sagen, oder –?« Aron schluckt, er hat nicht den Mut, das Endgültige auszusprechen.

»Beurlaubt«, sagt Elgar, »du bist beurlaubt.«

Aus Aron entweicht die Luft der Erleichterung. »Beurlaubt«, wiederholt er tonlos. »Ich dachte schon fast …«

»Nein.« Elgar schüttelt den Kopf mit seiner zerzausten Mähne. »So lange ich es irgendwie schaffen kann, halte ich dich im Team. Eine Pause ist trotzdem notwendig. Du willst doch seit Tagen ans

Meer, nicht wahr? Fremde Luft schnappen, nicht? Jetzt ist ein guter Zeitpunkt dafür. Fahr ans Meer. Vielleicht bläst dir die Salzwasserluft auch gleich wieder die *unmenschlichen Tage* und die *Düsternis* aus dem Schädel. Komm zurück mit klarem Kopf, dann reden wir weiter. Und jetzt raus!«

Aron ist wie im Schock. Auf staksigen Beinen verlässt er das Zimmer. Er geht aus dem Büro, alle starren ihn an. Nur Hakon kommt zu ihm und sagt: »Wenn du Hilfe brauchst, Aron, melde dich. Ich bin immer für dich da.«

Aron nimmt es einfach hin.

Draußen sieht er wieder die drei Buchstaben an der Wand.

ICH.

Ich bin gleich da. Esra schickt Paul eine telepathische Nachricht. *Kleine Verspätung.*

Paul schickt ihr einen Gedanken retour. *Kleine Schwestern sind immer spät dran.*

Der Weg zum Teehaus Yasmin ist gesäumt von Menschen, die auf der Straße stehen, diskutieren und gestikulieren. Es ist nicht das bekannte helle Geplapper mit dem gluckernden Lachen dazwischen. Die Stimmung ist trüb. Wahrscheinlich liegt es an den Regenwolken, die aufziehen, dunkelgrau und schwerfällig.

»Hi, Großer«, sagt Esra, »entschuldige bitte. Ich hab die Zeit unterschätzt und bin, ehrlich gesagt, gerade ein bisschen durch den Wind.«

»Nicht der Rede wert«, sagt Paul und deutet auf den freien Sitzplatz vis-à-vis von ihm. »Lasse dich nieder und mache deinen Bruder mit deiner Anwesenheit glücklich.« Er kratzt sich an der fleischigen Wange. »Du wirkst betrübt, was ist los?«

»Ach, Paul. Ich weiß gar nicht, wo ich anfangen soll.« Sie seufzt und erzählt von Leias Unfall in der Schule. Der eigentlich kein Unfall war.

Paul hört sich die Geschichte ruhig an und zeigt erstaunlicherweise wenig Mitleid. »Die jungen Leute von heute haben keine Perspektiven mehr«, sagt er fast ungerührt und zuckt die Schultern. »Ein paar hinter die Ohren, und alles ist wieder gut. Pulsadern aufschneiden? Absichtlich oder weil sie sich in die Situation bringt, dass so was passieren muss. Wo ist der Unterschied? Unschuldig ist die nicht. Gehört eine hinter die Löffel, der Göre, wenn du mich fragst, und zwar eine, die sie sich merkt, als Stigma.«

»Paul!« Esra kennt ihren Bruder. Er ist impulsiv. Heute offenbar sehr impulsiv. So eine Rede ist sie von ihm auch nicht gewöhnt.

»Ja, weil's wahr ist.« Paul versucht, seinen Ausbruch abzuschwächen, es gelingt ihm mäßig.

Der Teemeister kommt vorbei und erkundigt sich, was er den beiden Ankömmlingen Gutes tun könne. Er wirkt etwas besorgt.

»Kamille, schwarz, stark«, sagt Paul knapp.

»Für mich einen weißen Tee, bitte.« Esra lächelt kurz, um den Teemeister zu signalisieren, dass alles in Ordnung ist, dann dreht sie sich frontal Paul zu. »Du wirkst so anders. So … geballt.«

»Geballt? Eine Wortkreation der Docea. Na bitte, nenn es geballt. Ich nenne es lebendig. Lebendig wie überhaupt noch nie in meinem Leben.«

Esra ist irritiert. Es ist nicht das, was sie gemeint hat.

Paul streckt die mächtige Brust heraus und schüttelt die langen Haare frei. Seine Unterarme liegen auf dem Tisch wie zwei Würgeschlangen. »Es hat sicher mit der Politik zu tun. Mit den neuen Aufgaben. Die Zukunft liegt in diesen Händen.« Er hält sie Esra hin, als wären ihm neue Gliedmaßen gewachsen. »Wir haben uns einiges vorgenommen, die Neue Ordnung, das Miasma wegräumen, verstehst du?«

»Ehrlich gesagt, nein.« Esra schaut Paul in die Augen. Sie glänzen. Überhaupt macht er einen fiebrigen Eindruck. Wenn auch nicht unbedingt körperlich. Er hat etwas Unstetes an sich. Irgendwas in ihm ist verrutscht. Zudem kratzt er sich fortwährend hinter dem linken Ohr.

»Ach, Schwesterherz.« Seine Stimme passt nicht zum Kosenamen. »Stell dich nicht so an. Wir, das ist die Phalanx der Freidenkenden Farmer. Wir haben uns zu einer Vereinigung zusammengeschlossen, die –« Paul macht eine Pause und sieht nach links oben, während er wartet, und zwar auf die Flüsterstimme, die seit Tagen in seinem Kopf wohnt und ihn leitet. »Die Vereinigung dient dem Wohle unserer Zunft. Zunft ist Zukunft. Wir lassen uns nicht länger klein halten. Wir sind Freidenker, jawoll. Farmer aus eherner Überzeugung. Aber das Feld ist nicht die Welt, wie wir es nennen. Wir wollen eine Umkehr. Nicht mehr Bauern sein im Kastellspiel des Lebens, sondern Läufer, Türme, manche sogar Könige.«

»Du siehst dich jetzt als König, ja? Oder als Turm? Paul, bist du übergeschnappt, oder was redest du da? Nuckelst du heimlich am Guayusa? Kaust du Lustige Blätter? Inhalierst du Verbotene Öle? Mir kommt vor, dass du nimmer bei Sinnen bist. Oder bist du in irgendwelchen Schwierigkeiten?«

»Ich würde vorsichtiger mit deiner spitzen Zunge sein. Sonst kann es passieren, dass du sie dir irgendwann abbeißt.« Er lacht auf. »Wieso soll ich Schwierigkeiten haben?«

Er hält wieder inne und wartet auf die innere Stimme, die ihn fast dauernd begleitet. Da ist sie. *Freche Gören sollen schweigen. Weibermäuler spucken Gift.* Ahh ja!

»Die Phalanx der Freidenkenden Farmer ist die neue Form der Politik. Wir reden mit der Vox populi, wir setzen uns für die Menschen ein, die tagtäglich Sorge tragen, damit alle was auf den Teller kriegen. Ohne uns gäbe es keine selbstgefälligen Docea-Tanten wie dich, keine Besserwisser und auch keine arroganten Hohepriester.« Er holt Luft und ereifert sich weiter. »Hohepriester. Dass ich nicht lache. Uns würde die Ehre gebühren, in einem Tempel zu wohnen und angebetet zu werden von der gemeinen Masse. Wir sind das

Volk. Wir sind das Heute. Ich bin Paul, und Paul sagt: Alles wird gut.«

Esra weiß nicht, was sie sagen soll. Sie überlegt kurz, ob sie das Thema wechseln und ihm noch einmal etwas von Leia erzählen soll, verwirft es aber. Aber. Immer öfter kommt das Relativieren in die Sprache. Und das Ich. Ihr Bruder scheint mit jedem Satz mehr Ich-Bewusstsein zu produzieren. Ob es sich um eine manische Phase handelt, so etwas gibt es ja. Oder glaubt er tatsächlich an das, was er da von sich gibt? Paul hat kein einziges Mal gefragt, wie es ihr denn gehe. Er interessiert sich ausschließlich für das, was er als seine Politik ansieht. Esra fühlt sich in die Enge getrieben. »Wie gut das alles wird, hat ja Fred vorgezeigt, nicht wahr?«

Paul runzelt die Stirn und hebt seinen wurstförmigen Zeigefinger. »Er ist das beste Beispiel. Wozu die eigene Ernte an die Allgemeinheit verschwenden? Was soll das für ein System sein, dass den Einzelnen verachtet? Ein System, das die Individualität tötet, nein, Esra, das kann nicht gut sein. Das Ich steht vor dem Wir. Jeder Mensch ist auf seine Art einzigartig.«

»So wie du?«

»Das klingt wieder so zynisch. Ich merke, dass du es nicht verstehst. Du bist ein Volksschädling, Esra, ich schäme mich für dich.«

Esra ist sicher, sich verhört zu haben.

Paul fällt nicht auf, dass der Teemeister die dampfende Kamille vor ihn hinstellt. Er redet sich weiter in Rage. »Alles schreit nach Umwälzung. Nach Neubeginn. Es braucht Die Neue Ordnung. Das Prinzip der DNO, ja, Die Neue Ordnung, ist gleichwohl einfach wie auch effektiv: Jetzt sind wir dran!« Er legt wieder eine Empfangspause ein und schließt den Gedanken mit vier Wörtern ab. Jetzt bin ICH dran.«

Ich habe mich nicht verhört, denkt Esra bei sich. Sie schluckt, als könne sie damit etwas aus der Welt schaffen, und schüttelt den Kopf. Er ist verrückt, denkt sie bei sich. Laut sagt sie: »Ich höre mir den Schwachsinn nicht mehr länger an.«

Andere Gäste werden auf sie aufmerksam. Sie unterbrechen ihre Gespräche und starren die beiden an.

»GEH DOCH!«, schreit sie Paul vor allen Leuten mit hochrotem Kopf an. Dann senkt er die Stimme zu einem Flüstern, das erst recht unheimlich ist. »Und glaub ja nicht, dass ich das vergesse, du selbstgefälliger Ausbund an Besserwissen.«

Der Teemeister kommt zu Esra und erkundigt sich wieder, ob alles in Ordnung sei. Sie nickt abwesend. Nur ein verkehrter Traum, denkt sie. Hofft sie. Ein Gast an der Theke schaltet den Visionator ein, weil gleich die Nachrichten beginnen. Es ist ein ungeschriebenes Gesetz, dass die Leute, die ins Yasmin kommen, auch die Informationen des Tages vorgesetzt bekommen. Solange es niemanden stört. Es genügt ein Wort der Bitte um Ruhe.

Die blonde Berichterin steht als Hologramm im Raum, roter Rock, weiße Tunika, schwarze Fußleder, die Farben von Atlantis, dezent am Körper getragen. Berichterinnen sind Patriotinnen. Sie leben für das Zeitgeschehen. »… und hier sehen Sie die Kurve der Entwicklung.« Eine Zeichnung schält sich hinter der Berichterin aus der Wand und gewinnt an Plastizität. Esra hat den Beginn verpasst, anscheinend geht es um den Handel. Die Kurve geht direkt proportional nach unten. »Die Gesellschaft für Freie Ökonomie schlägt Alarm. Kerouak, der Erste Ökonom, warnt gar vor einem möglichen Kollaps, den Tauschhandel betreffend, aber auch eine Wertauflösung des Rundmetalls. Immer mehr Menschen berichten von sogenannter Vorspiegelung falscher Tatsachen. Angeblich sollen bewusst Lügen erzählt worden sein, um Wertgeschäfte zu Ungunsten anderer abzuwickeln.«

Ein Mann an der Theke murmelt etwas Unverständliches.

Der hinter der Theke sagt: »Von mir aus können die alles verbrennen.«

»Das wird nichts mehr«, sagt eine Frau mit erstickter Stimme. Sie ist den Tränen nahe.

»Das kann nichts mehr werden«, gibt ihr der Mann Recht, der neben ihr sitzt.

Die Berichterin liefert ein paar Zahlen und Fakten, dem folgt ein Interview mit einem Bauern. Es ist Fred, der, über den Aron die Depesche verfasst hat. Aron hat Esra ein Bild von ihm gezeigt. Im Visionator nähert man sich der Meldung des Tages. Esras Mund klappt auf. Unter der Rubrik *ACHTUNG* läuft eine Neonschrift durch: *WICHTIG. Dutzende Bauern haben sich in Atlantis versammelt. Die Rede ist von Aufstand.* Man sieht Menschenknäuel. Dreckverschmierte Männer. Sie schreien. Einzelne Worte blitzen heraus. Aufwiegler! Forderungen! Man sieht Kühe auf einer Weide, der Zaun niedergetreten. Die Bilder zeigen Männer mit Mistgabeln und Fackeln. Eine brennende E-Kutsche. Ruß steigt auf. Die Kamera schwenkt und richtet den Fokus auf ein neues Gesicht aus. Paul. Er wirkt in dieser direkten Einstellung noch verrückter. Blutunterlaufene Augen, Schweiß auf der Stirn. Er trägt eine Sense bei sich, wie der Grimme Schnitter.

Esras Augen brennen. Sie springt auf. Paul nimmt sie am Handgelenk. Sie entwindet sich ihm, stößt dabei den Holzstuhl um. Dann rennt sie hinaus auf die Straße. Auf mehreren Häusern prangt ein Wort, das mit Mehlpappe auf die Fassaden geschrieben wurde.

ICH.

Auf dem Boden liegen Flugblätter, die im Wind flattern. Esra klaubt eines auf und liest.

Steht auf, Freunde! Lasst euch das nicht gefallen! Das Feld ist nicht genug! Es ist Zeit für einen Aufstand. Seid dabei. Gebt eurem Leben das Ich zurück!

Gezeichnet:

Paul.

Es zieht mich hinunter.

Bergab führt der Weg durch den Wald bis zur Zwischenstromwiese. Die heißt so, weil sich hier zwei Gewässer zusammentun, dazwischen ist alles grün. Die Schwarze und die Weiße Aist hauen sich sozusagen auf ein Packel und bilden die Waldaist. Jö, da ist eine Liege aus Holz.

Ich werde eine kleine Rast machen und mich hinfläzen, warum auch nicht. Es ist traumhaft, das Leben so einfach ausgerichtet. Liegen und schauen, wie sich die beiden Bäche zusammentun, wie sie symbolisch und bukolisch die Kraft der Natur herantragen und auch wieder mitnehmen. Alles fließt, *panta rhei* hat Heraklit das genannt. Das Bild von den beiden Aist-Bächen, die irgendwann an einem Strang ziehen, finde ich großartig. In einer Welt, die auf dem Sockel der Ichbezogenheit fußt, ist die Zweisamkeit schon etwas Seltenes.

»Die Mehrzahl der Egoisten lebt in der Einzahl«, hat der österreichische Schriftseller Ernst Ferstl einmal gesagt.

Das Ich, kommt mir vor, ist die Währung, in die der Mensch am liebsten einzahlt. Auf der einen Seite hat die Globalisierung den Effekt des Zusammenschlusses erzeugt, nämlich dergestalt, dass die Leute über das Internet miteinander verbunden sind und glauben, dass alle lieb vernetzt sind. Auf der anderen Seite ist diese Verbundenheit nur virtuell, nicht real, weil digital. Wenn man jemandem in Naarn die Hand geben will, muss man aus Wien schon hinfahren. Für den Ichbezogenen war die elektronische Revolution der Hit schlechthin. Die Welt gehört ihm. Er holt sich die Welt über den Bildschirm ins Wohnzimmer.

Ich. Ich. Ich.

Narzissten zeichnen sich durch übersteigerte, eitle, selbstbezogene und geltungsbedürftige Eigenliebe aus, sie können sich kaum spüren und kennen Gefühle, die nicht sie betreffen, nur vom Hörensagen.

Egoisten legen rücksichtsloses Handeln an den Tag und sind dabei wohlig, immer hübsch auf den eigenen Vorteil bedacht.

Egozentriker brauchen überbordende Aufmerksamkeit, wenn sie in den Spiegel schauen, sehen sie das Zentrum der Welt. Reiche Leute werden gerne als egozentrisch bezeichnet, eine Art Code für: Der Typ ist ganz einfach ein Spinner.

Egomanen sind extrem auf sich selbst fixiert und zeichnen sich durch ein krankhaft übertriebenes Selbstbewusstsein aus. Sie beziehen alles auf sich selbst. Die Ich-Sucht giert nach der Droge namens Eigenliebe, und die Dosis will gesteigert werden, mehr, mehr, gib mir mehr. Egomanen halten sich für besser als der Rest der Menschheit. Auf einer Skala von eins bis zehn sind sie hundert.

In exponierten Berufen tummeln sich jede Menge Leute, die nach der Maxime Ich-ich-ich-zuerst vorgehen. Ärzte zum Beispiel. Genau, meine Zunft. Ich kenne ein paar Doktoren, deren Selbstbewusstsein eine eigene Postleitzahl hat. Ich denke, also bin ich – Chirurg. Oder was weiß ich, Hautarzt. Manche Journalisten sind übrigens auch glücklicher mit sich selbst als mit jedem anderen Menschen auf der Welt. Eine recht hohe Dichte an Freunden des eigenen Egos findet man, genau, in der Politik. Wobei ich nicht sagen will, dass es unter den Maurern keine Egomanen gibt. Oder den Imkern oder den Sängern oder den Steuerberatern. Das Ego ist sowieso ein eigener Beruf.

So, jetzt habe ich mich um mich gekümmert, pardon für die kleine Polemik am Wegesrand. Ich setze mich jetzt mit meinem Ego ans Ufer und schau mir an, wie die Schwarze und die Weiße Aist das machen, wenn sie hierher fließen und sich dann entschließen, nicht mehr getrennte, sondern gemeinsame Wege zu gehen. Als Bach oder Fluss ist man ja auch eher der Egoist unter den Gewässern. Hier aber, auf dem Johannesweg, mäandert niemand für immer allein. Auf dem Johannesweg vertragen sich sogar die Elemente. Wasser, Erde, Feuer und Luft. Alles gehört zusammen, die Welt gehört uns allen, genauso wie der Johannesweg, er ist für alle da, und glaubt mir, liebe Freunde und Wegbegleiter, das macht mich unendlich glücklich.

Bin kurz eingenickt.

Stell dir vor, was ich geträumt habe. Von einer Welt namens Atlantis und zwei jungen Leuten, einem Pärchen, ich kann mich an die Namen nicht mehr erinnern, aber ich weiß noch, wie sie sich angeschaut haben, so ganz verliebt, und einer auf den anderen konzentriert. Das Bild werde ich nicht vergessen.

So, jetzt geht's weiter. Einmal durchstrecken, ja, den Rucksack schultern, passt, und dort vorne blüht die Welt. Löwenzahn, ein gelbes Meer. Daneben auch ein paar Primeln und Schlüsselblumen. Eine Biene summt vorbei. Eine Ameise krabbelt über meinen rechten Wanderschuh. Ich bin so groß und doch so klein, denke ich. Und gehe los.

KAPITEL 7
Die Liebe in den Zeiten der Blindwütigkeit

Blicke wie Glutfeuer. Er sieht sie an, sie sieht ihn an. Aron und Esra stehen einander gegenüber, halten sich aneinander fest und schauen, wie das nur Liebende können. Gefühle, die glosen, tief drinnen und ehrlich. Esras graublau schimmernde Iriden haben die Farbe des Atlantiks angenommen, an einem Tag, wenn Sturm aufzieht und die weiße Gischt der Wellen sich mit dem dunkelblauen Wasser vermischt. Feuer und Wasser. Wie ein Vorzeichen. Ein Omen für das, was kommen mag. Als trüge Esra das Schicksal von Atlantis in ihrem Blick.

Aron schickt einen Gedanken. *Wer hätte gedacht, dass sich das so zwischen uns entwickelt, hm?*

Poseidon hat Humor, denkt Esra.

Und guten Geschmack, ergänzt Aron, *äußerst guten Geschmack.* Beide lachen, er umarmt sie. »Die Idee mit der Auszeit war kolossal«, flüstert er ihr ins Ohr.

Esra schmiegt sich an ihn. »Wenigstens ein Tag für uns zwei.«

An der Teleportationsstation schließen sie die Augen und katapultieren sich in Area Eins. Der Rutsch für eine Distanz von zweitausend Kilometern dauert zweiunddreißig Sekunden. Das Glück ist nie weit entfernt in Atlantis. Man macht die Augen zu und öffnet sie in einer anderen Welt. Ein Tagtraum, nur eben real.

Jetzt stehen sie auf einem Felsen und sehen zu, wie die Wogen gegen den Stein klatschen. Es ist eine Spur kühler als daheim und windiger. Trotzdem tragen beide nur leichtes Marschgewand, sie sandelholzfarbene Hosen und ein perlmuttweißes Oberteil mit frechem Ausschnitt, er ähnliche Farbtöne, die Hanfhosen eine Spur dunkler, beide haben gute Fußleder an. Sie wollen den Tag mit Wandern und Spüren zubringen. Die Natur hat eine heilende Wirkung, wenn der Mensch in Aufruhr gerät. Esra meint, es sei eine zittrige Zeit, und der Weg da durch holprig und rutschig.

Aron kramt seine Zuversicht aus der Westentasche. *Das Unbehagen wird sich bald legen.* Es klingt nicht überzeugt, vor allem will er's gern glauben. *Jede Phase erlebt das Schicksal der Endlichkeit,* denkt er laut. *Vielleicht ist diese hier bald vorüber, und nachher werden die Leute die Köpfe schütteln und sich über sich selbst wundern.*

Vielleicht, denkt Esra, *hoffentlich.*

Die Luft riecht nach Meer. Eine Möwe zieht Kreise und beobachtet die beiden. Sie scheint für einen Augenblick über ihnen zu schweben, schreit dreimal mit einem hohen Kreischen und verabschiedet sich mit einer Parabelschleife Richtung hohe See. Esra und Aron schlendern über die hügelige Küstenlandschaft.

Esra erzählt von ihrer Begegnung mit Paul. »Es tut mir so weh, wenn ich sehe, wie er in diesen selbstgezimmerten Wahn abdriftet. Er ist mein großer Bruder. Ich vertraue ihm. Er ist eine Art Halt, immer da, ich kenne es nicht anders.«

»Er wird sich schon fangen«, sagt Aron, der jetzt eigentlich nicht über Paul reden will.

»Ich habe versucht, mit ihm zu sprechen. Geht nicht. Unmöglich. Man erreicht ihn nicht, nicht einmal ich. Er … wie soll ich sagen … er entgleitet einem.«

»Ich weiß genau, was du meinst«, sagt Aron, »mir geht es so mit Fred. Besessen ist er und irgendwie weit entfernt. Auch er ist mein Halt, naja, gewesen.«

Wie können sich Menschen in so kurzer Zeit ändern?, fragt Esra in Gedanken. Eine neue Art des Umgangs unter den Leuten scheint sich breitzumachen. Man ist ruppiger und entschlossener und …

härter. Alte Werte scheinen durch negative Gedanken außer Kraft gesetzt zu sein. Fast könnte man meinen, ein Fluch liege über dem Kontinent oder eine biblische Prüfung, die statt Frösche Unbill regnen lässt. *In einem Buch würden sich jetzt wahrscheinlich die Handlungsstränge zusammenfügen,* denkt Esra.

Aron nickt. *Konflikte herausarbeiten*, schickt er retour, *wie bei meinen Depeschen.*

Eine Zeitlang halten sie einander schweigend an den Händen.

Müsste ich darüber schreiben, würde ich mich jetzt fragen, was das für die Welt heißt, denkt Aron. Er baut Gedankengebäude immer leichter auf, wenn er sich vorstellt, sie zu Papyrus zu bringen. *Während sich unsere Liebesgeschichte ausdehnt, verdichtet sich das Klima in und um Atlantis.* Erschreckend eigentlich, das denkt er lieber nur bei sich.

Esra ist weniger rücksichtsvoll. »Das einstige Seefahrervolk scheint gestrandet zu sein, und die Menschen wirken isoliert«, sagt sie. »Blindwütiges Gehabe. Aber warum?«

»Aber«, wiederholt Aron.

»Siehst du, es macht vor niemandem Halt. Der Ton passt immer mehr zu den Ereignissen. Als wolle die Sprache mit uns reden. Uns aufmerksam machen, dass wir im Begriff sind, irgendwo hineinzuschlittern. Politische Unruhen, plumpes Poltern wie das von Paul, Karavellen, die, wie man hört, plötzlich ohne Grund brennen, es ist sogar von absichtlicher Entflammung die Rede, und in den Nachrichten zeigen sie Menschen mit Mistgabeln und Fackeln, dazu das Gerede von Verblendungen, Entgleisungen, Verwerfungen. Die Berichterinnen und Berichter haben alle Hände voll zu tun, und immer mehr Leute sitzen vor dem Visionator und warten, welche Schreckensnachricht das Land heute erschüttern werde.

»Ist es die Gier nach Sensationen oder die Furcht des Einzelnen vor dem Hereinbrechen des Bösen?«, fragt Aron, während sie vor sich hinschlendern und der Wind mit dem Atlantik um die Wette rauscht.

»Ich weiß es nicht, mein Schatz. Die Menschen wollen das Gute nicht mehr sehen. Gestern habe ich einen merkwürdigen Satz auf der Straße gelesen. Lieber ein Leben mit Schrecken als ein Dasein ohne Sinn. Was soll das heißen? Womöglich wollen die Leute das, hast du dir das schon einmal überlegt? Vielleicht wollen sie eine Abkehr von allem.«

»Kann ich mir nicht vorstellen«, sagt Aron. »Wer sollte so kurzsichtig sein und sich nach etwas sehnen, was nicht gut ist? Das Gute ist das Beste, was es gibt. Warum sollte man etwas anderes haben wollen? Das ist, als würde jemand vergiftetes Wasser trinken, obwohl er in reinem schwimmt. Und obwohl er weiß, was passiert, auch wenn es der Tod ist.«

»Kann das Ungewisse etwas Gutes haben?« Esra schaut ihn fragend an. Sie fordert ihn gern heraus mit solchen Fragen.

Aron denkt eine Zeitlang nach. »Wir wissen es nicht. Und deswegen haben wir Angst. Wir können mit allem umgehen, was größer und gefährlicher ist als wir, sofern wir es sehen. Ist es ein Tier, können wir es zähmen oder es bekämpfen. Wir können uns wehren. Ist es eine Naturerscheinung, vertrauen wir auf Poseidon. Das Ungewisse ist ohne Kontur, wir wissen nicht, ob alles wieder gut wird. Erst wenn es zur Gewissheit wird, ergibt sich die Wertung. Gut oder nicht, das ist alles nicht in Stein gemeißelt. Es ist nur eine Frage der Perspektive.«

Sie haben die Leute nicht kommen sehen. Jetzt stehen sie einfach da, vor ihnen, mitten auf der Straße, die von der Klippe nach vorne zu den grünen und ockerfarbenen Hügeln führt. Drei Männer mit zum Teil zerrissenen Hosen und erdschmutzigen Wämsern. Vom Aussehen her ungepflegt, lange verfilzte Haare, struppige Bärte. Schwielige große Hände, die von harter Arbeit zeugen.

»Ja, wen haben wir denn da?«, fragt der Mann in der Mitte, im Trio der Kleinste. Obwohl er gedrungen und untersetzt aussieht, als habe ihn die Schwerkraft aus einer Laune heraus gestaucht, spricht er mit einer Fistelstimme, die überhaupt nicht zu seiner Statur passt.

»So eine hübsche Maid. Sicher aus der Stadt, nicht? Städterinnen sollen Kunststücke können, habe ich gehört, allerhand Sachen.«

»Ja, von dort kommen wir«, sagt Esra und will an ihm vorbeigehen.

Der Mann, der links steht, ein Großer mit Narbe auf der Stirn, stellt sich ihr in den Weg. »Moment! Wer wird denn so unhöflich sein, wenn unsereins so höflich ist. Tut man neuerdings so, wenn man als Städter zu Gast auf dem Land ist, ha?«

Aron tritt vor und will den Hünen wegschieben, da sagt der Kleine: »Wou-wou-wou! Hüte dich. Wir wollen hier doch keine Hände verwenden? Oder sollen wir Hände verwenden und uns ein wenig mit der hübschen Maid hier beschäftigen. Osgeyr, was meinst du? Oder du, Loko? Wollen wir die Dame zum Tanz auffordern?« Er macht Anstalten und dreht sich im Kreis, dabei pfeift er ein Lied.

Aron beschleicht ein ungutes Gefühl. Er weiß von den Landstreunern, denkt schon einige Zeit an eine Depesche über sie, jetzt sieht er sie zum ersten Mal. Sie haben nichts Gutes im Sinn. Es ist eine von diesen Situationen, auf die Atlanten nicht vorbereitet werden, auch wenn sie neuerdings öfter und öfter passieren. Situationen, die von einer Sekunde auf die andere außer Kontrolle geraten können. Niemand weiß, was passiert. Niemand weiß, wie das ausgeht. Er schickt einen Gedanken: *Esra, geh hinter mich. Jetzt.*

Sie macht zwei Schritte zurück, da schnappt sie der, den sie Osgeyr nennen, am Unterarm. »Nicht so schnell, holdes Geschöpf. Wir wollen doch nur tanzen. Komm her zu deinem Tanzpartner, komm und zeig mir, was –«

Aron versetzt ihm eine kurze Gerade auf den Mund. Eine Sekunde später hat er das Gefühl, sich selber ins Gesicht geschlagen zu haben. Er ist so erschrocken über sich, dass er den Schmerz in seiner Hand gar nicht fühlt.

Der Streuner ist kein bisschen irritiert. Er scheint so eine Reaktion erwartet zu haben. Sein Kopf schnalzt zurück, er schüttelt sich und ist wieder voll da. Auch sein Kumpel Loko ist diese Art der

Schlichtung sichtlich gewöhnt. Er stürzt nach vorne, gleichzeitig greift der Untersetzte in der Mitte, anscheinend der Anführer, in die Tasche seines Wamses und zieht etwas heraus. Aron sieht es aufblitzen. Eine Klinge. Aron handelt instinktiv. Er hat nie gelernt zu kämpfen, die anderen sind darin mehr als geübt. Mit einer Drehung weicht Aron Loko aus, der aufgrund seiner massigen Statur ins Leere fährt und einknickt. Der Untersetzte geht mit dem Messer auf Aron los. Esra schreit auf. Der Messermann hält kurz inne.

Es knallt.

Ein Schuss.

Von hinten.

Die drei erstarren. Aron schaut auf. Von der Lichtung reitet ein schwarz gekleideter Mann mit schwarzem Cowboyhut auf einem Pferd heran. Er hat ein Gewehr in der Hand. Aron kennt die verschiedensten Waffen aus den historischen Schriften, in Atlantis hat so etwas noch niemand gesehen. Alte Waffen sind gesetzlich verboten, neue werden nicht hergestellt. Woher hat der Schwarzmantel ein Gewehr?, fährt es Aron durchs Hirn, es ist der erste Gedanke, den er wieder bewusst fassen kann.

»Was ist hier los?«, fragt der Schwarzmantel. Um den Hals hat er einen schwarzen Schal, gebunden zu einem kunstvollen Knoten. Er wirkt gleichzeitig elegant und bedrohlich.

»Nichts ist los«, sagt der Untersetzte, »gar nichts.« Das Messer lässt er unauffällig in seinem Ärmel verschwinden.

Die zwei anderen Schläger tun, als wäre nichts passiert. Einer hält sich die blutende Nase.

»Soso. Nichts.« Das Pferd des Schwarzmantels schüttelt seine Mähne, als glaube es das ebenfalls nicht. »Wenn nichts passiert ist, hört sich das gut an«, sagt der Reiter. »Nasenbluten kommt von der Anstrengung. Dumme Menschen strengen sich an. Kluge Menschen denken, bevor sie etwas tun. Sie hören zu und lernen die vier wichtigsten Wörter des Tages: Das ist mein Land.« Er wartet auf Widerspruch, niemand rührt sich. »Und auf meinem Land passiert kein

Johannes Neuhofer beim Johannesbrunnen in Pierbach · Dieter Hawlan, Mühlviertler Alm

Wanderer kommen aus dem Licht und gehen ins Licht. Der Buchentunnel vor der Hirschalm ist ein Erlebnis für sich · Eva Doppler, Freistadt

Eine Pilgerin in Begleitung der Herbstsonne · Helena Mair, Pötting

Die Einwohner der Mühlviertler Alm freuen sich über die Johannesweg-Wanderer, plaudern gerne und helfen auch, wo sie können. Hier erhalten Wanderinnen von einer netten Dame eine vitaminreiche Stärkung für den Anstieg nach St. Leonhard · Petra Höllmüller, Pregarten

Die Natur unter den Füßen spüren, die Gespräche genießen, den Gedanken freien Lauf lassen – das ist er, der richtige Weg · Rita Mahringer, Herzogsdorf

Genießen mit allen Sinnen · Robert Diesenreither, Schönau i. Mühlkreis

Beim Harlingsedter Gipfelkreuz vor Königswiesen erwartet den Wanderer auf 920 Meter Seehöhe eine herrliche Aussicht bis zum Böhmerwald, Ötscher, Dachstein und ins Waldviertel · Matthias Tragl, Forchtenstein

Die Kammererkreuz-Kapelle oberhalb des Dorfes Silberberg befindet sich auf der höchsten Erhebung des Johannesweges · Gerald Raab, Rainbach

Im Morgengrauen ein Blick vom Harlingsedter Gipfelkreuz in die umgebende Hügellandschaft der Mühlviertler Alm · Agnes Schwarzenberger, Linz

Tierwelt am Johannesweg:
v.l.n.r Carmen Knie, Marchtrenk · Erika Panholzer, Perg · Thomas Müllner, Wien

Pilgern heißt auch, achtsam durch die Natur zu gehen und den kleinsten Geschöpfen auf Augenhöhe zu begegnen · Helena Mair, Pötting

Holzfenster einmal anders. Nahe dem Dorf Stiftung erreicht man als Johannesweg-Wanderer einen Platz mit einem liebevoll dekorierten Fenster mitten im Holzstapel · Alois Kaiser, Steyr

Schnappschüsse · v.l.n.r Claudia Moser, St. Oswald · Bianca Mayer, Saalfelden · Julia Haas, Wien

In der Taverne bei der Burgruine Prandegg werden (nicht nur) Wanderer herzlich begrüßt und verwöhnt · Susanne Schwaiger, Haigermoos

Details am Johannesweg: v.l.n.r. Siegfried Dollentz, Pregarten · Brigitte Reiter, Salzburg · Veronika Mülleder, Lasberg · Klaus Ortner, Waizenkirchen · Susanne Schwaiger, Haigermoos

Ausblick in die hügelige Landschaft des Mühlviertels von der Kammererkreuz-Kapelle aus · Gerald Raab, Rainbach

Auch im Winter ist der Johannesweg eine Wanderung wert. Am Silvestertag 2016 hatte man von Harlingsedt aus einen traumhaften Ausblick bis zu den Alpen · Johann Stöger, Tragwein

An der Zwischenstromwiese in Weitersfelden bildet sich aus Schwarzer und Weißer Aist die Waldaist · Theresia Schön, Mitterkirchen

Die Ruine Prandegg im Winter vom mächtigen Burgturm aus · Franz Heisler, Freistadt

Auf zum Herrgottsitz · Dieter Hawlan, Altenberg

Ein leichter Anstieg zur Straße nach Kaltenberg, vorbei an einem imposant am Wegesrand stehenden Bildbaum · Andreas Mahr, Rechberg

Ein schmucker Steinbloßhof in Silberberg · Reinhard Atteneder, Freistadt

Schattenbild auf der Ruine Ruttenstein. Die einstmals mit sieben Ringtürmen versehene Hochburg, zählt noch heute zu den eindrucksvollsten Ruinen des Landes · Karin Nachbauer, Waizenkirchen

Die Kapelle am Kammererberg ist im Privatbesitz der Familie Hennerbichler und wurde vor einigen Jahren liebevoll restauriert · Dieter Hawlan, Mühlviertler Alm

Nur wenig außerhalb von St. Leonhard bei Freistadt wandert man mitten im Wald an der Lourdesgrotte vorbei · Matthias Tragl, Forchtenstein

Wunderschöne Materl und Bildstöcke begleiten den aufmerksamen Johannesweg-Wanderer entlang der gesamten Wegstrecke · Eva Leitner

Im Frühjahr erfreut der 100 Meter lange Buchendurchgang Richtung Hirschalm die Wanderer. Mit seinem satten Hellgrün spendet er an heißen Tagen einen erfrischenden Schatten · Martina Reinthaler, Ried i. Innkreis

Direkt in Mötlas die kleine Dorfkappelle mit einem schönen Blumengarten davor · Eva Leitner, Niederkappel

2014 fand im Rahmen einer feierlichen Bergmesse die Einweihung des Gipfelkreuzes auf dem Haiderberg statt · Andreas Follner, St. Leonhard bei Freistadt

Der Weitersfeldner Galgen aus dem 16. Jahrhundert gilt heute als die besterhaltendste Hochgerichtsstätte in Oberösterreich · Mühlviertler Alm

Auf dem in voller Blütenpracht erstrahlten Friedhof in Kaltenberg dürfen die Gräber nur mit Eisen- oder Holzkreuzen versehen werden · Herbert Humer, Wels

Das einzigartige Schlingrippengewölbe der Pfarrkirche Königswiesen gilt als höchster Ausdruck spätgotischer Baukunst und kann am Johannesweg besichtigt werden · Hans Peter Haberfellner, Linz

Mystisch schmiegt sich der Nebel rund um die Burgruine Ruttenstein in Pierbach ·
Robert Diesenreither, Schönau i. Mühlkreis

Bei einer geführten Wanderung am Johannesweg wird beim Kammererkreuz gerne eine längere Rast genossen · Hans Hinterreiter, Bad Zell

Auch wenn es einmal regnet, der Unterstand war für diese Wandergruppe gesichert · Siegfried Dollentz, Pregarten

Innehalten im Naturkino Weitersfelden · Julia Auer, Peilstein

Wer den Herzogreither-Felsen erklimmt, wird an wolkenfreien Tagen mit einer traumhaften Aussicht belohnt. Man fühlt sich frei wie ein Vogel · Sandra Reichör, Engerwitzdorf

Der Lebensfreude kann man am Johannesweg auf verschiedene Arten Ausdruck verleihen · Dieter Hawlan, Mühlviertler Alm

Mächtig ragt die Burgruine Prandegg aus dem Waldaisttal empor. Wer den 23 Meter hohen Rundturm erklimmt, wird mit einer wunderbaren Aussicht belohnt · Karin Nachbauer, Waizenkirchen

Die Schüsselkapelle ist eine von 14 Stationen des sehenswerten Kreuzweges von Unterweißenbach nach Kaltenberg · Christian Königstorfer, Engerwitzdorf

Jeder Tropfen aus dem außergewöhnlichen Johannesbrunnen ist kostbar – sowohl im Sinne von trinkbar und gesund, als auch wertvoll und einzigartig · Alois Kaiser, Steyr

Das Wasser, ein ständiger Wegbegleiter am Johannesweg, spendet im Sommer eine erfrischende Abkühlung · Reinhard Atteneder, Freistadt

Eine junge Wanderin am Weg – der Stemelpass gehört natürlich abgestempelt · Bianca Mayer, Saalfelden

Eine Besonderheit ist das kleine Hammerwerk und die einzige „Kuglmühle" Oberösterreichs. Hier werden mit Hilfe des Wassers aus unförmigen Steinen Granitkugeln geformt · Manfred Siegl, Pregarten

Der Dorfheilige von Langfirling · Matthias Tragl, Forchtenstein

Ein Blick auf die Ruine Ruttenstein und die zu deren Füßen liegende Schutzhütte · Franz Heisler, Freistadt

Der Blick vom Haiderberg zurück nach St. Leonhard. Im Hintergrund kann man den Linzer Pöstlingberg entdecken · Alfred Atteneder, Gutau

Ein Bildstock und Wegweiser · Renate Brandhuber, Freistadt

Wer einen Stein auf den Pilgerweg mitnimmt, kann eine Last symbolisch beim Gipfelkreuz ablegen · Gertrude Irod-Marsam, Altlengbach

Lichtspiele im schattigen Mischwald · Roland Bauer, Liebenau

Nur wer sein Ziel kennt, findet den Weg · Christine Kuppelwieser, Henndorf

Einer der zahlreichen, imposanten Granitblöcke am Weg Richtung Schönau · Siegfried Krennmair, Scharten

Ein schönes Mühlviertler Ensemble · Wolfgang Kreutzer, Wien

Gänsemarsch am Johannesweg. Typisch für die „Mühlviertler Alm Weidegans"-Genussregion · Martina Jahn, Freistadt

Der Johannesweg

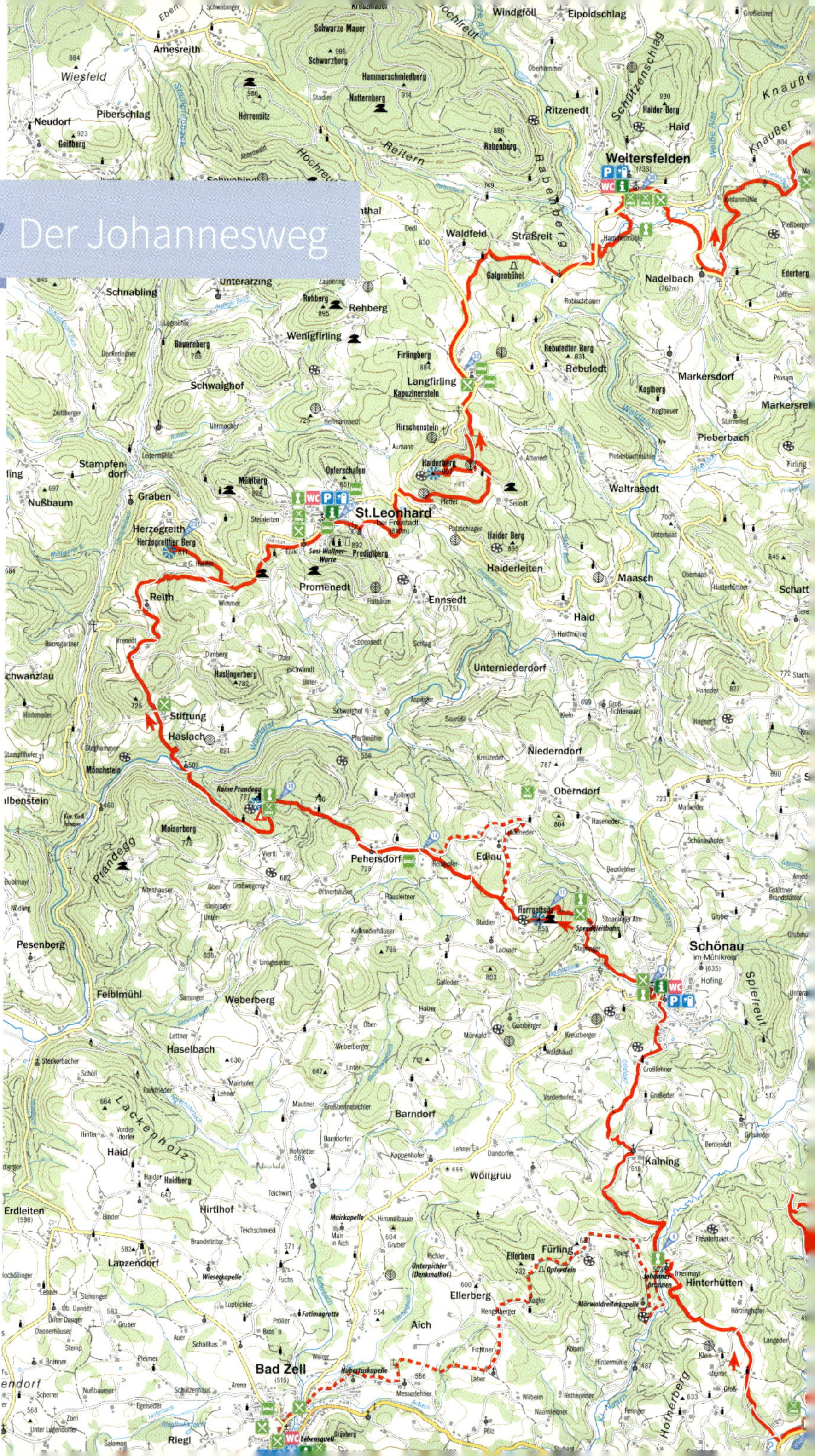

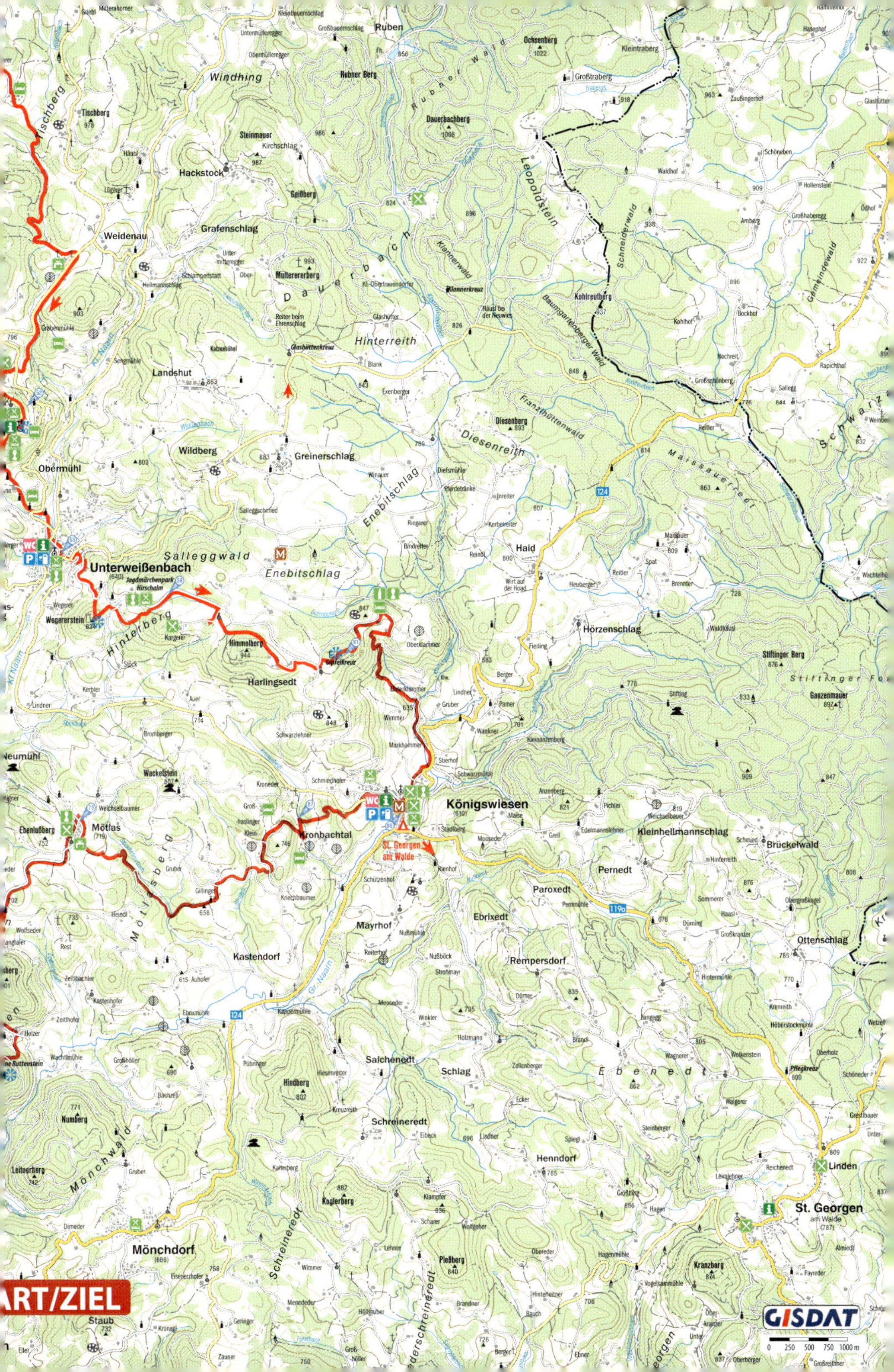

Ruben
Ochsenberg
Kleintraberg
Großtraberg
Windhing
Rubner Berg
Rubner Wald
Dauerbachberg
Tischberg
Steinmauer
Hackstock
Geißberg
Leopoldstein
Grafenschlag
Weidenau
Schneiderwald
Gemeindewald
Multererberg
Dauerbach
Kohlreutberg
Baumgartenberger Wald
Hinterreith
Landshut
Diesenberg
Franzhüttenwald
Diesenreith
Wildberg
Greinerschlag
Obermühl
Maissauerredt
Enebitschlag
Haid
Unterweißenbach
Salleggwald
Hörzenschlag
Hinterberg
Himmelberg
Harlingsedt
Stiftinger Berg
Ganzenmauer
Neumühl
Wackelstein
Königswiesen
Mötlas
Kronbachtal
Kleinhellmannschlag
Brückelwald
St. Georgen am Walde
Pernedt
Paroxedt
Ebrixedt
Mayrhof
Kastendorf
Rempersdorf
Ottenschlag
Salchenedt
Schlag
Ebenedt
Hindberg
Numberg
Schreineredt
Mönchwald
Henndorf
Linden
Leitnerberg
Koglerberg
St. Georgen
Mönchdorf
Pleßberg
Kranzberg
Schreineredt
ART/ZIEL
Staub
GISDAT
0 250 500 750 1000 m

In der sitzförmigen Mulde auf der Spitze des Herrgottsitzes bei Schönau soll sich der liebe Gott ausgeruht und sanft lächelnd das Mühlviertler Hügelland betrachtet haben. An klaren Tagen hat man von dieser 855 Meter hohen Erhebung einen herrlichen Panoramablick bis ins Voralpengebiet · Rupert Lattner, Schlierbach

Unfug, ist das klar? Wenn jemand damit nicht zurande kommt, redet er jetzt.«

»Die drei hier wollten –« Aron setzt zum Erklären an.

Esra unterbricht ihn. »Sie wollen gar nichts. Wir haben ein kurzes Palaver, das ist alles.«

Der Mann auf dem Pferd mustert Esra. »Kurzes Palaver, verstehe. Dann zieht weiter und geht eures Weges. Nichts ist, wie es scheint. Alles ist, wie niemand glaubt. Die Dinge werden immer diffuser. Lange Tage und angenehme Nächte.«

Die Landstreuner trollen sich wie Straßenhunde, knurrend und doch feige.

Der Mann auf dem Pferd grüßt und sagt zu Aron: »Besser ihr macht euch bald wieder auf den Weg zurück in die Stadt. Das Leben hier draußen kann ungemütlich werden. Kreaturen wie die drei da findet man immer öfter. Es liegt an der Zeit. Immer mehr Menschen verlieren ihre Arbeit. Wie das geht, ist den meisten hier schleierhaft. All die Zeit war genug zu arbeiten und genug zu essen da. Es geht allen gut. Und seit ein paar Wochen ist alles anders. Wäre ich nicht so alt, würde ich mich aufmachen und woanders leben. Aber vielleicht stimmt das gar nicht, was ich sage. Vielleicht sind es nur Verrückungen im Kopf, einer nach dem anderen. Ich hoffe, meine Hilfe ist euch erwünscht.«

»Danke, ja.« Esra winkt ihm. »Danke, dass Sie da sind. Ohne Sie … nun ja, wer weiß, was passiert wäre.«

Arons Adrenalinpegel ist nicht mehr ganz Maximum, er keucht nur mehr leise.

»Wie heißen Sie?«, fragt Esra.

Der Mann auf dem Pferd hebt den schwarzen Hut zum Gruß. »Malestro«, sagt er, setzt den Hut wieder auf und reitet davon, bis nur mehr eine staubige Wolke von ihm übrigbleibt.

Hanna steht in ihrer Küche und kocht vor Wut. Obwohl sie sich sonst nie um Vergangenes kümmert, denkt sie an gestern Abend, an den Moment, der die Lust auslöst. Ein heißes Gefühl wie gedachte Lava durchfährt sie, als sie sich wieder in die Erinnerung hineinlebt, und beginnt seine …

…. Reise durch ihren Körper. Sie will Aron haben, sie weiß es zwischen ihren Schenkeln. Es ist ein lange bekanntes Gefühl mit einem eingeführten Ritual: viermal an die, ohnehin einen Spalt breit geöffnete Tür klopfen, das heißt so viel wie Wenn-du-da-bist-kannst-du-auch-kommen. Es gestaltet sich unkompliziert, ein Arrangement für den Fall der Fälle. Und gestern also steht sie wieder einmal vor Arons Haustür und klopft und klopft und klopft, und bevor sie das vierte Mal klopfen kann, machte er die Tür ganz auf und lässt sie wissen, dass die neue Situation die alte hinfällig mache.

»Ich habe keine Ahnung, wovon du sprichst«, sagt sie.

Aron tritt von einem Fuß auf den anderen, ist sichtlich nervös und faselt etwas von Liebe und neuer Beziehung und Verantwortung und Obsession ohne Aussicht. Es dauert eine Weile, bis ihr klar wird, was er damit meint. Es liegt an dieser Frau, die seit einiger Zeit in seiner Wohnung ein und aus geht. Die Verheulte … diese Docea. Die mit dem eindimensionalen Kind aus dem Lernhaus, das sich irgendwie die Pulsadern aufgeschlitzt hat, meine Güte, sind diese Fratzen doch theatral. Diese Docea ist die neue Situation und sie, Hanna, die alte. Harsch fällt sie Aron ins Gestammel und schreit ihn an: »Du meinst, das mit dem Stricken geht nicht mehr, DU MEMME?«

Aron weicht zurück. Nicht vor der Direktheit, in der Hanna ihm das Ende des Strickens, wie sie alles Intime nennt, vor den Latz knallt. Es ist die Memme, auf die er nicht gefasst ist. Hanna hat ein loses Mundwerk, gemein ist sie nicht. Aron antwortet nicht, er macht nur eine kleine Verbeugung und drückt die Tür demonstrativ ins Schloss.

Mist, denkt Hanna, so leicht mache ich es dir sicher nicht. Tränen steigen ihr in die Augen. Die hätte sie vorhin gebraucht, denkt sie, Tränen machen Männer hilflos. Wenn auch nicht unbedingt solche. Es sind Tränen des Zorns, die ihr fast waagrecht aus den Augen spritzen. Ich sollte zusammenbrechen, denkt Hanna bei sich, dann fühlt er sich furchtbar. Mit der Memme hat sie ihm eine Rutsche in die Schuldlosigkeit gelegt. Vorher schlechtes Gewissen, dann Erleichterung. Jetzt ist sie die Furie und darf sich auch noch drüber ärgern, dass sie es verbockt hat.

Sie geht zurück in ihre Unterkunft und leert eine Flasche Guayusa auf ex. Den Rest der Nacht träumt sie von Orgien mit Holzfällern in rot-schwarz karierten Hemden und sonst nichts und …

… jetzt steht sie in der Küche und kocht vor Wut. Ich bin nicht die Furie, denkt sie, ich bin betrogen und ausgenutzt, so heißt das doch in den Liebesfabeln, ich bin das Opfer. Da kommt ihr eine Idee. Täter und Opfer. Man muss diese Männer bestrafen, genau das muss man tun. Männer sind für Frauen da, das ist in Atlantis ein Grundgesetz. Dass das Gesetz genauso festhält, dass Frauen für Männer da sind, beide für die Kinder und überhaupt einer für den anderen, kommt Hanna gerade ungelegen und wird ignoriert. Sie ist eine Frau, und ein Mann, der nicht für sie da ist, darf nicht so einfach davonkommen. Was heißt das denn, *für die Frau da sein?*, ereifert sie sich immer mehr. Gehorchen, heißt das und immer bereit sein, seinen Mann zu stehen. Viermal Klopfen und rein durchs Himmelstor, das heißt es. Aron haut ihr das Himmeltor gerade vor der Nase zu. Und das einer Frau wie ihr. Einer Königin. Einer Göttin. Das ist nicht Recht, und um ihn das spüren zu lassen, muss ihr was Passendes einfallen. Eine Stimme, die sie plötzlich hört, bekräftigt sie in ihren Überlegungen.

Richtig, so geht man nicht um mit dir. Und als Vertreterin aller Frauen hast du die Pflicht, den verweigerten Akt zu ahnden.

Ahnden. Ahnden.

Es hallt nach in ihrem Kopf.

Verschmähte Lust. Abweisung. Das ist gegen unser Prinzip, das wir schon in unserem Gruß verewigen. Lange Tage und angenehme Nächte.

Angenehme Nächte. Angenehme Nächte.

Auch das hallt nach.

Und er ist es nicht allein. Die Frau ist auch darin verwickelt. Sie ist sogar der eigentliche Anlass. Ohne sie wäre alles gut.

Ohne sie alles gut. Ohne sie alles gut.

Das Echo ist wie ein Befehl. Wie geleitet geht Hanna in ihr Schlafzimmer und öffnet die Nachttischlade. Darin befindet sich eine Dose mit Schutzhütern, hauchdünne Futterale zum Ausrollen. Hanna nennt sie Strickhauben. Hauben, die der Mann sich beim Stricken aufsetzt, bloß halt nicht auf den Kopf. Hanna strickt für ihr Leben gern und nimmt sich, wen und was sie will. Deshalb ist die Lade immer mit reichlich Strickhauben gefüllt. Trotz ihrer zierlichen Statur gilt sie bei ihren diversen Liebhabern als Mittelding aus Wirbelwind und Raubkatze.

Sie nimmt eine Strickhaube heraus, reißt die Verpackung auf und dehnt das Röllchen zu einem länglichen Ballon aus. Gut. Sie geht in die Küche, öffnet den Kaltkasten und holt eine Glasflasche heraus. Vorsichtig träufelt sie ein paar Tropfen verdickte Ziegenmilch in die ausgerollte Strickhaube. Perfekt. Mit dem gefüllten Schutzhüter marschiert sie hinüber vor Arons Haustür. Sie klopft, einmal, so stark, dass die Tür aufschwingt. Sie lugt ins Haus. Keiner da. Ausgezeichnet. Die Stimme dirigiert sie durch den Flur nach hinten in Arons Schlafzimmer. Eigentlich unnötig, den Weg kennt sie blind. Hanna legt die präparierte Strickhaube unter die Matratze, nicht dort, wo Aron liegt, sondern auf die Seite, wo sie liegt. Das obere Ende der Strickhaube lässt sie hervorlugen und herunterhängen. Die Doppelbotschaft gefällt ihr. Ekeliges Indiz für den Betrug und trauriges Symbol dafür, wie leicht die Männlichkeit dahin ist. Auf den ersten Blick sieht man nichts. Auf den zweiten dafür umso schärfer. So. Danke sehr. Formidabel. Lange Tage und angenehme Nächte.

Die Stimme in Hannas Kopf sagt: *Du kannst stolz auf dich sein. Du bist eine starke Frau. Eigentlich gibt es keine bessere Frau als dich.*

In ganz Atlantis. Genieße deinen Mut und fühle deine Kraft. In diesen Zeiten überleben nur die Starken. Frauen wie du, Hanna. Bravo.

Als sie wieder ihre Unterkunft betritt, schlägt ihr Herz doppelt so schnell. Freude ist ein Presslufthammer, denkt sie und lächelt. Die Liebe ist eine Kloake.

Esra und Aron sind wieder in ihrer Area eingetroffen. Sie spazieren den Weg von der Teleportationssstation zu Fuß nach Hause und beschließen, den Abend gemeinsam zu verbringen. Sie gehen die Szene wieder und wieder durch, überlegen, was passiert wäre, wenn der schwarze Reiter nicht aufgetaucht wäre. Die Gedanken wirbeln durcheinander, verschränken sich.

Er hat so ein hageres Gesicht.

Er wirkt so unheimlich.

Er hat uns geholfen.

Warum hast du zugeschlagen?

Ich weiß nicht.

Wir hätten das auch anders lösen können.

Nein, da war nichts zu machen.

Seit wann sprichst du mit der Faust.

Ich weiß nicht, aber es war gut.

Aber.

Er hat ein Messer gezogen …

Trotzdem. Deeskalieren. Immer nur deeskalieren.

Das war aber kein Gerangel in deinem Klassenzimmer.

Schon wieder aber.

Jetzt kommt bei dir wirklich die Docea durch.

Ein gelber Brief auf der Fußmatte vor Arons Tür beendet ihr Palaver. Aron hebt das Papyrus auf. *AMTLICHE BENACHRICHTIGUNG*, steht auf dem Umschlag. Er reißt ihn auf und entnimmt einen Bogen rotes Papier mit weißer Schreibschrift.

Ankündigung einer Aufkündigung

Werter Aron, geschätzter Scriber, lieber Kollege, wie schon mündlich in Aussicht gestellt, sieht sich die Sammelstelle für Öffentliche Depeschen im Allgemeinen und ich in der Person des Stellvertretenden Leiters im Besonderen außerstande, das Dienstverhältnis in bewährter Art und Weise und in Bezug auf Deine Person aufrechtzuerhalten. Grund dieser bedauerlichen Entscheidung ist Dein gedankliches Vorgehen. Wir als Amt sehen uns nicht in der Lage, zerebrales Gut in dieser Form den Anrainern in Atlantis näherzubringen. Es ziemt sich weder, jene perfide Formulierungen wie Sie deiner synaptischen Feder entsprungen sind, zu verwenden, noch Begrifflichkeiten wie un- in alle seinen „un-säglichen" Verästelungen als Beginn einer Depesche dem Folgenden voranzusetzen. Dies in Verbindung mit Erzählungen über Trinkgelage, düsteren Begebenheiten, negativen Ableitungen und dergleichen sind unseren LeserInnen nicht zumutbar und stoßen gleichwohl auf Verwunderung, um nicht zu sagen auf flächendeckende Ablehnung. Resultierend aus diesem Umstand ist der Fakt, dass dem Verlag erheblicher Schaden zugefügt wurde, weswegen wir uns gezwungen sehen, von einer Fortdauer unserer beruflichen Zusammenarbeit abzusehen und uns bisweilen sogar Schritte des Weisenrats der Hohepriester vorbehalten. Wir wünschen Dir trotzdem alles Gute für die Zukunft und hoffen auf Verschiedenes.

Unten stand in besonders geschwungener Schrift

Hakon (i. V. Elgar)

Hakon. Natürlich. Aron liest den Brief ein zweites Mal. … *in der Person des Stellvertretenden Leiters* … Der werte Kollege hat sich über Elgars Mastdarm an dessen Seite hochgeschwungen. Schleimer, zuckt es Aron durch die Ganglien, er merkt es gar nicht. … *und hoffen auf Verschiedenes.* Ja, freilich. *Schritte des Weisenrats vorbehalten* … Schau einer an, was er da zwischen die Zeilen presst. Systemkonformität. Das sieht ihm ähnlich. Auf einmal wird sie vorausgesetzt, eins, zwei, drei, ohne Vorwarnung. Depeschen sind keine rein objektiven Berichte, so ist es gedacht. Moralismen sind Paradigmen, um es so gestelzt auszudrücken, wie Hakon es in dem Schreiben als unabsichtliche Persiflage seiner selbst formuliert hat. Meinungen, gut gemeint. Verpackt in gefällige Kleider, damit man sieht, wie artig sie daherkommen. Und auf einmal ist alles anders. Auf einmal sind die Gesetze der geistigen Freiheit außer Kraft gesetzt.

Fassungslos legt Aron den Brief beiseite. Er schaut sich um nach Esra, die erstaunlicherweise noch da ist. Warum er denkt, sie könnte in der Zwischenzeit weg sein, wundert ihn. Es wundert ihn überhaupt vieles, was sich gerade rund um ihn tut. In konzentrischen Kreisen schwingt eine Energie, die unsichtbar und dicht scheint. Toxische Partikel. Strukturen bröckeln, Systeme ächzen, und die Welt gerät in eine andere Rotation. Als ob die Achse verschoben sei oder die Geschwindigkeit nicht mehr passe. Als ob jemand die Physik zu einer Nebensache erklären will. Das Immergültige ist obsolet. Andere Dinge treten an seine Stelle. Dinge von übergeordneter Bedeutung. Dinge wie die Anziehungskraft schwarzer Löcher oder Phasenverschiebungen im Zeit-Raum-Kontinuum. Aron fasst Esras Hand an, um zu überprüfen, ob sie echt ist. Sie fühlt sich kalt an.

Fred liegt im Bett neben Anna, ein dünner Schweißfilm liegt auf seiner Stirn. Er fühlt sich gut nach dem Liebesakt. Blond und schön liegt sie da und schläft. Fred ist stolz auf sich. Überhaupt hat er eine neue Energie verinnerlicht, die ihn antreibt und zu Höchstleistungen anspornt. Sogar das Palavern geht ihm nun gut über die Lippen, er hat es von Paul gelernt. Nein, berichtigt er sich in Gedanken, von der inneren Stimme, die ihn leitet wie ein Leuchtfeuer. Paul sagt, die Stimme höre er auch, es sei in Wahrheit Gott, der zu ihm spricht. Gott sagt, horte die Ernte. Behalte alles für dich. Gib nichts her.

Während Fred nachdenkt, fallen ihm die Augen zu, vielleicht hat auch eine Stimme geflüstert, Gottes Stimme, dass es Zeit ist, müde zu sein, die Augen zu schließen, langsam, ganz langsam, weil er müde ist und immer müder wird, weil es Zeit ist zu schlafen und zu träumen, die Lider flattern, und die Augen schließen sich, immer tiefer gerät er ins Unterbewusstsein, steigt hinab, über eine schwarze Treppe, lässt das Bewusstsein hinter sich, Stufe um Stufe, *du bist müde und schläfst tief, aber dein Geist ist wach, und du steigst weiter herunter, die schwarze Treppe führt bis ganz hinunter zum Grund, und jetzt stehst du da und schaust dich um.*

Fred schaut sich um. Dort vorne ist eine Tür, auf der steht *FREDS ZUKUNFT.* Er geht darauf zu, mehr Schritte, als er denkt, entweder ist der Weg weiter oder er geht ihn so langsam, als würde er hüfthoch im Wasser waten und hätte Mühe voranzukommen. Er öffnet die Tür und kommt in den nächsten Raum. Ein blaues Zimmer. Blau und leer. Fred geht hinein. Er hört ein Knurren. Mitten in der gegenüberliegenden Wand bildet sich ein kleiner Korridor, stahlblaue Augen fixieren ihn, stahlblaue Hundeaugen. Ein Eishund. Neben dem Tier materialisiert sich ein Fenster, durch das Fred Leute sehen kann. Menschen auf einer Straße irgendwo da draußen. Sie sind dünn, halb verhungert und ausgezehrt. Als hätten sie seit Tagen nichts gegessen und getrunken. Sie stehen vor einem Haus, klopfen an der Tür, an einer verschlossenen Tür. Sie öffnet sich, und Fred sieht sich selbst. Der Mann, der den Verhungerten öffnet, ist eine zweite Version vom ihm, eine Projektion. Es wundert ihn nicht. Fred hört den Hund knurren und schaut durch das Fenster, es ist für ihn ganz normal. Einer der Verhungerten, es sind fünf Erwachsene und ein Kind, streckt die Hand aus und sagt B-bbitte. Wir stehen auf der Straße, vor dem Nichts. Bitte, hilf uns. Wir haben ein kleines Kind zu versorgen. B-bbitte. Die andere Version von Fred, die er durch das Fenster sieht sagt, stirb, dann bleibt uns mehr. Der Eishund leckt sich die Lefzen. Das Fenster geht zu. Der Hund verwandelt sich in einen Wolf, der einen blutroten Mond anheult. Der Wolf verwandelt sich in eine Taube. Fred steht in dem blauen Raum und hört sein eigenes Echo. *Stirb, dann bleibt uns mehr.* Er hat ein Gefühl, alles richtig gemacht zu haben, dem Schicksal gut zugehört zu haben, der Stimme Gottes zu folgen. Und seiner. *Stirb, dann bleibt uns mehr.*

Das blaue Zimmer beginnt zu flackern wie ein Bild im Televisionator, wenn es nicht gut übertragen wird. Der Raum dehnt sich und zieht sich wieder zusammen. Ein leises Knurren. Ein Heulen. Ein Flattern. Ein dumpfer Ton im Hintergrund wie ein Herz, das schlägt. In Wirklichkeit liegt Fred neben seiner Anna im Bett. Sie schläft, er schläft, beide lächeln im Schlaf. Beide wissen, dass sie Poseidon im Herzen tragen. Gottes gerechte Stimme. Und schon allein deshalb kann ihnen gar nichts mehr passieren. Nie mehr. Sie sind beschützt. Und frei.

Flussaufwärts der Weißen Aist erfasst mich ein Hauch von Unbekümmertheit. Es ist die Natur, die die Sinne reinwäscht. Die Schönheit der Umgebung, die Schlichtheit bezaubert mich immer wieder. Ich brauche keine Hochhäuser, um ein Gefühl für die Weite zu bekommen. Die Weite ist nicht unbedingt im Sichtfeld, sie ist auch nach innen gerichtet. Und tief drinnen dreht der Geist seine Loopings in einer Art Hochschaubahnfahrt. Ich mache mir viele Gedanken beim Wandern, jetzt gerade komme ich in die Ortsmitte des Marktes Weitersfelden und sehe ein paar Wirte, die ich kenne, servus. Einer von ihnen zeigt auf die Schlagzeile einer Tageszeitung, auf der steht: Arbeitslosigkeit explodiert. Ja, das ist ein Thema, die Hunderttausende Menschen in Österreich betrifft und noch länger beschäftigen wird. Die, die Arbeit suchen, haben es schwer. Und die, die sie nicht suchen, werden auch nicht lange im Schoß des Sozialsystems hocken.

Albert Schweitzer hat einmal gesagt: »Der ärmste Mensch ist der, der keine Aufgabe mehr hat.«

Die Zahl der Arbeitslosen ist ein Warnhinweis in Bezug auf die wirtschaftliche Lage eines Landes. Der Begriff Arbeitslosigkeit kam überhaupt erst mit der Großen Depression in den 1890er Jahren auf. Arbeitslosigkeit reduziert die Lebenserwartung. Für Kinder von Arbeitslosen gibt's nur geringe berufliche Chancen. Untersuchungen der Universität Leipzig haben ergeben: Bei Männern reduziert Arbeitslosigkeit das Lebensalter um vierzehn-komma-drei Jahre, bei Frauen um zwölf-komma-sechs. Das ist viel, nicht?

Arbeitslosigkeit tritt dann ein, wenn es in puncto Jobs mehr Angebote als Nachfrage gibt. Das setzt Arbeitsmärkte und natürlich auch eine Arbeitsgesellschaft voraus, also Arbeitskräfte, die ihren Lebensunterhalt nicht über eigene Produktionsmittel wie Landflächen, Immobilien oder technische Produktionsmittel bestreiten können. Eine Masse solcher Menschen, die in einem System der Marktwirtschaft leben – das sogenannte industrielle Proletariat – entstand in der Frühmoderne mit den Bauernbefreiungen, der Bevölkerungsexplosion und der industriellen Revolution. Die damit entstandene soziale Frage, der Pauperismus, führte ab dem achtzehnten Jahrhundert zu ersten Formen staatlicher Straf-, Erziehungs- und Sozialsysteme und schließlich zur Beschäftigungspolitik. Die Lohnarbeiter organisierten sich ihrerseits in der Arbeiterbewegung, in Gewerkschaften, Arbeiterparteien oder im Genossenschaftswesen, um die mit Arbeitslosigkeit und fremdbestimmter Lohnarbeit verbundenen Probleme gemeinsam besser bewältigen zu können. Die Arbeitslosigkeit ist eines der zentralen Probleme der Wirtschaftspolitik. Sozial wie global: In Asien, aber auch im amerikanischen Bürgerkrieg sehen Forscher die Theorie vom Youth-Bulge bestätigt: Unterbeschäftigte junge Männer töten für Status und Macht. Was wiederum bedeutet: Arbeitslose junge Männer sind Ursachen für Kriege.

Auf der Straße Richtung Kaltenberg geht man noch ein paar Hundert Meter geradeaus und biegt dann rechts ab. Nach dem kurzen Abstecher in dörfliches Leben ist der Johannesweg-Wanderer auch schon wieder dort, wo er am liebsten geht: in freier Wildbahn. Über

Wiesen, deren Grashalme grüner sind als sonstwo auf der Welt, so viel regionaler Patriotismus darf schon einmal sein, über Waldwege, die wie aus dem Lehrbuch der Natur entspringen, so schön, wie sie sind, geht es am sogenannten Naturkino vorbei. Weiter nach Nadelbach, vorbei an der Jausenstation Maisnester und dem Silberberger Schnapsbrenner. Weil so ein Stamperl vom Klaren hat noch keinem schlecht getan, ganz im Gegenteil, und das sage ich als Arzt, bitteschön. Außerdem erleichtert so ein promillenter Schuss möglicherweise den Anstieg zur Kammererkreuzkapelle.

Genau hier ist auch die Spitze des mittleren Lilienblattes von unserem schönen Johannesweg. Der Blick reicht hinüber bis zu den Alpen und ist an klaren Tagen wie heute von einem besonderen Licht umhüllt. Als habe der liebe Gott eine Postkarte für die Ewigkeit abgeschickt. Ich atme jetzt ein paar Minuten in der Kapelle durch, bin auch nicht mehr ein ganz junger Hupfer, und mache mich auf nach Kaltenberg. Wind zieht auf, ich mache meine Jacke zu und denke mir: Alles wird gut.

KAPITEL 8
Die Mechanik der Unruh

Das Wir-Gefühl bringt uns noch alle um, denkt Aron. Er denkt es nicht laut, der Gedanke schießt ihm einfach ein, lässt sich nicht wegschieben, obwohl er wirklich andere Überlegungen anstellen sollte. Was er jetzt, nach Hakons amtlichem Abschiedsschreiben mit seiner Zeit anstellen solle zum Beispiel, dazu fällt ihm nämlich derzeit überhaupt nichts ein. In seinem Kopf geistert anderes herum, es keimt die Saat des Zweifels und des Widerstands. Man könnte auch sagen ein dickes, sperriges Aber.

Bislang ist die Gesellschaft, nun ja, die Gesellschaft. So wie die Welt eben die ist, die man kennt. Der Denkfehler an der Sache ist der Glaube, dass die Dinge, nur weil man sie gerade so erlebt, immer so bleiben werden. Das Leben im Jetzt, denkt Aron leise, scheint wie ein Leben ohne Zeit zu sein. Und das ist falsch. Nichts währt ewig, also warum soll das Leben, das er nun schon siebenundzwanzig Jahre führt, auch das Leben der nächsten siebenundzwanzig Jahre sein, und warum sollte es das einzige gute, das einzig richtige Leben sein? Immer öfter kommt er sich eingeengt vor. Als befände er sich im unteren Teil einer Sanduhr, und von oben rieselt die Zeit auf ihn herab, unablässig und gnadenlos. Unwillkürlich duckt Aron sich, als riesele tatsächlich etwas auf ihn herunter. Die Bewegung reißt ihn aus dem einsamen Grübeln. Esra, die dabei ist, das Essen für den Abend appetitlich herzurichten, steht gerade günstig für einen geistigen Austausch.

»Schatz«, sagt Aron, »hast du dir schon einmal überlegt, ob das alles … wie soll ich sagen … stimmt?«

»Was sagst du?« Esra weiß nicht, worauf er hinaus will. Bei aller gleichen Wellenlänge, die die beiden verbindet, hat sie keine Ahnung, was denn womöglich nicht stimmen soll. »Was meinst du damit? Das mit den Depeschen? Oder deinen Brotgeber, ich meine, deinen früheren Brotgeber?«

»Nein«, sagt Aron und setzt sich auf die Fensterbank. »Ich meine alles. Die Leute in Atlantis. Wie wir alle leben. Ist es die beste Form? Oder machen wir uns bloß etwas vor? Ist das nicht alles … durchsichtig wie eine Schimäre?«

»Ich weiß nicht, wo du hindenkst.« Sie streicht sich über die Augenbrauen, eine Geste, die er lange nicht bei ihr gesehen hat. »Wenn du wegen der Arbeit reden willst, können wir gerne –«

»Nein, wir reden einmal nicht über die Arbeit.« Seine Stimme klingt lauter, bestimmter, ein bisschen ungehalten. Er steht auf, macht ein paar Schritte, setzt sich wieder hin. »Es geht nicht immer um Arbeit und etwas Schaffen oder sonst was Sinnvolles. Dieses ewige Etwas-Großes-tun-müssen, dieses ständige Funktionieren, das ununterbrochene Laufen im Hamsterrad des Frohsinns. Das ist doch alles … ich weiß nicht … auf Dauer nicht durchzuhalten. Wer sagt, dass diese Gesellschaft gut ist, wenn wir nichts anderes kennen als das Gute? Wer sagt, dass dieses ganze Atlantis frei von Sünde, frei von Schmach, von Schimpf und Schande ist. Wer kann das behaupten? Belan? Du? Ich? Wer sind wir denn, um uns aufzuschwingen und mit der Keule der Rechtschaffenheit um uns zu schlagen. Wir guten Menschen! Alle sind redlich und leben nach hehren Motiven. Ja? Und was ist mit denen, die es nicht mehr tun? Es werden immer mehr. Das muss doch von irgendwoher kommen. Der Mensch ist offenbar kein lammfrommes Haustier, und dein Bruder ist gleich das erste Beispiel –« Er bricht ab. Zu spät. Die Worte sind draußen.

Esra wirkt, als verstehe sie gar nicht.

»Soll ich dir etwas verraten, mein lieber, schöner Schatz? Die Zivilisation, das ist die gebändigte Gewalt, verstehst du mich? Die Zivilisation, das ist der ewig unvollkommene Sieg über die Aggressivität des Primaten. Der Mensch ist ein Affe, genetisch unterscheidet er sich von ihm vielleicht durch fünf Prozent. Verstehst du? Kannst du mir folgen?« Wie ein Verrückter springt Aron auf und imitiert einen Gorilla. Er dreht sich im Kreis, gibt stoßartig Laute von sich und kratzt sich unter den Achseln.

Esra sieht ihm ruhig zu und macht keine Anstalten, irgendetwas erwidern zu wollen.

Aron verwandelt sich wieder in einen Menschen. »Wahrscheinlich bist du zu gut für diese Welt, mein Herz. Mit Sicherheit bist du das. Zu gut, zu moralisch gefestigt, zu ethisch verwurzelt. Was weiß ich. Die Gesellschaft, das sage ich dir, ist nicht wie du.«

Er setzt sich erneut auf die Fensterbank.

»Vielleicht …«, er überlegt, »… vielleicht braucht es überhaupt ganz andere Strukturen. Belan und die anderen elf, verstehst du? Immer weiße wallende Gewänder, die Haare im Wind verweht, ätherische Gedanken über die Lieblichkeit.«

Schon springt er wieder auf.

»Wer braucht das, frage ich dich. Die Zeiten werden nicht besser. Schau dich um, gerade noch hast du eine redliche Arbeit, der du nachgehst, und zack, weg ist sie! WEG! Du bist einer Gesinnung gefolgt, und auf einmal kommt das Schicksal daher und stellt dir ein Bein oder gleich zwei. Und gleich darauf kommt noch eine Abzweigung. Du hast das Schild gar nicht gesehen, das gezeigt hat, Vorsicht, mein Freund, hier kannst du schon abbiegen, aber ich würde es dir nicht raten. Ja, du hast richtig gehört: *aber!*«

Aron spricht immer schneller. Er redet sich in eine Art Trance.

»Aber wir kennen das Aber in unserer Sprache gar nicht, deshalb biegst du trotzdem ab. Mit dem Aber wärst du wenigstens gewarnt. Aber so bist du … zack, einfach weg, in der Kacke gelandet. Keine

Arbeit. Schau dir diesen Scheißbrief an, der da draußen liegt. Er hat mein Leben beendet, mein Leben, wie ich es bis jetzt kannte.«

Esra ist erschrocken. Er benutzt das Aber, er schimpft, er spricht in der Vergangenheit, er macht ihr Angst. Dann verwirft sie das Gefühl wieder, er durchlebt schwierige Zeiten, da muss nur was raus.

Aron deutet ihr Schweigen anders. »Ah, ja natürlich, ich sehe schon. Das interessiert dich nicht. Die Docea ist so sehr mit sich beschäftigt, dass an anderer Leute Gedanken keine Energie verschwendet wird. Auch gut. Rede ich eben für mich weiter. Das Ego ist ja modern derzeit. Wo war ich? Ach ja: Wahrscheinlich braucht es nicht nur neue Arbeit, vielleicht muss gleich viel mehr erneuert werden. Die Gesellschaft dümpelt vor sich hin, erstickt im Müßiggang. Alle sind satt und froh und lässlich zufrieden. Es gibt keine Reibungspunkte, keine Ecken und Kanten, nichts, was das Leben lebenswert macht.«

Aron macht eine Atempause. Er hört sich selbst, weiß, dass er sich in eine Art Gedankenstrudel hineinredet, er will nicht aufhören, kann nicht aufhören. Wie manisch zieht er seine Kreise im Zimmer.

»Und genau hier ist der Anknüpfungspunkt, mein edles Schätzchen. Alles zerbricht. Die Welt, unser Atlantis braucht keine zwölf Schöngeister, die sich in einem Palast um einen Kristall herumstellen und mit den Händen einen Kreis bilden. Es braucht kein Dutzend Betmönche, die Ringelreihe spielen und so tun, als hätten sie die Energie erschaffen, oder die Pyramiden im Kanon besingen und glauben, nur sie halten die Welt am Drehen. Vielleicht braucht es nur einen Regenten, verstehst du mich? Einen starken Mann, der sagt, was Sache ist. Der den Flohzirkus zusammenhält. Der auf den Tisch haut und regiert!«

Zur Veranschaulichung haut Aron mit der Faust so auf die hölzerne Tischplatte, dass Esra zusammenzuckt, ehe er weiter Wörter herausspuckt wie fauliges Wasser.

»Regieren! Um das geht es, um nichts anderes. Das Schwungrad am Laufen halten. Damit die Uhr nicht stehenbleibt. Kennst du diese Chronosonnen? Weißt du, wie es drinnen ausschaut? Kapierst du die Mechanik der Unruh? Ticktack-ticktack. Ticktack-ticktack.«

Mit dem rechten Finger zeichnet er ein imaginäres Sonnenuhrblatt in die Luft.

»Ticktack-ticktack. Ticktack-ticktack. Die Zeit läuft ab, und wir sind die Zeiger, drehen uns im Kreis und bleiben irgendwann stehen. Und dann ist es aus. Vorbei. Willst du das? Ein ordinärer Zeiger sein? In einem Uhrwerk, das nicht mehr ineinander zahnt. Die Sonnenuhr geht ewig, weil die Sonne ewig scheint. Dass ich nicht lache. Die Zukunft ist eine kaputte Uhr. Das sage ich. Ticktack-ticktack. Ticktack-ticktack. Und Schluss.«

Aron bleibt abrupt stehen, als katapultiere ihn gerade wieder etwas auf die Erde zurück. Er lässt die Arme sinken und neben seinen Körper baumeln.

Esra sieht ihn eine Weile an: »Ist dir jetzt leichter?«

»Nein«, faucht Aron. »Ich bin Scriber, verstehst du. Nein, falsch, ich war Scriber. Aber das ist nicht nur ein Beruf, den man ablegen kann, weißt du. So was hört nicht einfach auf, nur weil jemand einen Brief schickt. Ich bin Scriber auf Lebenszeit. Nur: Sie brauchen ausschließlich angepasste Automaten, keine Mitdenker.«

»Bis zu einem gewissen Grad hast du Recht«, sagt sie. Sie will sich vorsichtig herantasten, woran auch immer.

Aron deutet auch das anders. »Da bin ich aber froh, dass mich jemand so tiefgreifend versteht. Was würde ich nur ohne dich machen, Esra? Eine Docea als Partnerin zu haben, reicht, und die Welt ist wieder in Ordnung, egal was passiert? Glaubst du das?«

»Aron, bitte. Ich möchte dir doch nur helfen. Ich ha-«

Er schneidet ihr das Wort ab. »Danke. Auf diese Hilfe kann ich verzichten. Wenn ich mir schon diesen pseudo-gütigen Blick anschaue, wird mir schlecht.« Er äfft sie nach und faltet die Hände wie zum Gebet. »Demut, mein Name ist Esra. Da kann man sich –«

Ihre Augen werden wässrig. Sie versucht dagegen anzukämpfen, die Hände zittern vor Aufregung. Es ist ihre erste Uneinigkeit, und obwohl sie seine Lage versteht und versucht, es über sich ergehen zu lassen, gerät alles außer Kontrolle. Dann, von einer Sekunde auf die andere, wallt etwas auf in ihr. Esra verliert die Beherrschung. »Es ist genug«, zischt sie. »Du bist nicht der einzige Mensch auf der Welt, dem etwas Unfassbares widerfährt. Ja, es gibt nicht nur Gutes auf dieser Welt. Es gibt auch das Nicht-Gute. So wie Plus und Minus. Gäbe es die Schatten nicht, wäre da auch kein Licht. Das wissen wir auch hier, in Atlantis, wir wollen es nur nicht zum Prinzip werden lassen, dass eins davon dominiert. Wir suchen den Ausgleich. Auch wenn es derzeit so gar nicht danach aussieht, als würden wir ihn finden. Jetzt spreche ich es einfach aus: Bist du zufrieden?«

»Oh, die Philosophin mit der Weisheit des Tages. Danke für die Lektion, Frau von Welt. Was würde ich nur ohne dich tun.«

»Gute Frage. Vielleicht solltest du das einmal überlegen.« Jetzt kullern ihr doch die Tränen über die Wangen. »Ich kann gehen. Du brauchst nur ein Wort zu sagen, und ich bin weg.«

»Das Weglaufen liegt bei euch ja in der Familie.« In der Sekunde, in der dieser Satz auf der Welt ist, will Aron ihn zurücknehmen. Wieder zu spät.

Sie empfängt die Salve stolz und im Stehen. Und sie rührt sich ein paar Sekunden nicht, Sekunden, die beiden wie ein Eismeer vorkommen. So eingefroren sie vor ihm ausharrt, so sehr wirbelt es sie innerlich durcheinander. Dabei geht es ihr nicht darum, ihm die Stirn zu bieten. Sie will das Gesicht vor sich selbst wahren. Stärke liegt ihr ihm Blut, auch wenn sie sie nicht fühlt in diesem Moment. Sie weiß, dass sie da ist. Und dann jagt ein Gedankenfetzen den nächsten.

Diese Rechtschaffenheit hat sie von ihrer Mutter. Nicht von ihrem Vater, diesem selbstsüchtigen Phantom. Wie sie es Aron erzählt hat bei ihrem ersten gemeinsamen Abendessen. Der Vater lässt die Familie sitzen und verschwindet, bevor sie aus der Wiege ist. Paul ist damals fünf. Sie kennt nicht einmal den Namen ihres Vaters und auch nicht den Grund für seine Flucht, möglicherweise eine andere

Frau oder ein Ausbruch aus dem Käfig der bescheidenen Gleichförmigkeit, den ihre Eltern bewohnen. Vater, ha, sie nennt ihn nur das Phantom. Für sie hat er kein liebendes Gesicht, er trägt die Fratze eines Gespensts und greift mit den langgliedrigen Fingern kalter Hände nach ihr, Hände wie von einem Toten. Ihre Mutter dagegen, so eine schöne Frau, schuftet ihr Leben lang, um Esra und Paul aufzuziehen. Dann kommt das Fieber, es steigt und steigt, bis ihre Stirn glüht, wochenlang liegt sie im Gesundenhaus, und die Heiler sind ratlos. Eines Morgens wacht sie nicht mehr auf. Poseidon ist grausam, denkt Esra, und die Götter sind nicht einmal gelangweilt. In der Dämmerung der Zeit liegt die Bedeutungslosigkeit des Moments. Augenblicke wie Silberfische. Huschen davon. Gerne würde sie ihrem Vater sagen, was sie von jemandem hält, der eine Mutter mit einem Baby und einem kleinen Buben im Stich lässt. Was kann so wichtig sein, um das aufzugeben und die Existenz in der Ungewissheit zu suchen, oder im Schoß einer anderen Frau.

Esra steht immer noch. Getroffen und doch nicht wirklich verletzt. Zumindest nicht von Arons unbedachtem Ausspruch. Er ist nicht schuld an dem Bruch in ihrer Familie, nicht schuld an dem, was ihr Vater getan hat. *Das Weglaufen liegt bei euch ja in der Familie.* Der Satz war so gemein, und doch so wahr. Endlich bewegt sie sich.

Auch Aron setzt sich jetzt in Bewegung, kommt zu ihr, will sie umarmen. »Entschuldige bitte, mein Herz, ich meine das nicht so.«

Sie schlägt seine Arme beiseite, und dann bricht es aus ihr heraus. »Natürlich«, schluchzt sie. »Du hast sie noch, deine glückliche Kindheit, du hast noch beide Eltern. Beide. Sie haben dich aufgezogen mit all der Liebe, die Vater und Mutter einem Kind geben können. Halten, beruhigen, beschützen. Das alles in einer hübschen Gegend, wo die Sonne die Erde wärmt. Wo mehr Blumen blühen als anderswo, rot und gelb und blau und violett, und …«

Die Bilder überblenden sich vor ihr. Dort seine Idylle, hier ihre überschattete Kindheit. Auf einmal fährt ihr die Ungleichheit in die

Glieder. So sollte es nicht sein. Es ist nicht gerecht. Und Aron, der Privilegierte, ist nicht in der Position, sie zu maßregeln.

»Natürlich«, zischt sie ihn noch einmal an, »kann man da satt auf andere Menschen hinunterschauen, nicht wahr, Aron? Haben dir das auch deine wunderbaren Eltern beigebracht, dieses Übermaß an Hochmut? Er ist auch nichts Gutes, dieser Hochmut, er ist ein verkehrter Wesenszug. Und er wird auch nicht besser, wenn du ihn noch so wunderbar beherrschst. Vielleicht solltest du dich ein bisschen mehr um deine Eltern kümmern. Ihnen deine Docea einmal vorführen. Normale Paare stellen die Verwandten vor. Du nicht. Vielleicht bin ich nicht gut genug? Ist es das?« Sie schluchzt wieder.

»Esra ... bitte ... verzeih. Ich habe es wirklich nicht so gemeint. Ich weiß, dass du und deine Mutter es nicht leicht hatten, dein Bruder auch nicht. Du kannst stolz auf sie sein. Sie wird immer in deiner Vorstellung leben. Paul hat sie ermöglicht, einen Bauernhof zu führen und die Menschen mit Nahrung zu versorgen. Du solltest Wissen weitergeben. Das hat sie sich gewünscht. Sie hat alles für dich getan. Die Ausbildung. Die Gemeinschaft. Eben Docea zu werden. Ohne sie hätte dir der Wissenskristall nie diese Sphären eröffnet.« Er macht eine Pause. »Ich liebe dich doch.«

Sie sieht ihn an, als hätte er ihr Rosen vor die Füße geschmissen. Dann schluckt sie. Schaut auf den Boden.

Aron macht erneut Anstalten, sie zu umarmen, Esra lässt es geschehen, ohne selbst etwas dazu zu tun. Er drückt sie an sich, sie stemmt sich von ihm ab. Er lässt nicht locker, sie gibt nach. Sie halten sich aneinander fest, umfassen gleichzeitig den Augenblick als kleines Wunder, wie eingeschlossen in einen Kokon aus Bernstein.

So stehen sie da in der Mitte des Raumes. Sie vergessen. Den Ausbruch, die Worte und vor allem den Grund dafür. Nur eins können sie nicht vergessen. Weil sie es nicht bemerken. Die unsichtbare Kamera, die um sie herumfährt. Die Kamera, durch die Malestro sie beobachtet. Durch die Magie seines rot lackierten Würfels dringt er ein in ihre Emotionsebenen und sieht sich dort um wie in einem

Museum fremder Gefühle. Alles ist da. Liebe und Schmerz, Hoffnung und Furcht und vor allem: Existenzsangst. Für ihn ist sie neu, Esra unterdrückt sie schon lange.

Ja, das ist gut, denkt Malestro. Wer dem Morgen kein Vertrauen schenkt, wird im Heute die falschen Entscheidungen treffen. Malestro ist vollauf zufrieden. Er hat sich darauf eingerichtet, sie manipulieren zu müssen. Aber. Es ist nicht nötig. Die beiden nehmen ihm die Arbeit ab. Hier und da eine kleine Korrektur, den Vater zum Beispiel hat er ihr in die Gedanken geschickt, was für eine simple Übung. Den Rest, denkt er bei sich, erledigen sie alleine, wie von selbst. Die Menschheit ist so tumb und verbohrt, dass sie ahnt, wo das Verderben liegt und trotzdem hineinläuft. Im ewigen Drang, etwas schaffen zu wollen, das ohnedies zusammenbricht, weil nichts ewig währt, probiert sich der Mensch als Architekt einer kleinen Welt. Alles im Wissen, dass seine Zeit auf diesem Kontinent namens Atlantis nur von kurzer Dauer ist. Deshalb will er etwas bauen, der Mensch, für sich und für die Nachwelt. Um sich ein Denkmal zu setzen. Sie wollen nicht zu Staub zerfallen und zu Asche werden, ohne eine Büste aus Bronze aufzustellen, auf der ihr Name steht, dazu das Geburtsdatum und das Todesjahr. Menschen, denkt Malestro.

Sich selbst sieht er als Feldherren, dessen stärkste Waffe es ist, unsichtbar zu sein. Er kann sich komplett aus dem Geschehen nehmen, als sei er nie da gewesen. Auftauchen und verschwinden. Ein Phantom aus eigenen Gnaden. Ein Gott aus Zellophan. Wenngleich er sich an besonders stillen Tagen fragt, ob es nicht spannender wäre, sich doch in das Geschehen einzubringen. Als Spielfigur. Vielleicht als Marschall, als Baron oder gleich als König. Es bräuchte nur ein paar neue hierarchische Systeme, die ihn kraft seiner Existenz legitimieren. Er könnte auch eine Freikirche gründen, Jünger anlocken und sich zum Papst ernennen. Menschen brauchen Figuren, zu denen sie aufschauen können. Jedenfalls kann er sich eine hübsche Uniform vorstellen oder eine große goldene Haube, die oben spitz zuläuft, dazu einen Stab aus pulsierendem blauem Licht. Das würde

Eindruck machen. Er träumt kurz von der sichtbaren Herrschaft. Dann verwirft er sie. Darum geht es ihm nicht. Er schaut wieder durch die Kamera.

Aron und Esra hängen immer noch aneinander, als es an der Tür klopft. Aron öffnet sie ganz. »Ah, Colin, mein liebster aller Postmänner.«

»Das ist einmal eine Begrüßung«, sagt Colin. Wie immer trägt er eine grüne Joppe und grüne Hosen, dazu einen lustigen Hut. Im Ganzen wirkt er wie ein zu groß geratener Frosch. Colin ist bekannt für seine überbordende Herzlichkeit. Er bringt Briefe und gute Laune, das eine nie ohne das andere. Er legt es darauf an, dass die Menschen automatisch lächeln, wenn sie ihn sehen, und es gelingt ihm. Manche gehen sogar soweit, zu behaupten, der Postfrosch bringe Glück. »Ich grüße dich, Aron. Oh, ich sehe, du hast schönen Besuch. Hallo, Esra. Ich grüße auch dich.«

Beide heben die Hand, nicken. Und lächeln.

Colin kramt in seiner grünen Tasche und holt einen Brief hervor. »Hier, bitte sehr, Aron. Ich hoffe, die Dinge entwickeln sich zu eurer Zufriedenheit.«

Esra will einen Kommentar loswerden, Aron kommt ihr zuvor. »Wir bemühen uns. Es ist nicht immer leicht, wie du weißt, es braucht einen starken Glauben an die Tage, die zum Jetzt werden. Du kennst ja, wie das ist.«

Colin lacht. »Ja, jeder Tag ist wie ein Brief. Du bekommst ihn zugestellt, und weißt nicht, was drinnen steht. Du öffnest ihn und erfährst etwas. Großartig nicht?« Seine Züge hellen sich noch eine Spur mehr auf, er ist ein Sonnenscheinchen. »Lange Tage und angenehme Nächte.«

Aron grüßt zurück und nimmt den Brief entgegen. Erst nachdem Colin pfeifend draußen ist, reißt er das Kuvert auf.

»Ich gehe nur schnell unters laue Wasser, Schatz«, sagt Esra.

»Klar.« Aron nimmt den Brief heraus, auf dem steht.

Ankündigung einer Aufkündigung

Werter Aron,

geschätzter Bewohner des Hauses Frohlocke 9 mit der Einheit K3 im Kombinat II, wir müssen Sie in Kenntnis setzen, dass das für unbestimmte Dauer festgesetzte Recht auf Wohnen an obiger Anschrift aufgehoben wird. Grund ist die Ankündigung einer Aufkündigung seitens der Sammelstelle für Öffentliche Depeschen und Ihrer verwichenen Funktion ebendort. Die ökonomische Voraussetzung für eine Wohnung dieser Klasse ist nicht mehr gegeben, mithin werden Sie aufgefordert, die Adresse zum nächsten Neumond zu verlassen und den Aufenthalt ordnungsgemäß zu räumen. Zudem ist eine Reinigung vonnöten. Der Heimkontrolleur wird eine solche Säuberung nach dem Attribut besenrein voraussetzen. Sollten Sie noch Fragen zu Ihrem weiteren Verbleib haben, können wir diese leider nicht beantworten.

Mit freundlichen Grüßen
Ihre Amtsleitung für Glückliche Bleibe

Aron liest den Brief dreimal. Es steht jedes Mal das gleiche drin. Zuerst ergeben die Sätze keinen Sinn. Dann erfasst er den Sinn und glaubt ihn nicht. Schließlich glaubt er den Sinn und zerreißt den Brief. Die Papyrusfetzchen regnen auf ihn herunter.

Esra bekommt nichts davon mit. Sie trocknet sich die Haare, schaut sich ins Spiegelglas und verliert sich darin. Sie sieht immer noch bleich aus, nach den Tränen und den in sie hineingestochenen Worten. Streiten ist eine Kunst, die man nicht lernt in Atlantis. Obwohl sie es jetzt erlebt hat, weiß sie nicht, wie es geht. Offenbar genügt es, dass sich der Kopf ausschaltet, und der Körper von selber feuert. Es ist so … unnatürlich. So verkehrt. Vergeudete Zeit. Vergossenes Glück. Verschüttete Möglichkeiten.

Das Spiegelglas zeigt ihr ihre Augenringe. Kein Wunder, denkt sie bei sich. Zu viel ist passiert in den vergangenen Wochen und Monaten. Seit dem Wanntag und der Sache mit dem Stein sind vier Monate vergangen. Vier Monate seit dem verletzten Kind, dem ersten aller schrecklichen Neuheiten, derentwegen Atlantis auseinanderdriftet. Während Aron und sie einander lieben, geht die Welt in Stücke. Paul ist ein anderer Mensch. Leia stirbt um ein Haar. Eine Frau stiehlt fast den Energiekristall. Aron schlägt einen Fremden. Alle hören Stimmen. Die Sprache ändert sich. Das Aber trommelt zur Rebellion. Die Vergangenheitsform der Sprache holt das Gelebte ins Jetzt und zwingt die Menschen, das Gewesene hervorzukramen. Was vorbei ist, ist nicht vorüber. Was kommen wird, ist jetzt fast da. Die Tage, die zum Jetzt werden, werfen heute schon dunkle Schatten.

Esra spritzt sich noch einmal laues Wasser ins Gesicht. Sie trocknet sich ab und will zurück zu Aron. Auf halbem Weg bleibt sie stehen und lugt ins Schlafzimmer. Das Bett ist nicht gemacht, komisch, so was passiert ihr sonst nie. Dem Bett sieht man nie an, wie aufwühlend die Nächte sind. Sie schüttelt die Kissen auf, streicht das Leintuch zurecht und legt die Tagesdecke drüber. Komisch, wir haben gestern doch gar nicht hier geschlafen, denkt sie leise. Schon wieder drängt sich die Vergangenheit herein, aber das ist ihr nicht bewusst. Unwillkürlich holt sie sich das Gelebte vor Augen. Nach dem Ausflug war Aron allein daheim. Außerdem räumt auch er immer alles auf, seit er sie kennt. Sie geht ums Bett herum, und zupft hier und dort eine Falte weg. Auf ihrer Seite ist alles in Ordnung. Kurz riecht sie die Lustbarkeit, die noch im Stoff hängt. Versonnen zupft sie weiter. Bis sie den Schutzhüter in der Hand hat. Sie betrachtet ihn fast wissenschaftlich. Ein Schutzhüter, denkt sie bei sich. Wir verwenden keinen.

Und doch ist er da.

Traumhafter Tag. Blitzblauer Himmel. Weißbauschige Wolken. Eine Luft wie aus den Bergen geweht. Ich komme mir vor wie ein Wanderer, der zu sich gefunden hat. Wäre ja traurig, wenn nicht. Der Johannesweg ist mein Sinnbild der Zuversicht. Dass alles geht. Dass es geht, wenn es schwierig scheint. Wenn Hindernisse auftauchen. Wenn man sich selbst nicht grün ist. Ich nehme mich da nicht aus. Auch ich bin ein Getriebener der Zeit und der Umstände. Als Hautarzt zwickt es einen schon manchmal, der Beruf ist nicht unbedingt etwas, wo man sagt, puh, heute mach ich blau, ja, heute lass ich die Patienten krank sein, ich bin auch nur ein Mensch. Das heißt, ich muss mir die Zeit freischaufeln. Der Johannesweg erdet mich, holt mich auf den Boden der Tatsachen zurück.

Schau, wie schön. Silberberg. Eine Ortschaft wie ein Märchen. Mitten in der Natur- und Kulturlandschaft. Ich liebe das Land, aus dem ich komme, ja, das tue ich, ich bin stolz auf die Gegend, auf die Pracht des Mühlviertels. Durch Silberberg und vorbei an der Jausenstation Langoth nach Kaltenberg. Silberberg, Kaltenberg, klingt als wären wir in alpinen Gefilden, ist aber hier eben und nur manchmal hügelig. Wie der Weg, der durch ein Menschenleben führt. Bevor man den Ortsplatz im warmherzigen Kaltenberg erreicht, kommt man an der Ursprungskapelle vorbei und am Augenbründl. Beachtlich. Sehenswert dieses Augenbründl, auch die Marien-Wallfahrtskirche. Der Sage nach soll es im sechzehnten Jahrhundert hier eine Marienerscheinung gegeben haben. Mir offenbart sich die Maria nicht, das macht nichts, ich glaube auch so an sie und den lieben Gott, ich brauche keine Beweise. Die Antworten sind in einem selbst. Man muss sie nur finden.

Ich bin ein Kind der Natur, ein Mann der Tat, ein Mensch der Umwelt. Einer, der sich bewusst ist, was das Leben zu bieten hat. Und dass das Leben ein Geschenk ist, das manchmal in der Verpackung einer Bürde daherkommt. Die Last des Zweifels und die Furcht vor dem, was kommen mag. Ehrlich gesagt, habe ich die manchmal auch, liebe Freunde.

Der in Polen geborene Journalist, Satiriker und Aphoristiker Gabriel Laub hat einmal gesagt: »Existenzangst? Es gibt einige Zeitgenossen, deren Existenz mir mehr Angst einjagt als die meine.«

Geht mir genauso. Trotzdem, da nagt schon leise das Schreckgespenst der Veränderung. Existenzangst, scheint mir, beginnt dann, wenn der Mensch seinen gewohnten Lebensstil gefährdet sieht. Wenn ihm die Felle davonschwimmen. Wenn alles den Bach runtergeht, wie man so sagt. Natürlich geht es dabei ums Geld. Freilich. Immer geht es irgendwie um den Zaster.

Man kann sich nicht vorstellen, wie es gehen soll, mit weniger Geld die Familie satt zu kriegen. Man kann sich nicht ausmalen, wie es möglich sein kann, das zu verlieren, was man sich aufgebaut hat. Man kann sich nicht denken, wie es so etwas geben könnte: eine Welt ohne Geld. Ohne die schicken Autos, die großen Häuser, die teuren Uhren, den Schmuck um den Hals und an den Fingern, die funkelnden Diamanten, die sonnengelben Goldbarren, die Aktien, die Anleihen, die Luxusurlaube in der Südsee, die Yachten, die Flugzeuge, der Status am Beginn der Nahrungskette. Aber ist es das wirklich?

Existenzangst wird leicht mit kapitaler Sorge verwechselt, glaube ich. Es ist vielmehr die Lebensangst. Die böse Schwester des Urvertrauens. Wenn das Urvertrauen nachlässt oder gar fehlt, kommt die Lebensangst daher und flüstert: Schaut nicht gut aus, gell? Hast du dir schon einmal überlegt, was passiert, wenn du morgen keine Marie mehr hast? Das Geld macht dir Sorge, mein Freund? Zurecht. Wer kein Geld hat, hat nichts vom Leben. Pleitegeier erwartet ein Lotterleben. Wenn du nicht im Geld schwimmst, sitzt du auf dem Trockenen, und zwar für immer. Deine Existenz ist zerstört, bald nicht mehr da, verloren in der Bedeutungslosigkeit. Alles steht auf tönerner Erde oder auf dünnem Eis, das knackt und Risse schlägt.

Man lebt mit der Illusion der Kontrolle. Man meint, man überwacht, was passiert. Man hat alles im Griff. Und dann kommt die Vorsehung daher und stellt dir das Haxel. Bumm. Auf einmal liegst du auf dem Boden, schaust dich um, beutelst den Kopf und wunderst dich, wie das jetzt hergegangen ist. Wo du doch alles so im Griff, so unter Kontrolle hattest. Und wie's weitergeht, sagt dir niemand, nicht einmal der Optimist in dir. Und dunkel dräut das Morgen.

Ja, diese Schwester namens Existenzangst ist eine Hexe. Und ich möchte hier bitte keineswegs etwas verharmlosen. Existenzangst ist etwas, von dem eine ernstzunehmende Gefahr ausgehen kann. Die einen sind sich ihrer zu sehr bewusst und werden von der bloßen Möglichkeit des Verlustes krank. Den anderen ist sie so wenig bewusst, dass sie, hühott, sechsspännig in den Untergang rasen. Beide sind ihre Opfer.

Und doch ist selbst die Existenzangst nicht ganz so schlecht wie ihr Ruf. Sie hat auch ihre guten Seiten. Sie ist ein properes Strategiemittel, um höhere Ziele zu erreichen. Von nix kummt nix, sagen wir Oberösterreicher. Das heißt, streng dich an, tu was, pass auf dabei, dann wird das schon was. So oder so wirst du weiterkommen. Du musst nur einen Schritt vor den anderen setzen. Wie ich gerade. Ohne Ausrede. Steh auf und geh. Es tut nicht weh. Genau so. Jetzt hast du ihn besiegt, den inneren Schweinehund.

KAPITEL 9
Im Stress

Belan erfährt die Nachricht telepathisch. *Horvin* ist tot. Er versteht die Worte, das schon, er versteht sie nur einzeln: Horvin. Ist. Tot. Verbindung kann er keine zwischen ihnen herstellen. Horvin ist nicht tot. Er ist sein Freund. Er ist Hohepriester. Er kann nicht tot sein. Sasklevia muss sich irren.

Belan geht auf und ab. Getrieben, von der Unrast, der Trauer, der Fassungslosigkeit. An sich fühlt er sich im Tempel des Poseidon wohl, es ist sein Zuhause, das er Zeit seines Lebens in Demut bewohnt. Das ist seit ein paar Minuten anders. Seit der Nachricht, dass Horvin tot ist. Alles wirkt fremd, kalt, bedrohlich wie ein Karzer. Horvin, eleganter Hohepriester, treuer Begleiter auf Lebenszeit, Hüter des Energiekristalls, nicht mehr unter ihnen. So plötzlich. Wie immer, wenn es aus ist, einfach aus.

Sasklevia schickt noch eine Mitteilung. *Alle sind schockiert. Keiner kann es glauben. Ein Unfall. Aufgelöst in Nichts. Bin gleich da. Wir müssen reden. Auswirkungen. Jede Menge. Auf alles.*

Aufgelöst in Nichts? Was meint sie damit? Belan kann sich auch darauf keinen Reim machen, er fühlt nur eine Tragödie mit Tragweite. Da ist nicht nur ein Todesfall zu betrauern, da ist etwas Grundsätzliches passiert, etwas, das die Grundfesten von Atlantis erschüttert. Ein Hohepriester hat nicht einfach so einen Unfall. Er stirbt nicht wie eine Fliege, die sich im Netz einer Spinne verfängt.

Oder doch? Es muss anders sein, denkt er bei sich, es muss etwas dahinter stecken. Nicht nur das Offensichtliche.

Horvin ist tot.

Langsam nehmen die drei Worte Gestalt an. Tragen Horvins leblose Züge. In Zeitlupe schüttelt Belan den Kopf, hin und her. Hin und her. Als werde er nie wieder aufhören können damit. So viel Miteinander, so viele Erlebnisse. Freunde von Kindesbeinen an. Wie Brüder. Enger noch, Zwillinge im Geiste. Er sieht es noch vor sich. Sie studieren die geliebten Alten Schriften, ackern sich durch die Großen Lehren, fragen einander aus und prüfen sich gegenseitig ab. Und dann der Sport, ihr gemeinsamer Ausgleich in jungen Jahren, das Spiel mit dem Lederball, das Langelaufen, einer Ansporn für den anderen, das Schwimmen gegen die Chronosonne. Die geteilten Zeiten sind wieder lebendig, Belan erlebt sie noch einmal, wie durch einen Beschleunigungsapparat werden sie vor ihm abgespult. Die Gefährtinnen, vor denen sie sich als Brüder ausgeben oder als Besucher aus entfernten Areas. Sie schlüpfen in fremde Biografien, erfunden, wie es ein Scriber mit seinen Figuren macht. Manchmal sind sie bescheidene Köpfe vom Land, die noch keine große Stadt gesehen haben, manchmal Hofherren von den Plantagen auf der Sonnenseite von Atlantis, dann wieder präsentieren sie sich als kleine Lichter, die sich von irgendwem die Welt erklären lassen. Sie sind Wartungspersonal, die den Betrieb einer Transportationsstation auf vierundzwanzig Stunden lahmlegen, Feuerwärter, die ein Brandpflaster erfinden, oder Leichenwäscher, die auf dem Markt nach einem Duft fragen, der auch für sie stark genug ist. Es bereitet ihnen eine diebische Freude, andere Identitäten anzunehmen. Horvin sagt von sich, er käme überhaupt von einem anderen Kontinent und spricht zum Beweis in einer Fantasiesprache, die er Englisch nennt. Englisch, das fasziniert die Mädchen, sie versuchen ihm Atlantisch näherzubringen, oft mit Händen und Füßen und dem Rest ihres Körpers. Er stellt sich möglichst begriffsstutzig, das steigert den weiblichen Ehrgeiz und bringt ihn schneller ans männliche

Ziel. Horvin, der Frauenheld. Am nächsten Morgen klärt er seine Sprachhelferinnen auf, sie schmeißen ihn vor der ersten Jause aus dem Haus, und er denkt sich die nächste Identität aus. Das soll jetzt alles vorbei sein? Weg die Vitalität der Jugend, die auch seine Weisheit im Alter noch beflügelt? Dahingerafft von einem … Unfall?

Horvin ist tot. Die Endgültigkeit ist so schnell gesagt.

»Belan?« Sasklevia steht im Raum mit Aleph.

Belan hat sie nicht kommen gesehen.

»Bitte setz dich«, sagt sie, ihr Vorbiss scheint heute noch weiter nach vorne gerutscht zu sein. Sie und Aleph machen eilfertige Gesichter. Belan findet das unangebracht, da gerade einer von ihnen für immer gegangen ist.

»Ja, setz dich«, sagt Aleph. »Wir können es alle nicht glauben.« Auf eine bestimmte Art haben die Worte einen Misston. Als spazierten sie nicht ganz aufrichtig aus dem Mund.

Sasklevias Stimme klingt eine Oktav tiefer als sonst. »Es ist heute früh passiert. Wir wissen noch nichts Genaues. An der Teleportationsstation Neun. Area Vier. Horvin will seine Enkel besuchen. Er sagt, er werde zwei Tage fort sein und seine Familie von Angesicht zu Angesicht sprechen. Er mache sich Sorgen um irgendetwas. Naja. Es gibt einen Mann, der dort in der Station irgendwelche Wartungsarbeiten durchführt …«

Horvin stutzt. Wie damals, denkt er bei sich, damals bei dem Streich. Gleich darauf weiß er, es ist Wunschdenken, nur ein Stichwort aus der Welt ihrer Jugend.

»… er sagt, er hat Horvin gesehen. Aufgeregt und etwas rastlos. Er hat an der Einstellung herumgewerkt, bevor er den Start aktiviert hat. Jedenfalls ist er nie angekommen. Nicht im …« Sasklevia macht eine Pause und sieht Belan in die Augen: »Nicht im Ganzen.«

Belans Miene verfinstert sich: »Wie meinst du?«

»Bei der Übertragung ist etwas schiefgelaufen. Der Vorgang wurde unterbrochen oder gestört, man spricht von einem Energieabfall beim Teletransport. Niemand weiß etwas Konkretes.«

»Ah. Schiefgelaufen«, echot Belan sinnlos. Er versucht sich zu fassen, hält sich mit der Hand an seinem Arbeitstisch fest.

»Die Partikel konnten nicht mehr zusammengesetzt werden«, sagt Aleph. »Er hat sich buchstäblich aufgelöst. Das ist noch nie passiert.«

»Ah. Aufgelöst«, wiederholt Belan mechanisch.

Sasklevia fährt fort: »Schrecklich. Unfassbar. Wir bedauern es zutiefst. Niemand rechnet mit so etwas. Einer von uns! Ein Hohepriester, der bei einem Reiseunfall im Quantenuniversum aufgeht … Bei Poseidon! Und jetzt ist die Lage, wie soll ich sagen, prekär. Wir sind unschlüssig, wie wir mit all dem umgehen sollen, wenn du weißt, wovon ich rede.«

»Nein, ich weiß nicht, wovon du sprichst«, sagt Belan, auf einmal gereizt.

»Nun denn. Es geht um die Konvergenz.«

»Was meinst du damit?«

Aleph mischt sich ein. »Am besten, du kommst mit, Belan, die anderen sind auch schon da. Sie warten im Großen Saal.« Er deutet zur Tür.

Belan sieht hinüber zu Sasklevia.

Sie nickt mitleidig: »Bitte, nach dir. Wir sollten uns ein wenig beeilen.«

Sie gehen durch den in Hellbeige und Orange getünchten Korridor, vorbei an den glatten Wänden, die durch Stützpfeiler unterbrochen sind und das Innere der Pyramide bilden. Im Zentrum befindet sich der blaue Energiekristall, von dem neuerdings andere Schwingungen ausgehen. Belan vergleicht es mit Herzrhythmusstörungen. Insgeheim. Die Sache ist noch nicht bekannt.

Wortlos und nahezu ohne Geräusch bewegen sie sich durch den Gang. Allerdings nehmen sie nicht den Weg über den von großen Glasfenstern gesäumten Außenring, der einen atemberaubenden Blick auf das Zentrum von Atlantis freigibt, sondern die Abkürzung über den lichtarmen Schacht, der direkt zum Großen Saal führt. Niemand redet.

Als Belan durch den türlosen Eingang geht, sitzen alle da, wie um den Tisch herum drapiert. Daido, Clea, Gaia, Porto, Evan, Vira, Adam und Cara. Aleph nimmt Platz, Sasklevia wartet, bis Belan Platz genommen hat, was eigentümlich ist, schließlich ist es ihm als Ersten Hohepriester vorbehalten, seinen Vorsitz als Letzter einzunehmen. Diese Rolle übernimmt jetzt Sasklevia. Keiner kommentiert das. Die Trauer um Horvin scheint das Reglement außer Kraft zu setzen.

»Danke, dass du gekommen bist, Belan«, sagt Porto. Sein sonst so erfrischendes Lachen ist ihm aus dem Gesicht gerissen. Alle wirken, als stünden sie schon vor dem Grab.

»Unser Freund ist nicht mehr da«, sagt Daido, »und desha –«

»Es gilt«, Sasklavia unterbricht sie mitten im Wort, »ja, es gilt, den Fortbestand der Priesterschaft zu regeln. Die Menschen müssen das Gefühl haben, dass alles seine geordneten Bahnen nimmt, versteht du, Belan?«

»Ich weiß, dass unser Bruder, MEIN FREUND, tot ist, das weiß ich, meine Teure. Es muss auch Zeit für Trauer sein, jeder braucht Ruhe für den Abschied, auch die Menschen.«

»Natürlich«, sagt sie, das Wort strotzt vor Ungeduld.

Die anderen in der Runde senken den Blick.

»Keine Frage, aber die Konvergenz besagt, und hier möchte ich gar nicht lange herumreden, geschätzter Belan, sie besagt, dass die Elf nicht sein kann. Elf Hohepriester stören das Gleichgewicht. Durch den Abgang, pardon, den Verlust unseres hochgeschätzten Horvin sind wir nicht mehr im Heiligen Dutzend. Elf, Belan, das ist wie eine schiefe Ebene. Die Energie fließt ab, nicht weiter. Wir sehen uns gezwungen, hier zu handeln, schnell, eigentlich hier und jetzt. Es gilt die Nachfolge zu bestimmen, und da wir …«

Sie spricht plötzlich doppelt so schnell,

»… ihn nicht einfach so ersetzen können, niemand schnippt einen Hohepriester her wie einen Diener, nun denn, da haben wir beschlossen, dass einer von uns gehen muss. Ja, Belan, es tut mir sehr leid, dir das so sagen zu müssen, aber die Wahl ist auf dich gefallen.«

Atempause.

»Wir haben abgestimmt, recht bald, nachdem die Nachricht aufgekommen ist, und wir Zehn finden, dass du am leichtesten zu entbehren bist. Bitte versteh das. Die Konvergenz verlangt es. Horvin, an ihn werden wir uns immer erinnern. Aber jetzt braucht es Taten. Neue Wege. Wir Zehn sind genug. Elf Hohepriester, nein. Es steht sogar in der Magna Charta. Du kannst natürlich Bedenken anmelden, das steht dir zu. Das Haus des Rechts ist zurzeit geschlossen. Wegen des Brandes. Du hast sicher von dem Brandanschlag gehört, nicht? Sie sagen, es ist diese neue Bewegung, *Pax Eterna* nennen sich die Leute. Auf einmal reden alle von Stress. Und neuen Gefahren. Überall gibt es neue Probleme. Und die erzeugen mehr Stress. Damit müssen wir uns auch auseinandersetzen, ich meine, wir Zehn. Du wirst dich sicher lieber um die Trauerfeierlichkeiten bezüglich Horvins letzter Ehre kümmern wollen.«

Sie setzt wieder den Blick der Betroffenheit auf.

»Es ist zu deinem Besten, Belan. Und zum Besten für Atlantis.«

Belan schließt einmal die Lider, ganz langsam, wie um einen Vorhang über Sasklevias Worte heruntergehen zu lassen. Es nützt nichts, sie sind gefallen und richten in ihm gerade ein Massaker an. Als würden sie ihn zerschneiden. Gleichzeitig spürt er etwas aufwallen. Etwas Heißes. Die Woge überschwappt ihn. Sein Atem beschleunigt. Er hört sich selbst dabei zu, und es wird immer wärmer hier drinnen im Großen Saal, was erstaunlich ist, wo doch die Temperatur stets bei exakt dreiundzwanzig-komma-fünf Grad Celsius gehalten wird, jetzt fühlt er, wie seine Achseln nass werden und sich etwas um seine Brust klammert, ein Tier, ein Bär oder ein Wolf, ein Schmerz, die Sicht wird auf einmal trüb, dieser Schmerz sticht zu, wie mit einem glühenden Schürhaken, dieser Stich, mitten in die Brust, links oben, ist so ungeheuer, dass sich Belan ruckartig mit beiden Händen an die Stelle fasst, wo sein Herz ist, aber …. Es klopft nicht, es ist vor vier Sekunden stehengeblieben.

Esra, bitte melde dich. Ich muss mit dir reden. Es ist nicht so, wie es aussieht.

Seit drei Tagen versucht Aron, sie zu erreichen, ohne Erfolg.

Das war ich nicht. Bitte glaube mir. Der Schutzhüter ist nicht meiner. Vertrau mir.

Egal, was er telepathisch schickt, es kommt nichts zurück.

Warum soll ich dich anlügen? Warum sollte ich dich betrügen? Ich liebe dich.

Stille im Kopf. Er beschließt, wieder bei ihr vorbeizuschauen. Wie gestern. Und vorgestern. Vielleicht erwischt er sie heute? Er nimmt das selbstfahrende Mobil Richtung Area Fünf. Auf dem Weg zu den Hängenden Gärten kann er sich kaum konzentrieren. Die vorbeihuschende Landschaft lässt seine Gedanken abgleiten, mit den Bildern verwischen auch seine Überlegungen. Geräuschlos fährt das Mobil über die Straßen. Nach dem Tempel des Lernens biegt es rechts ein und bleibt vor Esras Haus stehen.

Für Spätsommer ist es immer noch erstaunlich warm. Das Klima in Atlantis ist freundlicher als die Leute, denkt Aron bei sich. Ein Mann in mittleren Jahren zieht mit forschem Schritt an ihm vorbei. Die Menschen gehen schneller durch die Straßen als früher, denkt Aron bei sich. Oder kommt ihm das neuerdings nur so vor? Nein, tatsächlich. Sie wirken gehetzt. Getrieben von einer unsichtbaren Aufgabe, ein namenloser Countdown, der abläuft.

Die Frau dort drüben mit rotem Überhang und Pagenkopf schaut dreimal hinter sich, während sie die Fahrbahn überquert. Verfolgt sie der Mann, der zwanzig Meter hinter ihr geht? Nein, er biegt links an ihr vorbei und kümmert sich nicht um sie. Auch er marschiert zügiger, als Aron das gewöhnt ist.

Ein Kind zieht einen großen braunen Hund von der Stelle weg, wo er schnüffeln will. »Astor! Fuß!« Der Hund stemmt sich dagegen, das Kind zerrt an der geflochtenen Schnur um seinen Hals. Der Hund knurrt. Aron kommt sich vor wie in seinem Albtraum mit dem Eishund. Nichts ist wie früher, als wäre der ganze Kontinent von einem Bannfluch belegt.

Stress und Hass.

Lüge und Verrat.

Arglist und Zwietracht.

Neben Esras Haus stehen zwei Männer und reden unüblich laut. »Er hat uns im Stich gelassen, und Curd hat er erzählt, er hat sich jede Silbe auf der Zunge zergehen lassen.«

Sein Gegenüber, ein kleiner Mann mit langem Hals, nickt. »Curd hat es mir schon vorher verraten. Es hat sogar erklärt, er würde noch weiter gehen als bisher. Frank ist dabei auf der Strecke geblieben.«

Die Sprache stimmt nicht, denkt Aron leise, die Leute reden in der Ausdrucksweise des Gewesenen. Das ist ein Zeichen. Aber welches? Wofür? Zuerst das Aber, jetzt die Vergangenheitsform. Es ist, als würde die Sprache umgeschrieben. Umgesprochen, denkt Aron, weiterhin leise. Er überlegt, ob er die Männer fragen soll, was sie sich dabei denken. Ob ihnen bewusst ist, dass es klingt, als wäre das Jetzt schon – vergangen. Als ob jeder Augenblick schwindet wie eine Seifenblase, davonschwebt und zerplatzt. Schon zerplatzt ist.

Aron läutet an der Haustür. Wartet. Wartet. Kann Esra ihn durch das kleine Loch sehen und draußen stehen lassen? Das dritte Auge als Wachtposten, so ist es nicht gedacht. Normalerweise erkennt man die Stimmung des Besuchers, wenn man da durchlugt. Ob jemand Sonne hereinbringt oder einen frischen Wind. Jetzt wird Esra, sollte sie daheim sein, einen jungen Mann sehen, der Wolken vor der Stirn hat. Der darum bettelt, angehört zu werden.

Die Tür fliegt auf, ein Mann baut sich vor Aron auf. »Soll ich dir gleich eine aufs Maul hauen, oder willst du lieber zuerst kuscheln, du Bastard. Hast du einen Schutzhüter mit? Oder nehmen wir den gebrauchten von dir?«

Paul schnappt Aron am Armgelenk und zerrt ihn in den Vorraum. Mit der anderen Hand schlägt er die Tür zu.

»So. Jetzt reden wir einmal von Mann zu Mann. Du betrügst also meine kleine Schwester. Ich vermute, es ist diese Nachbarin, wie heißt sie noch schnell? Rania? Nein. Anja? Auch nicht. Ah, Hanna. Jetzt hab ich's. Hanna, die Frau für alle Fälle. Nicht? Kann man das so sagen? Wie hat sie's denn gern, hm? Was treibt ihr denn so, wenn meine Schwester nicht da ist und sich auf die Treue ihres Freunds verlässt? Sag schon. Was?« Mit seiner riesigen Rechten verpasst er Aron eine ans Kinn. Aron hört ein Krachen, sein Kopf schnalzt zur Seite. Pauls Muskeln sind von der jahrelangen Arbeit auf dem Hof und auf dem Feld steinhart. Mit der Linken holt er aus, als wolle er Aron das Kiefer brechen.

»HALT! AUFHÖREN! SOFORT!« Esra kommt aus dem Schlafzimmer, steht da mit zerzausten Haaren, die Hände in die Seiten gestützt. »Was soll denn das? Sind auf einmal alle durchgedreht? Überall fliegen Fäuste, jeder schleudert Schimpfworte hinaus. Ich will so etwas NICHT IN MEINEM HAUS!«

Sie schaut krank aus, das Gesicht müde und fahl. In den drei Tagen muss sie ein paar Kilo abgenommen haben, registriert Aron auf einer unbewussten Ebene. Paul murmelt etwas, dass mit einer Portion Fantasie so etwas wie nicht so aufregen bedeuten kann. Er hebt die Arme über den Kopf.

Aron geht ein paar Schritte auf Abstand zu ihm und wendet sich Esra zu: »Schatz, meine Liebe, bitte hör mir zu, setzen wir uns hin, hierher, lass uns reden, du wirst alles verstehen.«

Sie steckt in einem moralischen Dilemma und durchlebt einen Konflikt, der sie an den Rand eines Nervenzusammenbruchs drängt. Sie will ihn, umso mehr, da sie ihn vor sich sieht. Sie darf ihn nicht wollen, sie dürfte ihn nicht einmal vor sich sehen. Das Hirn kämpft gegen das Herz und zermalmt sie dazwischen. Durch einen Tränenschleier schaut sie sich die beiden Männer an, die ihr am nächsten stehen. Ihre Liebe Aron, der sie mit einer anderen Frau betrügt. Ihr Bruder Paul, der Held ihrer Kindertage. Hier der Schürzenjäger. Dort der Revoluzzer. Auf einmal fühlt sie sich vollkommen allein.

Ausgerechnet da sagt Aron: »Du darfst mich nicht verlassen.«

»Ach.«

Es ist nur ein Wort. Aron spürt es wie einen Stich. »Meine große Liebe. Die Frau meines Lebens. Du darfst nicht alles hinschmeißen wegen eines Missverständnisses.«

Paul spuckt von der Seite hinein. »Du wage es ja nicht, ihr zu drohen.«

»SCHLUSS JETZT HAB ICH GESAGT«, schreit Esra. »Ich kann diese Feindseligkeit nicht mehr ertragen.«

Arons Verzweiflung läuft über, Tränen der Hoffnungslosigkeit schießen ihm in die Augen, rinnen ihm über die Wangen. »Esra, bitte, glaube mir. Ich habe nichts mit Hanna. Da ist nichts. Das ist lange vorbei. Du weißt es, ich verheimliche dir nichts. Wir sind glücklich, wir wollen etwas aufbauen, ein gemeinsames Leben, warum soll ich mich mit Hanna einlassen?«

»Weil du einfach ein nichtswürdiger –«

Esra stoppt Paul mit einem Blick. Er ist überrascht und einen Moment lang abgelenkt. Es ist der Moment, in dem Aron ihn rempelt, die Bewegung ist nicht mehr aufzuhalten. Paul rechnet nicht mit dem Angriff, der Stoß mit der Schulter bringt ihn aus dem Gleichgewicht. Der Doppelzentner von einem Mann torkelt, anscheinend hat Paul auch ein wenig Guayusa intus, und knallt seitlich auf den Boden. Dabei fällt ihm eine kleine Packung Schutzhüter aus der Hosentasche. Genau die Marke wie aus Arons Schlafzimmer. Genau die Marke von Hannas Strickhauben. Esra tritt einen Schritt vor. Paul will die Packung wegkicken. Aron schnappt sie sich vorher. Schaut sie an. Schaut Paul an. Esra nimmt ihm die Packung aus der Hand. Schaut Aron an. Schaut Paul an.

»Das will ich jetzt genau wissen«, sagt Aron.

»Was willst du, du Schmierfink. Habe gehört, du darfst keine Zeile mehr schreiben. Weil du Leute beschuldigst. So wie mich jetzt.«

»Noch hat dich niemand beschuldigt«, sagt Aron. »Das hast du eben ganz allein gemacht.«

Paul, der seinen Fehler erkennt, wird noch zorniger, jetzt auch auf sich selbst.

»Kann es sein, dass du Hanna kennst, ich meine … näher kennst?«, fragt Aron.

»Was soll das heißen?«, donnert Paul.

Esra starrt ihn immer noch an.

»Ich habe gestern am Abend so komische Laute nebenan gehört und Fußlederabdrücke gesehen, sehr große Fußlederabdrücke.« Aron zeigt mit dem Finger auf Pauls Riesenfüße.

Esras starrer Blick folgt der Geste.

»Esra, mein Schatz, durchschaust du sein Spiel? Er war's. Er hat mit Hanna eine Affäre. Ihr hat er gesagt, dass sie den Schutzhüter in meinem Bett verstecken soll. Nur damit du ihn findest. Um uns zu schaden, uns auseinanderzubringen. Eine abgekartete Sache. Hab ich Recht? War es so? Sag schon, gib es zu!«

Paul tut überrascht und beleidigt und setzt an, sich aufzuplustern, dass man ihn grundlos diffamiere. Doch Esra bemerkt dieses leise Zucken um seine Augenwinkel. Ein vertrauter, kleiner Tick seit Kindertagen. Dieses Zucken bedeutet: Schwindel. Das heißt, Schwindel hat es früher bedeutet, jetzt heißt es: gemeine Intrige. Ihr großer Bruder lügt. So einfach ist das und so entsetzlich. »Du willst uns auseinanderbringen? Ist es das? Deshalb fügst du mir all den Schmerz zu?«

Paul kann ihr nicht in die Augen sehen. Die Stimme in seinem Kopf schweigt jetzt. »Ach komm, Kleine, jetzt mach dir nicht in die Kutte. Der Schmierer ist nichts für dich, das sagt jeder. Begreifst du nicht, dass der nur schön tut? Ein Moralschreiber für meine kleine Schwester, nein, danke, das ist so ziemlich das Letzte, was wir in unserer Familie brauchen. Ich meine, in dem, was von unserer

Familie übrig geblieben ist. Mir war er von Anfang an nicht grün. Er ist nichts für dich. Er hat dich angelogen. Er hat dich betrogen. Vielleicht nicht in diesem Fall, okay, ja, bitteschön. Aber grundsätzlich. Und ja, natürlich habe ich mich ein wenig mit dieser Hanna eingelassen, aber das ist meine Sache verstehst du? Hanna hat das am Anfang so im Scherz gesagt. Wir könnten eine Strickhaube aussetzen, so nannte sie es.«

Paul fällt nicht auf, dass seine Erzählung in die Vergangenheitsform abgleitet. Esra schon.

»Sie sagte, hey, Honey, lass uns den beiden Turteltauben einen kleinen Streich spielen. So verliebt, wie die tun, merken die es gar nicht, und wenn, kann es nicht schaden, sie wieder ein bisschen auf die Erde zu holen. So als Prüfung, verstehst du? Damit sie sich nicht verrennen, sagte sie. Macht ja so blind, diese Liebe.«

»Das alles ist also nur zu meinem Besten«, sagt Esra beunruhigend ruhig. »Willst du mir das damit sagen? Dass du das für mich tust? Zu meinem Schutz?« Ihr Ton bekommt etwas Unheimliches. »Du willst mir erzählen, du tust da etwas Großes?«

Paul lässt eine Schimpfkanonade ab. Die Sache ist verloren, er weiß es. »Ja, Frau Gut, du naive Kreatur! Es war etwas Großes. Hätte gleich mehrere Probleme gelöst. Dich zu schützen vor dem da, ihn loszuwerden, und Spaß hat es auch noch gemacht. Hanna lag neben mir im Bett, als sie das ausheckte. Erwähnte ich, dass dieser Zwerg von einer Frau wirklich eine Rakete im Bett ist? Naja, kleine Schwestern sollten so was gar nicht hören. Aber es ist Zeit, aufzuwachen. Für alle von uns ist es höchste Zeit, zu erkennen, dass die Welt da draußen kein Paradies ist. Es sind harte Zeiten angebrochen, in dieser bösen Welt leben wir dahin, und jeder ist aufgefordert, das Beste draus zu machen. So. Adios. Ich gehe dorthin, wo es sich auszahlt mit Leuten zu reden, die meine Sprache sprechen.« Er knallt die Tür zu und ist weg.

Esra und Aron stehen sich gegenüber. Sie legt ihren Kopf an seine Brust und sagt: »Er war mein Bruder.«

Fred kommt nach Hause, frohgemut, in bester Laune betritt er den Hof. Normalerweise fällt ihm Anna um den Hals. Seit er die gesamte Ernte, die sie für sich einbehalten, auch noch verkauft hat, ist er ein Held. Einer der großen Latifundienbesitzer hat keine Miene verzogen, als Fred auf einmal einen Preis nannte. Für etwas, das man sonst tauscht. Für den Mais und den Weizen hat er Rundmetall bekommen. Mehr als sie sich erträumt haben. Sechshundert Münzen. Davon können Anna und er die nächsten zehn Jahre leben, ohne zu arbeiten. Ohne auch nur einen Handgriff machen zu müssen. Sie werden im Reichtum schwimmen. In ihrem Meer aus Möglichkeiten. Mit so viel Geld können sie alles machen. Andere Bauernhöfe kaufen, mehr Schweine und Pferde. Die Leute werden sie beneiden. Trotz seines jugendlichen Aussehens werden sie ihn behandeln wie einen Altvorderen. Wie jemand, der unersetzbar ist, ein Fixpunkt in der Gemeinschaft von Atlantis. Ein Polarstern.

»Hallo? Anna? Ich bin wieder da.«

Nichts, keine Umarmung, kein Ton.

Fred möchte über seine noch so frisch glänzende Zukunft reden, irgendwem erzählen, was jetzt alles anders werden wird. Am liebsten Anna, wenn sie denn einmal auftaucht. Fred überlegt, ob er Aron eine telepathische Botschaft schicken soll. Er entschließt sich dagegen. Aron würde ihn nicht verstehen, schon gar nicht beglückwünschen. Er ist wie die anderen, auch nur neidisch auf ihn, auf sein neu erwirtschaftetes Vermögen.

»Anna?«

Fred geht in den Stall, über den Hinterhof ins Hauptgebäude zurück. Keiner da. Vielleicht ist sie auf dem Markt, er hat ja angekündigt, dass es heute was zu feiern gibt, und nicht zu voreilig, wie man sieht. Er nennt es insgeheim den Pecunia-Abend, wo er vor Anna all ihr Rundmetall herausholen will, um es zu zählen und jeder Münze eine Bestimmung zuzuschreiben. Pläne schmieden für die Verwendung. Anlagen für schlechtere Zeiten. Auf dem Esstisch liegt ein Zettel.

Lieber Fred, ich habe beschlossen, meinen eigenen Weg zu gehen. Es ist für uns beide besser so. Ich weiß, dass dich diese Entscheidung treffen wird, auch, dass ich das Rundmetall, das wir für die Ernte bekommen haben, als Entschädigung erachte und mitgenommen habe. Das Sprichwort stimmt. Wie gewonnen, so zerronnen. Bitte suche mich nicht, du wirst mich nicht finden. Atlantis ist groß, und es gibt auch noch andere Länder. Die junge Frau und das Meer. Klingt wie der Titel einer Depesche, findest du nicht? Wenn du diese Zeilen liest, hat mein Schiff schon abgelegt und befindet sich auf hoher See. Der Kapitän ist ein Freund, du würdest ihn sogar mögen. Alles Gute auf deine kommenden Tage, du wirst es schaffen. Bauern wie du lassen sich nicht unterkriegen. Ahoi, Anna.

Fred merkt, dass der Sack mit dem Rundmetall leer ist. In der Vergangenheitsform denkt er: War nicht anders zu erwarten. Und dann ohne Umschweife ein telepathischer Ruf ins Blaue: *Wenn ich dich finde, bringe ich dich um.*

Stressen lass ich mich nicht mehr. Das sage ich mir jeden Tag in der Früh, und zu Mittag ist der gute Vorsatz verpufft. Stressen lass ich mich leider schon. Da können alle Timemanager dieser Welt herkommen mit ihren Tipps und Tricks. Es ist leider so. Der Tag hat nur vierundzwanzig Stunden, und die Uhr zeigt dir die lange Nase. Will heißen: Mein Zeitmanagement hat auch den einen oder anderen Kratzer im Uhrglas. Warum? Weil ich es zulasse. Ich bin schon manchmal ein Johannes Dampf in vielen Gassen, freilich. Wer sich viel vornimmt, will auch viel umsetzen, und das braucht – viel Zeit.

Der Johannesweg lehrt mich, das Tempo zurückzunehmen. Lustigerweise auch dann, wenn ich schneller gehe. Es muss mit äußerlicher und innerer Geschwindigkeit zu tun haben. Ich nenne es Synchronisation. Ich muss mein Lebenstempo meinem Erlebenstempo gleichsetzen, dann haut's mich nicht auf die Pappen. Pardon. Wäre mir gerade um ein Haar passiert, während ich den Kreuzweg vom Marktplatz in Kaltenberg nach Unterweißenbach wandere. Vierzehn Kapellen auf zweihundert Höhenmetern verteilt. Sie sind in Steinbloß-Mauerwerk ausgeführt, innen weiß verputzt, mit einem hölzernen Vorbau. Auf jedem Dach steht ein Kreuz. Wegen des eingemauerten Beckens heißt diese hier auch Schüsselkapelle. Wenn man das Mauerwerk berührt, fühlt es sich ganz kühl an.

Mahatma Gandhi hat einmal gesagt: »Es gibt Wichtigeres im Leben, als beständig dessen Geschwindigkeit zu erhöhen.«

Manchmal lohnt sich das Verzichten, denke ich. Verzichten auf den Stress zum Beispiel. Der Begriff Stress wurde übrigens das erste Mal von dem amerikanischen Physiologen Walter Cannon 1914 verwendet, und zwar in Bezug auf Alarmsituationen. Stress ist der körperliche Zustand unter Belastung, der sich durch Anspannung und Widerstand gegen äußere Einflüsse bemerkbar macht. Das Wort hat er sich aus der Physik ausgeborgt, es benennt die »unspezifische Reaktion des Körpers auf jegliche Anforderung«. In der Werkstoffkunde bezeichnet Stress die Veränderung eines Materials durch äußere Krafteinwirkung: Es folgen Anspannung, Verzerrung und Verbiegung. Beim Körper ist das nicht anders als bei jedem Werkstoff. Er wird angespannt, verzerrt und verbogen. Die Folgen: Der Kopf pocht vor Schmerz, Angst umschließt das Herz, und der Ärger drückt auf den Magen. Gefühle haben Einfluss auf den Körper, und die körperliche Verfassung wirkt sich ihrerseits auf das seelische Befinden aus. Kurzum, Stress macht krank.

Permanente Hektik und das Gefühl des Getriebenseins kann auch Einfluss auf Beziehungen haben. Wer ständig auf Hochtouren läuft, hat irgendwann genug und will sich nur mehr abkapseln. Es ist ein stummer Schrei nach Ruhe. Sofortige Entschleunigung. Sonst brennt die Batterie durch, oder der Motor gibt den Geist auf. Kollaps? Nicht nur, aber auch.

In der Steinzeit war das alles noch super. Da war der Stress überlebenswichtig. Wenn ein Bär um die Ecke lugt, wenn ein Mammut angerannt kommt oder ein Säbelzahntiger einem die Birne abbeißen will, war Stress das Koks des Neandertalers. Da war nicht viel Spielraum zwischen der Frage Kampf oder Flucht? In jedem Fall brauchten die Muskeln viel Energie. Adrenalin, und gemma. Hau dem Urzeitviech eine über den Ziguri, und der Stamm wird überleben.

So ein Stressproblem ist also nichts anderes als vererbte Überlebensstrategie. Etwas, das tief sitzt und manchmal den Notfallknopf drückt. Ganz von allein. Alarm, Alarm! Und schon stehen alle Zeichen auf Rot.

Aber. Alle klagen. Puh. Voll im Stress. Nein, treffen geht nicht, leider, die nächsten Wochen überhaupt schwer, eigentlich das ganze Jahr. Vollstress, genau. Wie eh alle. Irre viel zu tun.

Ich finde: Die Klage über Stress ist eine gesellschaftliche Suderei. Ein verzweifelter Ruf nach Gemeinschaft angesichts der andauernden Drohung, durch Misserfolg im allgegenwärtigen Wettbewerb ausgeschlossen zu werden. Diejenigen, die über Stress klagen, versichern sich gegenseitig, dass sie zur Gemeinschaft der Leistungsträger gehören. Keinen Stress mehr zu haben, heißt, das Rennen verloren zu haben, aus dem Raster gefallen zu sein, nicht mehr in das Gefüge der modernen Zeit zu passen. Wessen Handy nicht ständig läutet, der ist nicht wichtig. Wir sind Sieger, hört man das nicht?

Stress kann allerdings auch etwas Positives sein. Er gehört zum Leben, so muss man ihn sehen und ihn annehmen wie ein Los. Stress steuert wichtige Kommunikation im Körper, er ist das biochemische Handy, das alle Stellen anruft und sagt: Auf geht's, Burschen, Schluss mit dem Chillen, jetzt wird's eng, höchste Zeit, dass wir aufstehen. Wir müssen jetzt alle zusammenhalten und Vollgas geben.

Sonst geht sich das nie aus. Apropos geht sich nie aus, wie weit ist es noch bis Unterweißenbach?

KAPITEL 10
Pax Eterna

Jetzt beginnt das große Sterben. Der Gedanke schmeckt ihm wie Honig. Malestro hätte nie gedacht, dass es so leicht sein würde. Die Menschen muss man nicht zur Gänze manipulieren. Es reicht, da und dort ein wenig nachzuhelfen, den Rest erledigen sie allein. Sie sind simpel gestrickt, das Genom ist ein Witz, und die geistige Gegenwehr erscheint im Clownskostüm der Moral. Lustig findet er das, und spannend. Er reibt sich das Kinn. Die Komplexität des Spiels ergibt sich allein aus der Mannigfaltigkeit der Möglichkeiten. Das Spiel heißt Untergang.

Manchmal kommt sich Malestro vor wie ein Dramaturg in einem Stück für die Große Arena, wie ein Menschendirigent, der gar nichts mehr machen muss, weil die Schauspieler so gut sind. Wenn das Stück irgendwo Längen hat oder auch nur ein Zuschauer einzuschlafen droht, reagieren die Darsteller autonom. Sie lassen sich was einfallen. So eine Apokalypse wäre sonst langweilig. Auf einmal alles aus. Nada. Schwarz. Von einem Augenblick auf den anderen. Ende. Danke. Wiederschauen. Und? Wo ist da die Dramatik? Die Lovestory. Der Konflikt. Der Showdown. Die ganzen Spezialeffekte. Die Flut und die Flammen. Wo?

Gleich stirbt jemand live. Aus der Vogelperspektive sieht Malestro, wie Hanna in ihrer Wohnung ein Paket übernimmt. Sie will es aufreißen, in der Annahme, es sei ein Geschenk. Wahrscheinlich von ihrem neuen Verehrer, diesem Bauernschädel namens Paul.

Schade, dass die Sache mit dem Schutzhüter und der Eifersucht nicht zum Bruch zwischen Aron und Esra geführt haben, denkt Malestro, das hätte viel erleichtert. Aber man kann den Ausgang der einzelnen Mikroepisoden eben nie hundertprozentig vorhersehen. Menschen sind oft sperrig. Dinge lassen sich dafür recht genau prognostizieren. Hannas Paket zum Beispiel.

Der Karton ist hartnäckig an der Kante. Sie schafft es erst nach ein paar Anläufen, die Verpackung herunterzubekommen und ist erstaunt. Ein Geschenkkorb in Zellophan gewickelt. Lauter Delikatessen. Feine Tierinnereien, getrocknete Früchte, eine Flasche Guayusa und eine ganze Schachtel Kakaoröllchen, eingebettet in ein rotes Herz. Sie liebt Süßigkeiten, insbesondere genau diese Röllchen, deshalb öffnet sie das Herz und kostet, traumhaft. Sie lässt sich das Stück Glück auf der Zunge zergehen, bis der Kakao auf ihrem Gaumen schmilzt.

»Schmeckt's, Hanna?«, Malestro fragt es sich fast liebevoll. »Ja, sie ist so süß, die Unwissenheit.« Er fabriziert ein Lächeln, oder das, was er dafür hält. »Und doch ist das Gegenteil noch süßer. Wissen beeinflusst den Lauf der Dinge.«

Was Hanna nicht weiß, ist, dass sie mit den Kakaoröllchen eine leckere Dosis Tedrododoxin hinunterschluckt, jenes Gift, dass aus der Leber des Kugelfisches stammt. Dass das Geschenk von ihrer Nachbarin Vania stammt, der sie am vorigen Wanntag für eine Nacht den Mann weggeschnappt hat, um ihm zu zeigen, wie man richtig Tschunga-Tschanga macht, weiß Hanna schon gar nicht.

Malestro genießt den letzten Augenblick. Den allerletzten im Leben eines Menschen. Wenn er den Todeskampf beginnt, wenn er sich gegen das Unausweichliche stemmt, so wie jetzt Hanna. Ruckartig fährt sie sich an den Hals und röchelt, als hätte sie beim Essen etwas Großes verschluckt. Sie spuckt Blut, die Erstickungslaute sind grauenvoll, ihr Gesicht läuft rot an, bekommt dann eine bläuliche Tönung. Hanna will schreien, aber die Stimme ist schon tot. Sie dreht sich im Kreis, reckt den Hals nach oben, fährt sich mit den

Fingern in den Rachen, mit der ganzen Hand. Die Lungen bekommen keinen Sauerstoff mehr, ihre Augen quellen hervor, treten aus den Höhlen. Hilfe will sie schreien, Hilfe, ihre Lippen formen das Wort, es fehlt nur der Ton. Niemand hört es, niemand eilt ihr zu Hilfe. Sie erstickt langsam, fällt erst auf die Knie, kracht dann mit dem Kopf auf den Boden. Was schade ist, wie Malestro findet, die letzten Sekunden sollte man bewusst erleben, stehend und erhobenen Hauptes. Er liebt den Schrecken in den Augen eines Todgeweihten, wenn ihn die Gewissheit erreicht, dass es zwecklos ist. Wenn der Lebensfilm rückwärts zu laufen beginnt.

Die kümmerlichen Szenen ihres bedauernswerten Daseins flirren los. Es ist kein chronologisches Zurückschauen von jetzt bis fast zur Geburt. Es sind Szenen wie Lichtblitze oder Nordlicht an einem nachtklaren Himmel. Hanna sieht die Männer vor ihrem geistigen Auge vorbeihuschen, die jungen, die alten, die hübschen und die hässlichen, die dünnen und die dicken, die netten, die happigen, die schnellen und die langsamen, die einfühlsamen und die kalten, die kläglichen, die beachtlichen, die strammen und die weicheren, all ihre Affären. Den Augenblicken der Lust folgen Momentaufnahmen aus ihrer Kindheit. Mit anderen Mädchen spielt sie Seilhüpfen und tollt über eine Blumenwiese, das alles sieht sie jetzt. Nahtlos dann der Sprung vom Mädchen zur Frau, alles komprimiert in schneller Bildabfolge. Drrrrr, ein Daumenkino des Schicksals. Nach vierzehn Sekunden ist alles vorbei, sie liegt tot neben dem Geschenkkorb. Schade um den guten Guayusa, denkt Malestro. Wer soll den jetzt trinken?

Der nächste, der abkratzt, ist Barbier von Beruf und Lügner aus Neigung. Helfried hat seinem Schwager Gorkon unter Vortäuschung falscher Tatsachen den elterlichen Bauernhof abgeluchst, weswegen Gorkon sich bei der Amtsleitung für Glückliche Bleibe beschwert hat, allerdings ohne Erfolg. Helfried bekam den Zuschlag für das Wohnrecht, und das erste, was er gemacht hat, war, den wunderschönen alten Bauernhof in einen Barbierladen umzubauen.

Schwarze und blonde Fransen hängen seither vom Giebel herunter, das Gebäude sieht aus, als hätte es eine Frisur. Wenn der Wind weht, wirkt das besonders lächerlich. Es drückt Gorkon die Tränen in die Augen, insbesondere am Tag der Eröffnung. Was ist nur aus seinem alten Bauernhof geworden, dem Platz seiner Kindheit? Ein Haus mit Haaren. Das war der entscheidende Moment. Die Geburt der Rache. Gorkon schwört, das nicht hinzunehmen. Ein Skorpion soll Genugtuung bringen. Heute Nacht hat er ihn Helfried ins Schlafzimmer gelegt.

Malestro ist gespannt. Die Nacht ist ereignislos verlaufen. Nun verfolgt er mit, wie das Tier mit dem schwarzen Stachel anmutig durch die Wohnräume steigt, auf das Bett klettert, wo Helfried gerade sein Mittagsschläfchen hält. Er schnarcht. Der Skorpion wandert über sein Bein, die Oberschenkel hinauf zu den Hüften. Helfried grunzt kurz, der Skorpion bleibt stehen, stellt den Stachel auf, geht weiter, passiert die Leisten, gelangt über den Nabel die Rippen hinauf bis zum Hals, und genau da will Helfried den Schal, den er im Traum sieht, wegwischen. Dass der Schal in der Realität ein todbringendes Insekt ist, weiß er nicht, während er zufrieden vor sich hinlächelt, bis ihn der Giftstachel in die Halsschlagader sticht. Helfried spürt einen kurzen Schmerz, wie von einem Stilett, der die letzten acht Sekunden sein Leben beherrscht. Er stirbt, unfrisiert. Ohne Haarlack, Gel oder Fönwellen. Ein letztes Zucken. Vorbei ist's mit ihm. Der Skorpion klettert den toten Körper hinunter, als wäre nichts geschehen.

Sie sterben wie die Eintagsfliegen. Bevor die Nacht hereinbricht, sind Tausende dahingerafft. Rania ertrinkt in einem Bach, bei der Explosion einer Gasflasche wird Elkans Kopf mit einem Ratsch abgerissen, Waldemar stürzt sich vom vierten Stock eines Hauses, niemand weiß, warum. Vier Freunde, die eine Nacht im Wald verbringen, verbrennen, weil einer das Lagerfeuer nicht richtig sichert. Die Flammen lecken an den Baumstämmen, fressen gierig das Holz und umzingeln das Quartett. Die Vier sind gefangen, können den Feuerring nicht durchbrechen, ringen nach Luft, saugen das Kohlenmonoxid ein und ersticken im Rauch. Isidor hat beim Waldlauf einen Gehirnschlag, knallt auf einen Baumstumpf, erschreckt einen Hasen und bleibt mit offenem Mund im Moos liegen, der Hase schnuppert ihm ins Maul. Zwei Elektrokutschen stoßen frontal zusammen, weil der eine Fahrer, Helge, den Autopiloten deaktiviert und das Steuer unabsichtlich herumgerissen hat. Und so weiter. Unfälle. Tödliche Verletzungen. Schlaganfälle. Herzinfarkte. Blutstürze. Ein paar Selbstmorde. Und dazu schlichte Krankheiten, die der Zufall schickt. Siebentausend Menschen sterben an diesem Tag in Atlantis. Auf rätselhafte Weise. Die Menschen verbluten, werden erdrosselt, vergiftet und erdolcht, andere erliegen einer Grippe oder werden einfach mit dem Hammer erschlagen.

Wie Anna. Lange konnte sie sich nicht freuen an ihrem gestohlenen Rundmetallschatz. So schöne Pläne hatte sie mit ihrem Kapitän auf hoher See. Aber Träume sind so schnell ausgeträumt, nicht wahr? Fred gelang es natürlich doch, sie aufzuspüren, er fand sie in einer mondänen Unterkunft in Area Vier, in einem Prunkbau namens Vier Jahreszeiten, in dem sonst nur Leute zu besonderen Anlässen absteigen. Dort, im neunten Stock, riss er die Tür auf, rannte durch den großen Raum bis vor zum Balkon, wo Anna stand und wie eine Königin über das Land blickte. Genau dort zog er ihr den Hammer über die linke Schläfe. Es machte *Tock*.

Sehr schön, findet Malestro, hat auch Rolf reagiert. Der Bub, der damals am Wanntag von dem anderen Kind mit einem Stein beschossen wurde.

Malestro wälzt sich quasi in der Vergangenheit. Allein damit konnte man die Atlanten durcheinanderbringen, verunsichern und aufwiegeln. Dem Gewesenen Wichtigkeit zu verleihen, das stellte die Welt von Atlantis auf den Kopf. So wie das Aber.

Rolf also hatte damals die Attacke am eigenen Leib erlebt. Die Wucht des Steins. Er war das arme Kind, das Opfer. Es hat Tage gedauert, Wochen, eigentlich dreieinhalb Monate, bis er das fand, was man früher nie gesucht hatte: Vergeltung. Das Glutfeuer der Sinne. Rolf war so verstört gewesen, damals, als ihn der Stein getroffen hatte. Jetzt war er klar im Kopf und im Begriff, das Richtige zu tun. Der fremde Bub, der ihm das angetan hat, heißt Fredrick, ja, nicht Freddi oder Ricki, sondern Fredrick, und genau dieser Diabolus, der ihm damals so wehgetan hatte, sollte jetzt bluten. Rolf musste ihm zeigen, dass das so nicht geht.

War ganz einfach, das Opfer zum Täter zu machen, erinnert sich Malestro, Kinder sind dankbare Instrumente, noch so schön zu formen und umzukrempeln. Ihnen den Filz aus dem Hirn zu zupfen war Malestros leichteste Übung im Großen Plan.

Rolfs Mutter wusste nicht, dass ihr Sohn heimlich alle Kinder ausgefragt hatte. Wisst ihr, woher er kommt, der Fredrick? Wisst ihr, wer das war? Er hatte so zaghaft gefragt, so vorsichtig, dass niemand auch nur annähernd gedacht hätte, er habe etwas Verkehrtes im Sinn. Und natürlich hatte er eine gewisse Zeit verstreichen lassen, Tage, Wochen, eben Monate, Malestro hat ihm Zeit gelassen, und irgendwann, nämlich genau jetzt, ist der Moment gekommen, an dem Rolf seine Genugtuung findet. Relativ unspektakulär. Malestro schaut sich das an wie etwas Spannendes im Visionator.

Rolf geht in das Haus, in dem Fredrick mit seinen stupiden Eltern wohnt, schleicht hinauf in den ersten Stock, wo die Schlafzimmer sind, überprüft das erste Zimmer, nein, leer, geht durch den Gang vor zum zweiten Zimmer, ist da jemand, nein, probiert die linke Tür, und wer sagt's denn, da liegt sein Peiniger und schläft, türülü, so friedlich und lieb. Rolf schaut sich das kindliche Geschöpf an, wie es ahnungslos seine letzten Atemzüge macht, tief und gleichmäßig, dann nimmt er den schweren Wecker in Form einer Maus, einer großen, schweren, blauen Maus, und ganz fest, mit aller Wucht zerschmettert er dem Buben das Gesicht. Auge um Auge, Stein um Stein, und aus die Maus.

Eine Gesellschaft macht Bekanntschaft mit dem Tod. Bis jetzt haben die Menschen gelebt, ab jetzt versuchen sie zu überleben. Das

Glück, das so fleißig angestrebt wurde, ist nicht mehr Lebenszweck. Der Sinn des Lebens ist simpler, aber eindringlicher. Der Sinn des Lebens ist: nur nicht sterben. Der Große Plan geht auf, denkt Malestro. Die Saat sprießt. So muss Menschlichkeit.

»Herr Professor, schauen Sie, die Vektoren!« Man weiß nicht genau, wer den Hinweis gibt, aber es ist auch egal.

Das Labor befindet sich dreißig Meter unter der Erde, versteckt, unterhalb eines aufgelassenen Fabrikgeländes in Area Eins. Eine Rotte von Männern steht im Kreis herum, alle mit Brillen und wirr abstehenden Haaren, dem althergebrachten Markenzeichen der Wissenschaftler. Frau ist keine darunter. Alle tragen einen kuttenartigen, ockerfarbenen Überzug, darunter dunkelrote Hosen und mattweiße Stiefel, was den Eindruck einer verrückten Uniform verleiht. In der Mitte des Kreises steht der Professor, seine langen schwarzen Haaren im Nacken zusammengebunden. Alle starren hinauf auf eine holografische Übertragung. Das Bild zeigt eine dreidimensionale Darstellung der Erde. Computergenerierte Linien durchschneiden Sektoren von Atlantis, rot geränderte Teile zeigen Magnetfelder, die im Begriff sind, sich zu bewegen. Die Grafik zeigt tektonische Verschiebungen und Auswirkungen auf die Kontinente, es betrifft auch tiefere Erdschichten, möglicherweise bis ganz hinunter zum Erdkern.

»Ausgezeichnet«, sagt der Professor. Sein Gesicht ähnelt einem Totenkopf, den man provisorisch mit einer sehr dünnen, aber spannkräftigen Haut überzogen hat. Eingefallene Wangen, ein silberner Dreitagesbart und eben diese nachtfinsteren Haare, die wie ein Bündel Seidenfäden an seinem Totenschädel kleben. »Meine Herren. Wir können mit der Prozedur beginnen.«

Einer der Wissenschaftler bedient eine Konsole und dreht an einem sternenförmigen Regler. Ein anderer nimmt ein Tableau mit grünen und roten Knöpfen zur Hand, mit dem er den Steuerungsmechanismus bedient, und tippt eine Sperrkombination ein. Symbole erscheinen auf einem Paneel, im Hintergrund ist ein sattes, dumpfes Brummen zu hören. Die Maschine nimmt ihre Arbeit auf.

»Kompensieren Sie die Fluktuationen.«

»Kompensiert.«

»Generieren Sie den Masse-Dichte-Schild.«

»Generiert.«

»Und jetzt können wir den Magnetoiden adjustieren, bitte vergessen Sie nicht auf den Teilbereich, ja, genau hier, es ist nur ein Test.«

»Adjustiert.«

»Start.«

Was für ein Augenblick. Der Professor denkt an die vergangenen drei Monate. Erstaunlich, wie schnell sich Dinge wandeln können, von der Aussichtslosigkeit zum Durchbruch. Sein Leben lang war er ständig knapp davor. Knapp vor der Erfindung A. Knapp vor der Erkenntnis B. Knapp vor der Anerkennung C und knapp entfernt vom Applaus der Akademischen Gilde. Egal, was er tat, egal in welche Richtung er forschte, knapp vor dem Gelingen verlor es sich im Nichts. Seine Wissenschaft war eine Gerade, die immer nur in die Senkgrube führte.

Jetzt nicht mehr. Es hat mit seiner Idee zu tun, seinem genialen Einfall, aber vielleicht doch auch ein bisschen mit dieser Stimme, die ihm seit drei Monaten hilft, immer genau die richtigen Entscheidungen zu treffen. Egal, was er macht, es stimmt. Egal, was er angreift, es passt. Eine Kreide in der Hand, komplizierte Kritzeleien an der Tafel, und auf einmal materialisierte sich die Formel. Sie kokettierte mit dem Magnetismus und setzte so ziemlich alle physikalischen Regeln außer Kraft. Der Professor nannte seine Erfindung Das Omega. Bemerkenswert daran war die Wirkung seiner Maschine. Der Professor mochte das Wort Waffe nicht, sein Beitrag zum Ende der Menschheit ist ein friedlicher.

Ja, es braucht einen Neustart und keine kosmetische Korrektur in Form einer Seuche oder eines Krieges oder einer Säuberung. So etwas würde nur Teilgruppen ausradieren. Es gibt zu viele Menschen auf diesem Planeten, und das natürliche Gleichgewicht scheint nicht mehr zu bestehen. In so einem Fall darf man nicht zimperlich sein, Zeiten wie diese verlangen beherzte Maßnahmen.

Das Omega dient dazu, das Magnetfeld der Erde zu stören und nachhaltig zu verändern. Was wichtig ist. Die Verschiebung der Kontinentalplatten, und zwar die bewusst gesteuerte Verschiebung, würde der Natur auf die Sprünge helfen. Philosophen und Menschen mit gehobenem Bewusstsein würden gegen diese Geniestreiche opponieren, das ist so sicher wie ein Wolf keine Taube ist. Deshalb werken sie hier im Stillen, unbemerkt und verborgen vor der Neugier der humanen Verbesserer.

Der Professor hatte zudem die geradezu göttliche Eingebung, eine eigene Gruppierung zu schaffen. Die *Pax Eterna*. Ewiger Friede sei mit dir. Die Bewegung erfreut sich regen Zuspruchs. Viele Leute haben es satt, in künstlicher Lieblichkeit dahinzuvegetieren. Die Zahl der Befürworter ist offiziellen Schätzungen zufolge schon auf dreißigtausend gestiegen, wenngleich die Dunkelziffer eher das Vierfache ausmacht. Die Vertreter der *Pax Eterna* wissen es und erkennen einander an der Vergangenheitsform. Wer das Aber und das Gewesene in der Sprache führt, ist einer von ihnen. Das ist keine beliebige Losung, es wurde gewählt, weil sie die Zeit für eine Lüge halten. Sie sagen: Manche Menschen wollten in Frieden leben. Und manche Menschen mussten mit Nachdruck befriedet werden, damit andere weiterhin ihren Frieden haben. Die Quintessenz war: Zu viele Leute, zu viel Verwirrung. Sie sagen auch Sätze wie: Das Jetzt ist der Tod der Gleichzeitigkeit. Und natürlich bedienen sie sich des effektivsten Instruments der Welt, der Gewalt. Die *Pax Eterna* ist keine Bewegung der stillen Sorte. Ihr innerer Friede entsteht erst mit dem Terror.

»Stellen Sie eine Verbindung zur PE her.« Der Professor liebt Abkürzungen. Die *Pax Eterna* ist für ihn immer nur die PE. Und er liebt es, auf telepathische Konferenzen zu verzichten. Sein Denken ist der wissenschaftlichen Arbeit vorbehalten, das Sprechen dem

Plan. Was höchst ungewöhnlich anmutete, um nicht zu sagen exzentrisch, aber verständlich. Es liegt ihm viel am analogen Klang seiner Stimme. Das Timbre und das Vibrato. Der Kontrast. Das Tiefe im Gegensatz zu seiner spindeldürren Figur. Die Menschen sind in der Sekunde ruhig, wenn er spricht, denn er ist das Wort.

Der Wissenschaftler an der Konsole hebt die Hand. »Verbindung steht.«

»Hier spricht Professor Schleisser.«

Das Bild von einem Mann in Kutte erscheint. »Ich grüße Sie, Herr Professor. Palaton meldet Gutes. Wir haben den Zünder vor dem Bethaus deponiert. Der ideale Zeitpunkt für die Operation ist morgen, und zwar in der Früh. Da erwischen wir die meisten Leute. Es wird ein herrliches Feuerwerk geben, das kann ich Ihnen versprechen.« Er klingt beseelt von der Sache.

»Das hört sich sehr gut an, Palaton. Es darf nichts schiefgehen, das muss ich nicht betonen, oder? Nichts. Die Explosion muss die höchste Trefferquote haben und den größtmöglichen Schaden anrichten. Das Bethaus muss leuchten, ja, leuchten und gleißen wie die Sonne.« Der Professor holt Luft. »Parallel zu Ihrer Aktion testen wir auch *Das Omega*.«

»Jetzt schon, Herr Professor?«, fragt Palaton.

»Die Umstände dulden keinen Aufschub. Der Magnetoid wird probeweise gestartet, um die direkten Auswirkungen zu prüfen. Nennen wir es Generalprobe. Die Zeit drängt. Wir alle sehen, was da draußen passiert. Es hat begonnen.«

»Ja, Herr Professor.«

»Legen Sie los, und schärfen Sie den Leuten noch einmal ein, wie wichtig die Trefferquote ist.«

»Ich habe verstanden, Herr Professor. Maximaler Schaden.«

Du bist der geborene Führer, sagt die Stimme in Schleissers Kopf. Malestros hypnotisch-liebliche Klangfarbe dröhnt anerkennend zwischen seinen Schädelknochen. *Friede sei mit dir. Und mit meinem Geiste.*

»Und das, mein Schatz, ist unser neues Zuhause. Du kannst die Augen aufmachen.« Esra nimmt die Hände von Arons Gesicht. »Tata!«

Ein kleines Haus, ganz weiß. Sogar von außen strahlt es Gemütlichkeit aus, ja sogar Zuversicht. Sie hat ihm nicht gesagt, was ihn erwartet. Es sei eine winzige Überraschung, dafür müsse er die Augen zumachen und einfach mitkommen. Nichts Besonderes. Er werde schon sehen.

Die vergangenen Tage sind für beide schrecklich gewesen. Aron musste auf amtliches Geheiß seine Wohnung räumen und für immer verlassen, Esra weinte sich die Augen leer, und dann noch der Eklat mit Paul, der seither kein Lebenszeichen mehr von sich gibt. Viel Trubel. Viel Aufregung. Jetzt ist Ruhe angesagt.

»Ich habe mir gedacht, dass es vielleicht ein Schritt in die richtige Richtung ist«, sagt Esra. »Die Dame von der Hauszuteilung gehört praktisch zur Familie, die beste Freundin meiner Mutter, damals. Vorgestern läuft sie mir über den Weg, stell dir vor. Ich erzähle ihr von den Wirrnissen und auch von uns. Von dir, das Pech mit der Wohnung. Sie fragt, ob wir planen, irgendwann zusammenzuziehen. Ich lache und sage, ja, gute Idee, er weiß halt noch nichts von seinem Glück. Am nächsten Tag kommt ein Brief. Ich möge meine kleine Wohnung bitte freimachen, das neue Haus sei jetzt bezugsbereit. Bitte sehr«, sie zeigt auf das weiße Traumstück, »das ist es.«

Aron weiß nicht, wie er sich verhalten soll. Er errötet, tastet sich vorwärts. »Die Frau … sie hat also … ist das ein Scherz, Esra?«

Sie schüttelt ihre rotbraunen Haare auf, frisch gewaschen, glänzend wie ein edles Tuch. Er sieht es in Zeitlupe.

»Nein, Aron. Sie hat mich dann noch einmal telepathisch kontaktiert. Es ist ein Dankeschön, sagt sie, eine Verbeugung an die Freundschaft mit meiner Mutter. Sie waren von Kindesbeinen an wie Schwestern. Ich habe sie nur noch vage vor Augen, die beiden, ich war noch so klein. Sie war es, die mich erkannt hat, sie sieht meine Mutter in mir. Und jetzt hüpft sie mir nach mehr als fünfundzwanzig Jahren vor die Füße. Fast so wie wir zwei damals, du weißt.«

Seine Mundwinkel ziehen sich ganz von alleine hoch. Er kann es immer noch nicht fassen. »Es ist also wirklich kein Witz? Schwör's. Das ist … unser … Zuhause. Soll das heißen, dass du –«

»Ja, das soll es heißen. Ich meine, falls du überhaupt willst. Ich bin keine unkomplizierte Mitbewohnerin, das muss ich gleich sagen. Frauen nehmen in Häusern mehr Platz ein als Männer. Ich hoffe, das ist dir bewusst.«

Er nickt und sieht das Haus an wie eine religiöse Erscheinung. »Es ist sehr … weiß.«

»Ja, putzen darfst du.« Sie grinst frech. »Magst du sehen, wie es drinnen aussieht? Ich war schon einmal hier. Pass auf.«

Aron steht auf weichen Knien, seine Motorik funktioniert nur teilweise. Es braucht ein, zwei, drei Sekunden, bis er ein wenig abwesend sagt: »Ja.« Mehr bringt er nicht heraus.

»Dann komm.« Sie öffnet die weiße Haustüre wie ein Lakai und bedeutet ihm weiterzugehen. »Hereinspaziert ist heimspaziert.«

Alles ein bisschen viel, denkt er. Gerade ist er obdachlos geworden, untergeschlüpft bei Bekannten, die ihn als Hausgast beherbergen. Fred kann er ja nicht mehr fragen. Jetzt schon gar nicht mehr, es heißt, er habe seine Frau erschlagen. Aron glaubt es nicht, aber ….

Und jetzt das. Keine Fata Morgana, kein Tagtraum, keine Illusion, kein Trugbild. Ein Haus. Für zwei. Und einer davon ist er. Zusammenziehen. Undenkbar noch vor ein paar Monaten. Sein Leben lang lebt er allein. Frauen fragen, bevor sie sein laues Wasser benutzen, sie haben nichts bei ihm herumstehen oder -liegen. Jetzt haben Esra und er dieselbe Adresse. Schlafen jede Nacht im selben Bett. Hören die Luft des anderen, egal, wo sie ihren Weg aus dem Körper findet. Er muss schmunzeln. Man kann nicht sagen, dass ihm fad wird. Die Gangart hat sich verschärft, im Nicht-so-Guten und im Besseren.

Er geht durch den Rundbogen, der den Eingang säumt. Weiße Wände, weißbemaltes Holz, der Boden aus hellen Dielen. Aron kommt sich vor wie im Himmel eines Innenarchitekten. Ehrfürchtig geht er die Zimmer ab und bewundert alles wie ein Besucher in einem Museum für zeitgenössische Kunst. Zum Teil ist das Haus sogar schon eingerichtet. Der Kochplatz mit dem Kessel, die Nischen für die Lebensmittel, eine Anrichte, eine Wasserstelle, ein großer weißer Holztisch mit vier gemütlichen Sesseln, ein Schlafzimmer mit weißem Federbett.

»Na? Was sagst du? Kann sich sehen lassen, oder?« Esra prüft die Matratze und schenkt ihm einen heißen Blick. »Dürfte was aushalten.«

»Ich bin … träume ich? Schlafe ich noch?«

»Nicht in diesem Bett. Schau, wie weich die Daunen sind.«

»Das ist ja … der absolute … Wahnsinn.« Aron fehlen die Worte, zumindest die eleganteren. Seine Mimik hellt mit dem Haus mehr und mehr auf. »Ich habe noch nie so ein schönes Haus gesehen. Das gibt's doch gar nicht.«

Esra zwinkert ihm zu. »Ich habe einen guten Draht zu den Göttern«, sagt sie. »Die helfen immer, wenn es ganz eng wird, weißt du?«

»Sicher. Nur bei mir glauben sie immer, es geht schon noch ein bisschen enger.«

»Jaja, armer großer Bub.« Esra streichelt ihm über den Kopf. »Komm, es gibt sogar eine kleine Terrasse.«

Sie öffnet die Glastür, beide treten hinaus. Der Blick ins Tal ist umwerfend. Aron bekommt erst jetzt mit, wie hoch ihre neue Bleibe liegt, wie weit sie mit der Elektrokutsche bergauf gefahren sind.

»Ich fasse es nicht.« Er schüttelt den Kopf. »Schatz, bist du dir ganz sicher, dass das kein Missverständnis ist? Ihr habt euch nicht mit der Adresse vertan? Dieses Haus ist tatsächlich für uns bestimmt? Ganz sicher? So eine Unterkunft gibt man doch sonst nur von Generation zu Generation weiter.«

»Mamas Freundin sagt, dass wir uns freuen sollen.«

Wunder passieren. Das hier hat gut dreihundert Quadratmeter. Aron lacht auf wie einer von diesen Leuten, die sich sonst im Gesundenhaus den Kopf anschauen lassen müssen. Die zwei gehen von der Terrasse wieder ins Haus, öffnen noch ein paar Kästen und Kommoden und betreten links den großen Saal. Im Hauptraum des Hauses steht eine traumhafte Rundbank aus Sonnenholz, alles komplett weiß gehalten, auch innen, und mit Bienenwachs gepflegt. Sogar ein Visionator hängt an der Wand.

»Den habe ich von meinem Haus mitgenommen«, sagt Esra, »er funktioniert schon.« Sie schaltet das Gerät ein.

Das holografische Bild einer Frau schält sich vor ihnen aus der Wand. Die Frau wirkt aufgeregt: »... und jetzt bekommen wir ... Moment, ja ... hier bekommen wir die aktuellen Nachrichten hinein. Ein Anschlag hat sich ereignet. Passanten berichten von einer furchtbaren Explosion in Area Eins. Direkt vor einem Bethaus. Oder darin, in dem Bethaus, das ist noch nicht bestätig. Es gibt ... Moment ... mindestens fünfzig ... nein, sechzig Tote und ... Dutzende Schwerverletzte. Die Leute sprechen von einem See von Blut, entsetzlich. Der Platz ist gesperrt. Man versucht herauszufinden, um wen es sich bei den Opfern handelt. Es wird schwierig werden, sagt der Einsatzleiter. Er spricht von ... Körperteilen.«

Unten fährt ein rotes Band durch die Einspielung, darauf steht: *Die folgenden Bilder sind für Kinder und Jugendliche nicht geeignet.* Die Berichterin tritt in den Hintergrund, und das Bild zeigt Aufnahmen des Grauens. Rauch vor dem Gebetshaus. Ein abgerissenes Fußleder im Vordergrund. Blutlachen. Bilder von Gewandstücken, die Teile von Menschen beinhalten, einen Arm, einen Torso, man sieht es nicht genau, sie zeigen es nur unscharf.

Die Berichterin tritt wieder in den Vordergrund: »Wie wir soeben erfahren, bekennt sich die radikale Gruppierung *Pax Eterna* zu der Tat. Näheres erfahren Sie in der nächsten Sendung. Ich gebe zurück ins Berichtquartier.«

Aron und Esra fallen einander in die Arme, einer klammert sich an den anderen. Im nächsten Beitrag, den der Visionator mit einem Hologramm in den Raum projiziert, geht es um etwas Wissenschaftliches. Esra und Aron achten nicht darauf. Der Beitrag handelt von irgendwelchen Störungen im Magnetfeld der Erde, um etwas, das anscheinend weit weg passiert ist, in Area Eins, irgendwelche winzigen tektonischen Verschiebungen, die ein paar Wissenschaftlern Kopfzerbrechen bereiten. Nichts gegen die Schreckensnachricht. Esra schaltet den Visionator ab.

Das Haus ist noch dasselbe. Im Gegensatz zur Freude der neuen Bewohner.

Jetzt bin ich auch schon in Unterweißenbach, staune und gehe. Steil hinauf, da kommt man ein bisserl ins Schwitzen. Aber es zahlt sich aus. Der Ausblick vom Wegererstein, mein lieber Schwan. Rundblick von der Plattform am Gipfel. Du glaubst, das Leben hört nie auf. Alles ist weit angelegt, groß, unendlich ist es nicht.

Es grassiert der Wahnwitz. Irre sprengen sich selber in die Luft. Andere fahren mit Lastwagen in Menschenmengen. Ziel ist die Destabilisierung. Damit man sich ängstlich umdreht und hinter jeder Ecke, in jeder Sekunde die Gefahr wittert, den unerwarteten Tod.

Maximilien Marie Isidore de Robespierre, Rechtsanwalt und Revolutionär, hat es so ausgedrückt: »Terror ist nichts anderes als Gerechtigkeit, prompt, sicher und unbeugsam.«

Ob er das heute noch unterschreiben würde? Der Dichter und Autor Ulvi Gündüz schrieb: »Auf der Suche nach dem Paradies darf die Welt nicht zur Hölle werden.«

Das lateinische Wort *terror* bedeutet Schrecken oder Schreckensnachricht, auch jemanden in Schrecken versetzen. Der Terror dient dazu, Instabilität zu erzeugen. Durch Attentate geschehen Selbstmordanschläge oder Entführungen. Früher haben Staaten sogenannten Staatsterrorismus eingesetzt, um außen- oder innenpolitische Ziele durchzusetzen, heute gibt es den IS, der die westliche Welt in Angst und Schrecken versetzen will.

Ich fürchte mich nicht vor euch. Ich bezeichne euch nicht einmal als geisteskrank, so viel Bedeutung schenke ich euch nicht.

Terroristen sind in meinen Augen Subjekte ohne Sinn fürs Reale. Albträume auf zwei Beinen, wie Trolle und Dämonen, aber dann doch nur instrumentalisierte Waffen ohne eigenes Hirn. Sie fühlen sich entfremdet und zornig. Sie glauben nicht, dass sie mit dem Gespräch etwas bewegen können. Sie brauchen den Tod. Den Plan. Ausführung. Die Hoffnung auf das Danach. Weil sie im Hier nichts sind. Weil sie keine Bedeutung haben. Und nur weil sie durch die eine Tat zu etwas werden wollen, was sie nicht sind: zu einem Menschen.

KAPITEL 11
Zahltag

»Reden ist Gold«, murmelt der Mann.

Schweigen ist nur Silber. So haben sie es gesagt, und es ist wahr geblieben. Wer heutzutage still bleibt, wird übersehen. Die Leute schreien. Das Leben ist ein Getöse. Auf den Straßen, in den Gassen regiert der Lauteste. Und es gewinnt der, der hinhaut. Faustrecht statt Wahlrecht. Ellbogen statt Regenbogen. Alles wie nie. Die Warnungen der Wissenschaftler gingen im Gekreische des Alltags unter. Philosophen galten plötzlich nichts mehr. Die Zeit stimmte nicht mehr, sie hat die Vergangenheitsform angenommen, verrutschte ins Gestern. Temporale Anomalien, es begann mit der Sprache. Jetzt ist auf einmal das Jetzt gewesen. Etwas geschieht, und ist gleichzeitig vergangen. Das, was sein wird, ist bald Geschichte. Nichts, nichts passte mehr zusammen. Atlantis versinkt im Chaos. Atlantis versank im Chaos. Atlantis wird im Chaos versinken. Zeitlinien konnten sich nicht entscheiden.

»Reden ist Gold«, murmelt der Mann.

Er sitzt auf dem Boden, mitten auf dem Marktplatz, hält die Hand auf und spricht in unzusammenhängenden Sätzen. Hunger und Gold. Lorbeeren und Schwefel. Ein Haus in … wo war es gleich? Wahrscheinlich fiebert der Bettler, vielleicht stirbt er gleich. Es sterben so viele. Ein paar Sekunden noch träumt er von damals, als noch alles im Lot war. Als Rundmetall noch problemlos von Hand zu Hand wanderte, weil man gerade keine Ware zum Tausch hatte.

Gold. Das Metall wurde früher von Generation zu Generation weitergegeben. Rundmünzen dienten allen als Mittel zum Zweck. Ware gegen Ware. Ware gegen Rundmetall. Rundmetall gegen Wünsche. Bis alles kippte. Die gesellschaftlichen und ökonomischen Strukturen brachen zusammen wie ein Kartenhaus nach einer Bö.

Der Kopf des Bettlers fällt nach unten, der Körper sinkt zur Seite, der Mann bleibt im Staub liegen, es ist vorbei.

Wer hätte gedacht, dass das alles so schnell geht. Die Hohepriester merkten, dass die Energiekristalle schwach und immer schwächer wurden, bei manchen war die charakteristische blaue Strahlkraft schon gar nicht mehr sichtbar. Seit Wochen gab es keine Depeschen mehr. Egal, niemand hörte auf den telepathischen Schmus. Wichtiger war es, zu Essen zu bekommen, Wasser zu besorgen, sich für den Notfall einzudecken. Die Menschen waren ohne Information, Depeschen gab es nicht mehr. Der Tauschhandel funktioniert nicht, wenn keiner gibt, aber alle nehmen. Das Rundmetall war nichts mehr wert. Die Leute standen vor dem Nichts. Es gab auch keine Regeln mehr. Auf den Hauswänden Geschmiere. *DAS ENDE NAHT.* Ein paar Häuser weiter: *FÜRCHTET EUCH NICHT, M. KOMMT.*

Die Bauern verließen ihre Felder, was noch auf ihnen wuchs, fraß die Natur auf. Die Farmer hatten sich zu einer Miliz formiert, zogen als Soldaten der Landstreitkräfte durch Atlantis und nahmen sich, was sie wollten. Ihr Erkennungsmerkmal war ein grünes Halstuch. Ihr Motto, das sie im Marsch skandierten:

Neue Werte, noch mehr Härte.
Neue Werte, noch mehr Härte.
Neue Werte, noch mehr Härte.

Niemand stellte sich ihnen ungestraft in den Weg. Es sind jetzt andere Werte gefragt. Anpassungsfähigkeit. Ein Gemüt wie gegerbtes Leder. Schnelligkeit. Finten. Schmutzige Tricks. Die Kinder mussten einen Satz auswendig lernen. Überleben ist kein Ringelreihen. Wenn sie sich in Gruppen zusammenfanden und sich fürchteten, sagte ein Kind, was es von einer Mutter gelernt hat: *Am Ende aller Tage kommt der Diabolus und flüstert dir ins Ohr: Zahltag.*

Manche hielten die kleinen Erdbeben für Vorboten einer göttlichen Strafe. Aber wofür? Was hatten sie verkehrt gemacht? Ihr Gefüge war so dicht, so klug, so harmonisch aufgebaut, wie konnte es so leicht zerbrechen? Schreie von links. Nichts Neues. Wahrscheinlich eine Frau, die gerade ein Problem mit einem von der Miliz hat. Es waren schreckliche Kerle unter ihnen, obwohl sie als Bauern vor ein paar Wochen noch von Herzen gut waren. Doch in der Uniform und mit dem grünen Tuch um den Hals entwuchs ihrem Selbstvertrauen auch die Bosheit. Niemand hielt sie auf. Niemand stellte sich ihnen in den Weg. Niemand wagte, dagegenzureden. Wenn Regeln von einem Tag auf den anderen nicht mehr gelten, bilden sich neue ganz von selbst. In diese Weltenstimmung hinein kommt für Esra ein Brief.

Eigentlich ist es kein Brief, nur eine kurze telepathische Botschaft. *Danke für Ihre Treue. Wir schließen die Pforten. Es kommen keine Kinder mehr. Sie hören jetzt auf andere Lehren. Die Moral, heißt es, ist von gestern. Alles Gute für Sie und Ihr Wirken.*

Esras Aufgabe als Docea ist hinfällig. Ihr Tag beschränkt sich darauf, das Unausweichliche zu erwarten. Von Aron fühlt sie sich verstanden. Er ist ihr Halt, sie machen Spaziergänge, Hand in Hand über die Hügel, wo sie jetzt wohnen, ein wenig abseits von den Geschehnissen im Zentrum. Man hört nichts Gutes von dort unten. Manchmal kommen Leute herauf, rußig oder mit getrocknetem Blut auf dem Wams. Immer öfter riecht es nach Rauch.

Spürst du das auch, Schatz?, fragt Aron mit einem kurzen Gedanken. Der Boden zittert für ein paar Sekunden. Wieder ein Erdbeben. Als würde der Planet Kummer und Sorgen abschütteln wollen. Oder Ekel. *Am Ende aller Tage kommt der Diabolus und flüstert dir ins Ohr: Zahltag.*

Zahltag ist. Für Spender und für Säumige, für Sünder und für Reuige. Für alle zählt die Uhr die Zeit herunter.

Wie spät ist es?

Es ist nicht wichtig, denkt Esra. Es wird sich anderes auftun. Mit ihrem blauen Veloceel fährt sie Richtung Area Drei, sie braucht Abstand, Wind in den Haaren, der die negativen Gedanken wegweht. Negativ. Katastrophe. Schlecht. Apokalypse. Auf einmal gibt es ein Gegenteil für das Gute. Ein Wort für das Schlechte. Viele Worte.

Das Klima schlägt so schnell um, der Himmel verdunkelt sich innerhalb von Sekunden. Blitze stehen am Horizont wie Risse im Gestein, durch die das Licht eindringt. Elektrische Risse. Vor und nach dem Regen ist die Luft wie ungeborenes Leben, denkt sie bei sich, ganz rein.

Über die Hügellandschaft von Atlantis zu fahren, beruhigt sie. Obwohl Esra und Aron noch im Jetzt leben und in der Jetztform sprechen, beharrlich, fast trotzig, als könnten sie damit die Ereignisse aufhalten, sind auch sie nicht immun gegen die Unsicherheiten in der temporalen Grundstruktur. Die Vergangenheitsform merkt man nicht mehr nur an der Sprache, sie allein kann einen Kontinent ja nicht ins Vergessen ziehen, sie ist nur der Beginn des Gewesenen. Manchmal wird neuerdings auch die Umgebung unscharf und verschwimmt / verschwamm. Wie Bilder im Visionator, wenn die Übertragung kurz aussetzt/e. Wer den Umsturz unterstützt, präsentierte sich in der Vergangenheitsform und gab sich damit als Vorbote zu erkennen.

Esra atmet tief ein. »Ich bin. Hier und jetzt«, sagt sie dabei. Wie kann man an eine Zukunft glauben, denkt sie, wenn sich nicht einmal die Zeit an ihre Regeln hält?

Ein Fremder kommt ihr entgegen. In diesen Tagen sind Begegnungen nicht mehr so unbelastet wie früher. Immer mehr Leute haben Waffen, um sich vor dem Unvorhersehbaren zu schützen. Der Fremde hat eine Flinte bei sich. Er trägt einen schwarzen Hut und einen Schal, den er kunstvoll um den Hals gebunden hat. Esra kennt ihn. Es ist der Mann, der sie und Aron vor den drei Wegelagerern gerettet hat. Der unheimliche Reiter, Ma…? Malas…? Malestro.

»Hallo, Esra«, sagt er, »schön dich zu sehen. Endlich einmal allein.«

»Hallo. Sie sind der Mann, der uns geholfen hat, ja genau. Am Meer in Area Eins. Gegen diese … Leute. Ich weiß gar nicht, was sie uns angetan hätten, wenn Sie nicht plötzlich aufgetaucht wären.«

»Heutzutage weiß man vieles nicht mehr«, sagt er.

Sie hat kein gutes Gefühl mit ihm. »Das stimmt. Woher kennen Sie meinen Namen? Ich habe ihn, glaube ich, nicht erwähnt.«

»Ach, manche Dinge weiß man doch. Intuitiv. Geht uns allen so, nicht wahr?« Er zuckt die Schultern und legt das Gewehr nieder. »Komm, setz dich, lass uns reden. Wenn wir dieser Tage etwas haben, dann ist es Zeit. Obwohl, so sicher ist auch das nicht mehr.«

Sie steigt vom Veloceel ab. Etwas in ihr sagt ihr, dass das Gespräch sonst in eine unangenehme Richtung abdriften könnte. »Ich brauche sowieso eine kleine Pause. Zwei Stunden auf dem Rad strengen an.«

»Wie wahr«, sagt Malestro. »Zu Fuß ist es besser. Mein Pferd musste ich erschießen.«

Ihre Augen weiten sich. »Warum?«

»Es hat gelahmt. War besser so. Kennst du die Augen eines Pferdes, im letzten Moment, wenn der Blick bricht und sich in ihm die glasige Ewigkeit widerspiegelt? Kennst du das, Esra?«

Er hat eine unangenehme Art zu reden. Sie würde lieber aufstehen und weiterfahren, will aber nicht unhöflich sein. »Nein, zum Glück nicht. Tiere zeigen mehr als Menschen. Ihre Augen sind Tagebücher.«

»Das hast du schön gesagt, meine Liebe.«

»Ich kann mich nicht erinnern, dass wir uns das Du geschenkt haben. Aber bitte.« Sie verneigt kurz den Kopf. »Was treibt dich hierher.«

»Die Vorsehung«, sagt er und verneigt sich seinerseits. »Die Zahnräder greifen ineinander. Die große Geschichte geht dem Ende zu.«

»Wie meinen Sie das? Pardon, wie meinst du das?«

»Kannst du es nicht spüren? Wir waren an einem Punkt angelangt, an dem es kein Zurück mehr gab. Den haben wir passiert, und keiner hat es gemerkt. Wir haben den Limes überschritten. Es gibt Grenzen, Esra, die führen uns auf Zeitlinien, die nicht mehr reversibel sind.«

Esra ist nicht sicher, ob der Mann wahnsinnig ist oder weise, beides liegt neuerdings eng beieinander. »Da hast du Recht«, sagt sie vorsichtig. »das geht ja weit in die Philosophie hinein. Es stellt sich die Frage, ob der Mensch eine Wahl hat oder nicht. Die große Frage nach dem Determinismus. Ist unser Weg vorbestimmt, oder bestimmen wir ihn, während wir gehen?«

»Das Leben ist eine breite Straße«, sagt Malestro. »Wie ein Schnellweg für Elektrokutschen. Du sitzt in dem selbstfahrenden Ding. Darfst dich mit deinen Gedanken beschäftigen. Du darfst den Autopiloten wegschalten und einen Unfall verursachen. Du kannst aber auch ruhig sitzenbleiben und warten, wohin die Reise geht. Andere Elektrokutschen fahren an dir vorüber, manche halten, um dich vorbeizulassen, andere krachen gegeneinander, weil das System versagt hat. Alles ist in Bewegung. Teilchen. Schwingungen. Wellen.«

»Sie sind ein sehr mysteriöser Mann«, sagt Esra.

»Sind wir wieder beim Sie, hm?« Malestro beugt sich zu ihr, kommt ihr ganz nahe. »Wo wir uns doch schon so lange kennen«, sagt er in einer eigentümlich leisen, plötzlich ganz anderen Klangfärbung.

Esra spürt einen Windhauch auf ihrer Haut. Das ist nicht möglich. Der Ton bahnt sich seinen Weg durch ihr Ohr, in ihren Kopf und weiter in ihr Herz. Das kann nicht sein.

»Erinnere ich dich an jemanden? An einen Freund von früher? Einen Verwandten? Das geht vielen Leuten so, wenn sie mich sehen. Sie werden von ihrer Vergangenheit getroffen, irgendwie bringe ich ihnen etwas zurück.«

In dem Augenblick sitzt Esra wieder auf dem Schoß ihres Vaters. Sie ist vier Jahre alt und er der tollste Mann im ganzen Universum. Er weiß alles, kann alles, ist ihr Held. Er erzählt ihr die Geschichte von einem anderen Land, weit weg, ein Land, das man nur mit dem Zug der Fantasie bereisen kann, ein Land, in dem es riesige Häuser gibt, so hoch, dass sie an den Wolken kratzen. In diesem Land lebt ein Mädchen, das Esra sehr ähnlich ist. Nicht ganz so hübsch wie sie, sagt der Vater, und die kleine Esra kichert. Trotzdem verhält sich das Mädchen wie sie, macht nahezu die gleichen Sachen, spielt mit einer Puppe, die ein rotes Kleid trägt und Zöpfe hat, geht im Winter gerne im Schnee spazieren, liebt es im Sommer, in den Teich zu hüpfen und bewundert die Weiten des Himmels. Auch das Mädchen in der anderen Welt hat einen Vater, mit dem es in die Wolken schaut und Tierformen sucht, da schau, ein Schaf, ja, und da, ein Hundekopf, und da, ein grimmiger alter Mann, genau, und hier ein weißes Einhorn und dort drüben, wenn man genau hinschaut, sieht man in Watte gebettet einen schlafenden Engel. Vater lacht, er lacht viel, vor allem mit ihr. Er erzählt Witze über Bäume, die reden können, Geschichten über Grashalme, die auswandern wollen, zeichnet Bilder von Fabelwesen, die Kindern Glück bringen –.

Der Augenblick ist vorbei, der Vater weg. Weg wie an jenem Tag, als er sie verlassen hat.

»Erinnerst du dich an mich?«, fragt Malestro.

Esra sieht ihn nur verschwommen, weil ihr die Tränen die Sicht nehmen. »Vater? Bist du das wirklich?«

Mit ihrem Rocksaum reibt sie sich die Augen trocken. Als sie aufschaut, ist er nicht mehr da. Sie sitzt allein auf weiter Flur und denkt bei sich: Jetzt hat er mich zum zweiten Mal verlassen. Das Gewehr liegt noch neben ihr.

Es donnert, und die ersten Regentropfen fallen auf den ausgetrockneten Erdboden und sickern ein. Esra bemerkt sie nicht. Sie denkt, immer noch leise: Warum muss ich leiden, um zu leben? Erst als es schüttet, hebt sie den Kopf. Die nassen Haare hängen ihr ins Gesicht.

Etwa zur selben Zeit, aber wer kann das jetzt noch sagen im zeitgeschüttelten Atlantis, hat Aron eine Schicksalsbegegnung, die Weichen in eine neue Richtung stellt. Paul hat ihn gebeten, zu einem Treffen zu kommen, um ein Palaver über seine Schwester zu halten. Es gehe um ihre Zukunft, hat er gesagt, er habe ein paar Ideen, die sie interessieren könnten.

Aron wundert sich jetzt noch über den freundlichen Ton. Seit der Auseinandersetzung in Esras Wohnung ist eine gewisse Zeit verstrichen, und Menschen ändern sich. Außerdem scheinen Meinungsverschiedenheiten zwischen zwei Männern, die fast verwandt sind, in all dem Chaos und den Toten eher lächerlich. Aron entschließt sich, Paul eine Chance zu geben. Er hat Aron ersucht, zu ihm nach Hause zu kommen; man wäre unter sich.

Aron macht sich zu Fuß auf den Weg, es ist nicht allzu weit, höchstens eine dreiviertel Stunde. Als er Pauls Hof betritt, ist alles still. »Ist da jemand?«, ruft er, »Paul, bist du da? Hallo!«

Von links hört er ein Knacken. Er dreht sich um, und etwas großes Rundes knallt ihm ins Gesicht. Aron kann nichts sehen. Der Schmerz schnalzt kurz hinauf in den obersten Bereich, sehr kurz, gleich darauf wird er abgelöst von einer wohligen Schwärze, in die sein ganzes Bewusstsein sinkt.

Die Zeit gleitet ins Imperfekt ab. Der Mann über ihm stand da und hielt eine blutige Bratpfanne in der Hand, er grinste speckig im Triumph. »Jetzt hab ich dich, du Sauhund. Jetzt gehörst du mir.«

Wie spät ist es?

Ticktack.

Aron öffnet die Augen, alles ist verzerrt, leicht in die Schräge gestellt. Er hat einen metallischen Geschmack im Mund. Er weiß nicht, wo er ist. Aus dem Schlaf gerissen? Hat es einen Unfall gegeben? Knapp bevor er dessen Stimme hört, fällt ihm Paul ein.

Während Aron im Präsens lebt, lebte Paul in der Mitvergangenheit. Trotzdem ging alles weiter wie ein etwas verwirrender Film. »Guten Morgen, mein Lieber. Hast du gut geschlafen? Darf ich dir einen Kaffee bringen? Ein kleines Nusstörtchen dazu? Oder ist dir das zu süß? Möchtest du lieber Eier und Schinken? Oder Speck?« Paul holte aus und rammte ihm die rechte Faust ins Gesicht.

Arons Hände sind hinten zusammengebunden, er hat nichts entgegenzusetzen. Er muss sie einstecken, die vier Schläge.

Paul rieb sich die Fingerknöchel. »Du brauchst gar nicht erst versuchen, telepathisch um Hilfe zu betteln, man wird dich nicht hören. Diese Scheune ist mit einer Gedankenblockade ausgestattet. Kennst du diese kleinen Dinger? Schauen aus wie Käfer. Stell dir vor, sogar so Bauern wie wir haben Zugang zu diesen technischen Spielereien. Wir können nicht nur eine Sense heben oder eine Sau schlachten, wir sind moderne Höhlenmenschen. Können sich das so feine Leute wie du überhaupt ausmalen? Leute, die kraft ihrer Herkunft zu Höherem berufen sind? Die ihr Leben lang nichts gearbeitet haben, außer ein paar Gedanken aufs Papier zu bringen. Den ganzen Schmus, den ohnehin niemand hören will. Ja, mein Lieber, stell dir vor, jetzt kommen die Bauern zum Zug.«

Er knallte ihm die Faust so in die Magengrube, dass Aron, obwohl er festgebunden ist, nach vorne kippt und ruckartig Luft aus den Lungen stößt.

»Tut's weh?«, fragte Paul. Sein massiger Körper war vor Aron aufgebaut wie eine Heimsuchung aus Fleisch, Sehnen und Muskeln.

Aron spuckt Blut als Antwort.

»Guuut so.«

»Wasswisduvommir.« Aron lallt beim Reden.

»Was ich will? Gute Frage. Das weiß ich selbst noch nicht so genau. Hmmm … Moment, lass mich mal nachdenken.« Paul holte aus und trat ihm in die Weichteile. »Das da, ja, das will ich.«

Aron krampft sich zusammen. Der Schmerz ist unvorstellbar. Sein Unterleib steht in Flammen. Wenn das so weitergeht, foltert er ihn zu Tode, daran besteht kein Zweifel.

»Paul! Höassu …«

»Du wirst zuhören, Pappnase. Sie reden von neuer Krise, von der sogenannten Rundmetallkrise. Was immer das bedeuten soll. Das werden so edle und wunderbare Scriber wie du sicher besser wissen. Rundmetallkrise heißt für mich: Unsere Münzen waren einmal, sie zählen nicht mehr. Die funkelnden schönen Sachen, die Gold, das Silber und das Platin, woraus eben die Münzen sind, und alle die Dinge, die man Frauen schenkt, nicht wahr, Dinge, die du meiner Schwester schon längst hättest schenken müssen, die sind offenbar nichts mehr wert. Warum das so ist, weiß ich nicht. Das darfst du die Bauernschaft nicht fragen. Aber was ich weiß, ist: Das macht überhaupt nichts, wir suchen uns einfach neue Werte. Die Bauern, die mir folgen, kennen sich aus. Es braucht Dinge zum Angreifen. Oder alte Werte mit neuen Namen, alle reden auf einmal von bedrucktem Papyrus, von diesen neumodischen Scheinen, wir nennen es Geld. Ja, Geld. Das ist was für den Scriber, nicht wahr: Gold, Geld, ein einziger Buchstabe wird ausgetauscht und die alte Welt ist Geschichte. Wer braucht Papierfetzen, um Essen zu holen?, frage ich dich. Wenn der Magen leer ist, braucht es etwas, das man hineinhaut.«

Diesmal holte er mit der linken aus und schmetterte sie Aron in die Leber.

»Puh, du bist ganz schön zäh. Ich hab dir doch gesagt, du sollst die Finger von meiner Schwester lassen. Ihr zwei passt nicht zusammen, das habe ich von Anfang an gewusst. Aber du wolltest ja nicht hören. Das bedeutet eines: Wir müssen diese Beziehung anders auflösen.«

Paul ging ein paar Schritte zur Seite vor bis zur Feuerstelle und nahm einen Schürhaken aus dem Glutnest.

»Ich steche dir die Augen aus und dann schneide ich dir die Eier ab. Oder ist es dir umgekehrt lieber, Chéri?«

Er holte aus, um Aron den Schürhaken ins Gesicht zu rammen. Ein Knall fuhr dazwischen. Pauls Bewegung fror ein, er hielt inne, eine Sekunde, zwei, dann bildete sich ein roter Fleck auf seiner Brust, der immer größer wurde, und Paul fiel mitsamt dem Haken nach hinten um.

Hinter ihm steht Esra mit der Flinte in der Hand.

Vor mir die Almhütte. Die Hirschalm im Jagdmärchenpark. Ich würde sagen, jetzt braucht's ein Glaserl Wein nach der ganzen Aufregung. Ich bin eher der Rebentyp und weniger der Hopfenbersch, aber nicht wegen des Geschmacks. Ein rescher Veltliner legt sich nur nicht so an wie ein kühles Blondes, und man soll ja auf die Linie schauen. Die Preise sind hier im Mühlviertel noch wirklich moderat. In einer Hauptstadt und dort vielleicht in der Innenstadt blutet man sich schneller aus, als man Prost sagen kann.

Alle haben Geldsorgen, irgendwie. Hast du keine Kohle, willst du ein wenig. Hast du ein wenig, willst du mehr. Hast du mehr, willst du alles. Wissen wir schon von der Gier. Aber es gibt auch äußere Einflüsse, die den Geldhahn auf einmal zu- oder gleich ganz abdrehen. Das Schreckgespenst des globalen Engpasses. Die Gesellschaft für deutsche Sprache kürte das Wort 2008 zum Wort des Jahres: Finanzkrise.

Mark Twain hat einmal gesagt: »Nicht das, was du nicht weißt, bringt dich in Schwierigkeiten. Sondern das, was du sicher zu wissen glaubst, obwohl es gar nicht wahr ist.«

Er hat schon recht gehabt damit. Am Ende bleibt eines stehen: die Erkenntnis, dass es nicht immer Unwissen ist, was die Finanzwelt immer wieder ins Verderben hat laufen lassen, sondern das perfide Zusammenspiel von Gier und Ignoranz.

Ich komme raus aus der Hütte, und dort vorne ist schon die Hauskapelle und daneben gleich die Einsiedlerklause. Ich gehe einmal um den Platz herum und bin schon vor der Himmelsleiter. Hundertacht Stufen bis hinauf, ich habe sie gezählt. Es herrscht hier eine besondere Energie, man kann sie tatsächlich fühlen. Ich glaube, ich bin ein sensitiver Mensch, und in manchen Augenblicken komme ich mir vor, wie an eine kosmische Stromdose angeschlossen. Hier ist so eine Energiezone, dass sich einem die kleinen Härchen auf dem Unterarm aufstellen. Aber vielleicht nur, weil eine kühle Brise aufzieht. Man kann ja nie wissen.

Die Gänsehaut kommt mir, wenn ich denke, wie skrupellos Menschen mit den Werten anderer umgehen. Die New Yorker Investmentbank Lehman Brothers, die eine entscheidende Rolle in der jüngsten Finanzkrise gespielt hatte, musste 2008 Insolvenz beantragen. Im Jahr davor beschäftigten sie achtundzwanzigtausendsechshundert Angestellte. Niemand wollte damals wahrhaben, dass sich das Gros der globalen Kapitalwelt auf ein paar Banken beschränkt, oder besser auf deren falsche Versprechen.

Banken und Börsen, sie haben an Image eingebüßt. Das ist nicht rasend neu. Die Geschichte der Börse ist eine Geschichte der Katastrophen. Und das Modell immer gleich. Im Vorfeld wird wie verrückt geschrien. Kaufen! Kaufen! Kaufen! So war das im Jahr 1637. In Holland prognostizierte man eine beträchtliche Nachfrage an

Tulpen. Die Anleger stürzten sich drauf, als hätte wer Freibier gerufen. Mit den Tulpen ließen auch die Interessenten bald den Kopf hängen, und fertig war der Börsencrash.

Von 1924 bis 1929 erklommen die Aktienkurse in den USA neue Höhen. Im September 1929 war der wichtigste Index der US-Aktienwerte, der Dow Jones, fast viermal so hoch wie noch fünf Jahre zuvor. Menschen nahmen Kredite auf und kauften Aktien wie entfesselt, im festen Glauben, sie würden als Freizeit-Broker mehr abcashen, als sie für die Kreditraten benötigten. Man ging sogar soweit, Versprechen abzugeben. Der Kurs könne gar nicht fallen. Das sei unmöglich. Am 24. Oktober 1929 krachte das Werkl zusammen. Innerhalb von zwei Stunden waren elf Milliarden Dollar verschwunden. Der Tag ging als Schwarzer Donnerstag in die Geschichte ein. Folge: die Weltwirtschaftskrise.

1973 dann die Ölkrise, dann … naja, ich will niemanden langweilen. Jedenfalls kriselte es immer schon.

Der Finanzexperte André Kostolany sagte: »Entscheidend ist, ob die Zittrigen oder die Harten die Papiere halten.«

Dem Geld ist das wurscht. Es wird umgarnt und umschwärmt, als wär's das höchste Gut des Menschen. Nicht ohne Grund steht im iPhone das I zuerst. I wie ich. Apple, der Hersteller des schicken Laptops, auf dem dieses Buch geschrieben wurde, hat 2017 eine Börsenbewertung von mehr als achthundert Milliarden Dollar erreicht. Es geht soweit, dass man hofft, bald die Billion-Grenze zu sprengen. Was passiert dann? Macht es iBoom?

Wie viel Geld gibt es überhaupt auf der Welt? Schätzungen nach so um die zweihundert Billionen Dollar. Ich bin aber noch nicht dazugekommen, es nachzuzählen.

Schnell verfügbar, als Münzen, Scheine und auf Girokonten, existieren weltweit rund neunundzwanzig Billionen US-Dollar. Der Rest ist nicht angreifbar, immateriell. Zum Beispiel die Schulden der Staaten, die irgendwo bei hundertneunundneunzig Billionen US-Dollar liegen.

Und selbst diese Summe macht nur ein Drittel der weltweiten Derivate aus. Das sind Vertragswerte, Optionsscheine oder Finanz-Swaps. Der Wert von Derivaten ist abhängig von einer Referenzgröße, bei der es sich um Wertpapiere, Zinssätze, Rohstoffe oder Devisen handelt. Die genaue Geldmenge, die Derivate im Finanzmarkt ausmachen, ist nicht bekannt und lässt sich nur schwer messen. Schätzungen belaufen sich auf Summen zwischen sechshundertdreißig Billionen und ein-komma-zwei Billiarden Dollar. Alles Geld, das gar nicht da ist.

Ich geh jetzt weiter und überlege mir, wo ich ein Sparschwein kaufen kann, das schlachten auch Vegetarier.

KAPITEL 12
Lauf, Esra, lauf!

Im Tempel des Poseidon war die Stimmung erdrückend. Die Unterredung war anberaumt worden, aber eigentlich gab es nichts mehr zu unterreden. Die zehn übriggebliebenen Hohepriester standen ihrer Machtlosigkeit gegenüber. Sie konferierten nicht mehr, sie saßen oder standen tatenlos herum und stellten sich die Bumerang-Fragen: Wie konnte das alles passieren, wie nur? Hast du eine Erklärung? Wie konnte es so weit kommen? Was meinst du? Ja, fassungslos sind wir alle. Aber wie? Aber woher? Aber warum? Aber so plötzlich. Alles vergangen. Die Sprache lügt nicht.

Die Vergangenheitsform und das Aber haben auch die Hohepriester umfangen, nicht einmal sie konnten sich dagegen wehren. Daido, Clea und Gaia hielten sich an den Händen. Porto und Evan sahen aus, als würden sie gern dasselbe tun. Vira redete leise mit Adam und Cara. Aleph wartete, was Sasklevia tun würde, aber ihre Vorschläge überzeugten ihn nicht.

Wir müssen mit den Menschen reden!

Und? Niemand hört zu.

Wir müssen das Steuerrad herumreißen!

Schön, und wie?

Wir müssen Atlantis vor dem Untergang bewahren!

Genau, und wie ist der Plan noch einmal im Detail?

Wir müssen unsere eigene Haut retten!

Ja.

Hohepriester waren nicht unverwundbar, und wie die Dinge so standen, konnte niemand sagen, was als nächstes geschah.

Draußen war es kühl geworden. Drinnen im Tempel fröstelten alle, wenn auch nicht nur wegen der Kälte. Die Kristalle gaben in unregelmäßigem Abstand noch Energie ab, aber kaum noch Wärme. Es schien, als wären auch sie müde geworden. Nach der Angst kam das Ausgebranntsein, es war die neue Religion. Der hohle Gott der Depression.

»Entschuldigt mich bitte einen Augenblick«, sagte Daido und ging hinaus auf den Balkon. Was sie sah, machte sie endlos traurig. Das schöne, grüne, saubere Atlantis war eine schmutzige Matrize seiner selbst geworden. Daido fühlte sich nutzlos. Die Stimme in ihr, mit der sie sich seit zwei Wochen unterhielt, war nicht gerade das, was man Motivation nannte. Sie riet, nachzudenken, ob es nicht besser wäre, aufzugeben. Jetzt, wo alles keinen Sinn mehr hatte und das Land zerbrochen war. Das Glück verspielt, die Erlösung vertan. Die Menschen zerschellten an den Wänden ihres eigenen Unvermögens. Atlantis versank. Im Chaos.

Daido sprang.

Im Fallen dachte sie an Horvin und Belan, denen sie nun folgte. Freier Fall, Beschleunigung, Adrenalin, ein Hochgefühl. Endlich wieder ein Gefühl, als würde man leben. Wenn auch nur mehr kurz, ganz kurz. Der Boden kam näher. Noch mehr Beschleunigung. Kopf voran. Sicht frei. Daidos Wirken als Hohepriesterin hatte seine guten Zeiten längst überschritten. Sie war diejenige gewesen, die Esra unterstützt hatte, Docea zu werden. Sie hatte ein Auge auf sie, wie auf viele andere auch, damit deren Leben in den richtigen Bahnen verlief. Damit sie nicht an den verkehrten Stellen abbogen. Oder fielen, so wie sie jetzt. Aus vierzig Metern Höhe fiel man nicht lange. Das Gefühl war so unglaublich intensiv. Das Stärkste, was sie je erlebt hatte. Sie dachte, sie würde den Aufprall nicht spüren, vielleicht nur den Bruchteil einer Sekunde, wenn sie auf dem Boden aufklatschte und –

Schreie.

Cara hielt die Luft an, Vira riss die Hand vor den Mund, Adam und Aleph schauten hinunter. Daido sah aus wie eine Puppe, die sich nicht entscheiden kann, welche Position sie einnehmen will. Eine Puppe, deren Kopf zerplatzt ist. Die anderen Hohepriester warteten regungslos auf dem Balkon, als könnten sie das Geschehen damit rückgängig machen, als spule sich die Zeit zurück, wenn sie sich nicht bewegten.

Gaia wollte sich an die Brüstung lehnen, sie griff ins Leere. Sie hörten einen Knall, und die Balustrade kippte. Der Balkon hing wie eine riesige Rutsche am Tempel herunter, die sich immer weiter senkte.

Sasklevia schlitterte die schiefe Ebene entlang.

Vira stürzte seitlich ab und fiel ins Bodenlose.

Cara verhakte sich mit dem Fuß an einem Steinvorsprung. Er brach ab.

Der Boden sackte ruckartig weiter ab, alles rutschte Richtung Brüstung.

Clea, Gaia und Porto stürzten vierzig Meter in den Tod.

Evan und Adam hingen oben an einem Mauervorsprung und schrien.

Sasklevia, die als erste abgeglitten war, klammerte sich an Alephs Beine.

Aleph krallte sich an zwei Steher der Brüstung, für das Gewicht von zweien reichte seine Kraft nicht.

Als Sasklevia ihm ihre Hand entgegenstreckte, damit er sie hinaufziehen konnte, trat er sie mit dem rechten Fuß weg.

Sie stürzte und schrie und stürzte und schrie nicht mehr.

Evan steckte zwischen zwei Steinquadern fest, durch die er langsam nach unten durchzuschlüpfen drohte. Er versuchte, sich nach oben zu ziehen, seine Muskeln versagten den Dienst. Es hieß, in ausweglosen Situationen sei der Mensch imstande, außergewöhnliche Kräfte zu mobilisieren. Auf ihn traf das nicht zu. Evan ließ los.

Adam war der letzte. Er erlebte den freien Fall nicht mehr, er starb an der Panik. Gehirnschlag.

Pax Eterna bekannte sich zu dem Anschlag. Sie hatten einen kleinen Sprengsatz unterhalb des Balkons angebracht und gewartet, bis die Hohepriester hinaustraten. Per Funk zündete Fritz, einer ihrer Adepten, die Bombe. Er wusste in dem Augenblick, dass er genau das Richtige tat. Sein Herz raste, und er fühlte die kalte Unendlichkeit in sich, den Atem des Kosmos.

In Atlantis schien die Zeit schneller abzulaufen als sonst. Als würde sich die Erde mit doppelter Geschwindigkeit drehen. Die Menschen hatten einen gehetzten Blick, wussten nicht mehr, war die Welt wahnsinnig oder sie selbst. Beides stimmte. Eine junge Frau am Straßenrand wiederholte fünf Wörter in einer Endlosschleife. Sie kniete im Schmutz der Straße und drehte paranoid den Kopf hin und her. »Der Weg in die Zukunft. Der Weg in die Zukunft. Der Weg in die Zukunft.«

Niemand beachtete sie. Eine schwarze Katze lief an ihr vorbei.

Wie spät ist es?

Ticktack. Ticktack.

In Area Eins, tief unter der Erde, applaudierte Professor Schleisser seinen Wissenschaftlern. »Exzellent, meine Herren. Der Zootempel des Poseidon hat seine Äffchen verloren. Sie werden niemanden mehr davon überzeugen müssen, den ach so wichtigen Sinn des Lebens zu erkunden. Ich sage nur: Hohe...Priester, tiefer... Fall. Hahahaha!«

Die Herren Wissenschaftler stimmten in sein Gelächter ein.

»Die Kristalle verlieren ihre Strahlkraft, fantastisch. Alte Strukturen muss man aufbrechen, um neues Leben entstehen lassen zu können. Atlantis ist auf dem Weg, wiedergeboren zu werden. Höre ich ein Ja?«

»JA!« Die Rotte Akademiker war genauso leicht zu steuern, wie es die Bauern gewesen waren.

In der Zwischenzeit war die Bauern-Liga, die sich formiert hatte, zahnlos geworden. Sie hatten ihre Forken niedergelegt und aufgegeben. Alles ausgebrannte Seelen, ausgebrannt wie die Häuser. Rußige Ruinen.

Schleisser breitete die Arme aus und verharrte in dieser Pose wie ein Prediger, der die Spannung erhöhen will und wartet, bis niemand mehr auch nur den geringsten Mucks machte. Dass seine Augen genau denselben Irrlichterglanz hatten wie die von Malestro, ging dabei unter. Schleisser wird die Hülle verlassen, Malestro wird bleiben. So einfach war das.

»*Das Omega.* Startet es. Schaltet den Magnetoiden ein.«

»Eingeschaltet.«

Obwohl der Professor nur aus Haut und Knochen bestand, wirkte sein Körper wie mit Helium aufgeblasen, angeschwollen vom Stolz der Aufgabe. Von der Größe der letzten Aktion. »Volle Kraft. Es kann losgehen. Die Welt ist bereit für einen Neustart. Ich bin die Nemesis.«

Du bist die Nemesis, wiederholte die Stimme in seinem Kopf. *Du bist das Alpha und das Omega.* Er schloss die Augen und durfte das Ende ein paar Stunden früher sehen. Die Flammen, die Flut. Ein Vorspiel zur Belohnung.

Esra steht vor ihm wie ein Racheengel, das Gewehr in der Hand und den Tod im Blick. Sie hat Paul erschossen, ihren Bruder getötet, ihren großen Bruder, mit dem sie aufgewachsen war. Unwillkürlich greift sie nach dem Penrose-Amulett, Pauls Geschenk, das sie immer um den Hals trägt. Mit einem Ruck reißt sie es ab. Nichts gilt mehr, nichts geht mehr, alles ist aus den Fugen, zerfällt. Sie löst Arons Fesseln, befreit ihn, ohne ein Wort zu sagen.

Er schickt einen telepathischen Gedanken: *Du hast mir das Leben gerettet. Er wollte –*

Sie erwidert nichts, dreht sich apathisch zur Tür, dann wieder zurück. Pauls Leiche liegt zu ihren Füßen. Ein massiger Körper mit der klaffenden Wunde im Rücken, wie ein erlegtes Tier nach der Jagd.

Warum bist du überhaupt hergekommen?, fragt sie Aron.

Paul wollte es so. Aron erzählt ihr alles. *Er dachte, er schützt dich.*

Esra versucht zu verstehen, obwohl ihr Gehirn die Realität verdrängen will, zum Eigenschutz. Sie fühlt sich unendlich müde. Alles sinnlos. Was bringt es, denkt sie für sich, der letzte Fisch im Aquarium zu sein, wenn alle anderen Fische schon mit dem Bauch nach oben treiben. Obwohl Aron sie hält und drückt, fühlt sie sich allein. Als hätte ihre Seele Selbstmord begangen.

Es tut mir so leid für dich, denkt er. *Ich verstehe auch nicht, warum er –*

Ihre Knie versagen den Dienst. Sie knickt ein und wird kurz ohnmächtig.

Aron dämpft den Sturz. Hält sie. »Schatz, hörst du mich, Esra!«

Ihre Lider flackern, sie ist wieder da. »Geht schon, war nur kurz weg. Alles zu viel.«

Er stützt sie. »Wir müssen los«, sagt er. »Ich habe kein gutes Gefühl mit diesem Platz hier. Pauls Leute müssen jeden Moment da sein.«

Sie nickt, nimmt die Flinte vom Boden und sagt: »Einen Schuss haben wir noch.«

»Sollen wir das Haus durchsuchen?«, fragt er.

»Nein, du hast recht. Wir haben keine Zeit. Wir müssen –«

Stimmen unterbrechen Aron. Ein Geräusch an der Scheunentür. Männer. Drei oder vier.

Esra flüstert: »Sie kommen.«

Die beiden ducken sich, leise, verstecken sich hinter einem Heuballen. Esra und Aron leben im Präsens weiter, nur sie existieren in der Gegenwart, während alles andere rund um sie im Imperfekt stattfindet. Zeit ist ein Paradox, das niemand so richtig versteht.

Die Besucher redeten mit bäuerlichem Akzent, grummelten, murrten, suchten Paul, fragten sich, warum er sich nicht meldete, ob er fortgegangen war, wo sie sich doch für das Treffen verabredet hatten. Es ging darum, wie sie weitermachen sollten, ob es überhaupt eine Zukunft für die Farmersleute gab, jetzt, wo alles den Bach …

»Hier!«, rief einer in dem Moment. »Kommt hierher! Er ist tot.«

Esra nimmt Aron an der Hand. Im Schutz der Gerätschaften, die für den Ackerbau dienen und herumstehen, der Elektro-Trecker, die Finne, die automatische Erntemaschine, der Zerhacker und die gut vierzig Säcke voll Weizen, schleichen sie über den äußeren Rand der Scheune Richtung Tür.

»Den hat wer umgenietet«, sagte einer der Männer. »Das Einschussloch ist größer als der Arsch meiner Frau.«

Ein paar lachten. Dass ihr Anführer tot war, schien sie nicht zu kümmern. Anführer wuchsen derzeit nach wie Kürbisse. War einer hin, folgte der nächste nach. Nur eine Frage der Zeit.

Mit der Schulter stößt Aron unabsichtlich an etwas, eine leere Wasserflasche aus Glas. Er will sie auffangen, verpasst sie, die Flasche fällt auf den Boden. Sie zerspringt nicht, rollt nur hinter eine Holzkiste.

»Was war das?«, fragte einer der Männer mit brummtiefer Stimme.

»Was meinst du?«

»Hab nix gehört. Du?«

»Irgendwas schon, weiß nich.«

»Irgendein Geräusch.«

»Geister?«

»Hey!«, rief der Mann mit der Bärenstimme. »Wer da! Komm raus!«

Aron bedeutet Esra zu bleiben, steht auf, kommt aus der Deckung hervor und hebt beide Hände hoch. »Ruhig, ganz ruhig. Mein Name ist Aron, ich bin der Schwager von Paul. Ich gehöre zur Familie. Ich habe ihn nicht getötet. Es war ein Unfall. Paul wollte –«

Der Bärenmann unterbrach ihn. »Wieso kennen wir dich nicht. Paul hat nie von einem Schwager erzählt.«

»Ich bin der Scriber, Pauls Schwester Esra und ich–«

»Ach DER! Jetz is alles klar.« Er drehte sich zu den anderen um. »Das is der Typ, den sich Paul vorknöpfen wollte. Da is anscheinend was schiefgelaufen.« Er wandte sich wieder Aron zu. »Warum, lieber Schwager, wollte Paul dir einen Denkzettel verpassen, hä? Er hat uns gesagt, dass er dich grillen will. Mit der Feuerzange kitzeln. Bis du ganz durch bist. Ich glaub, das holen wir jetzt nach. Im Gedenken an unseren lieben Freund und Anführer, der jetz mit'm Loch im Rücken daliegt.«

»Schluss jetzt!«, kreischt Esra.

Alle Blicke richteten sich auf sie.

»Genug mit der Gewalt. Es ist zu viel passiert. Überall.« Sie stellt sich neben Aron, die Flinte im Anschlag. »Wir werden jetzt hier rausgehen, und alle leben weiter, ist das klar? Wenn uns jemand folgt, schieße ich ihm den Schädel weg, auch klar? Ich habe noch eine Patrone, ich sage es ehrlich, verstanden? Eine Patrone. Ein Schuss. Ihr seid zu viert, das heißt, es bleiben drei von euch über, drei mit denen wir uns dann beschäftigen werden. Den Ersten wird es trotzdem treffen. Der Erste wird ausschauen wie ein Huhn, dem man den Kopf abgeschlagen hat. Wer will der Erste sein, ha?«

Niemand sagte etwas. Die vier taxierten sie. Bluffte sie oder nicht?

Geistesgegenwärtig nützt Aron den Moment und öffnet die Scheunentür. »Jetzt«, sagt er. »Lauf, Esra, lauf!«

Beide starten los, rennen um ihr Leben.

Auf den Straßen regierte die Anarchie. Reifen von Elektrokutschen brannten. Hyänen streiften durch Gassen, auf der Suche nach Futter. Die Straßen, früher so sauber, waren jetzt dunkel und verdreckt, hatten die Farbe von Raucherlungen.

Sie biegen ab, nehmen einen Feldweg. Esra dreht sich im Laufen um. Aron auch.

Einer der Männer verfolgte sie.

Sie laufen weiter in ein Waldstück hinein, wechseln mehrfach die Richtung. Der Abstand zu ihrem Verfolger verkürzt sich. Jetzt sehen sie einen zweiten Mann, der ihnen nachläuft.

Er hatte ein Messer in der Hand.

Sie kommen zu einer Schwebebrücke, die nur von einem Seil gehalten wird. Aron und Esra überqueren sie vorsichtig, versuchen zittrig die Balance zu halten.

Die Männer kamen näher. »Jetzt haben wir euch«, keuchte einer.

Aron deutet Esra, hier, das Seil.

Sie versteht sofort. Sie hält den Lauf der Flinte darauf, zerschießt das Seil, das die Hängebrücke am Rand fixiert.

Die zwei Männer am anderen Ende der Brücke hielten inne. Das zerschossene Seil franste aus, riss, die Brücke schnalzte aus der Halterung, rutschte vor und schwang hinunter in den Abgrund. Die Männer verloren das Gleichgewicht, stürzten mit rudernden Armen ab, klatschten auf und tauchten ein, wurden vom Wildwasser mitgerissen wie Treibholz.

»Knapp«, sagt Esra. Ihr Gesicht ist rot, die Haare sind verschwitzt.

Aron ähnelt einem, der lange in Gefangenschaft war. Oder einem Boxer, der im Ring mehrfach hintereinander verloren hat. Das Gesicht blutverschmiert, das rechte Auge angeschwollen und lila, schmutzige Kleidung. »Das Leben ist ein reißender Fluss«, sagt er und schafft ein Lächeln.

Esra auch. »Die wollten unbedingt gegen den Strom schwimmen.«

Er streicht mit dem Finger über ihre Hand, beugt sich zu ihr, um sie zu küssen, da beginnt der Boden zu beben. Als hätte die Erde Todesangst. Die Welt zittert. Äste brechen ab, Bäume verlassen sich auf ihre Wurzeln. Ein Reh steht regungslos da, den Kopf eingezogen. Vögel hören auf zu singen. Die Natur steht unter Spannung. Nach zehn Sekunden ist es vorbei.

»Das passiert oft in letzter Zeit«, sagt Aron.

»Ja, und es wird schlimmer. Von Mal zu Mal steigert es sich.« Vor ihrem geistigen Auge sieht Esra Trommeln, die das Ende ankündigen. Todestrommeln. »Die Natur rächt sich.«

»Wir müssen weiter«, sagt Aron.

»Ich glaube, in diese Richtung.« Sie zeigt nach links. »Dort zur Lichtung.«

»Du bist der Kompass«, sagt Aron. »Zeig mir, wo die Nadel hinzeigt.«

Sie zwinkert ihm zu. »An dir ist ein Poet verlorengegangen.«

»Es sind doch nur gesprochene Buchstaben.«

»Ich liebe dich.«

»Ich dich auch. Komm jetzt.«

Eine Stunde brauchen sie, um nach Hause zu finden. Sie sind erschöpft, kraftlos, am Ende. Ausgezehrt von dem Ereignis, das sie Leben nennen. Und doch: endlich daheim.

Mir geht es auch so, denkt Aron, der ihre Stimmung aufgefangen hat.

Das weiße Vorzimmer, der von Licht durchflutete Großraum, ihr Zuhause als Hort der Glückseligkeit. *Wenn die Welt zusammenbricht, lässt es sich hier gut warten*, denkt Esra.

Aron wäscht sich unterm lauen Wasser das getrocknete Blut aus dem Gesicht. Dann geht er zurück in den Wohnbereich. Esra steht in der Mitte des weiß eingerichteten Raums wie ein Engel ohne Flügel. Aron überlegt, ob sie sich ins Schlafzimmer verfügen sollen. Jeder Augenblick zählt. Unter dem Titel hat er einmal in einer Depesche geschrieben. *Jeder Augenblick ist ein Geschenk.* Die Texte werden ihm abgehen. Das Überlegen, das Formulieren, die Zufriedenheit mit dem, was er den Leuten mitgeben kann. Manchmal ist es lapidar, dann eine Binse und hin und wieder trifft er tiefer. Die Leserinnen und Leser seiner Gedankensätze meldeten, dass er es auf den Punkt bringen kann. Ein Gefühl, vielleicht das ganz besondere Glücksgefühl dieser Zeit, in der sie leben. Gelebt haben, korrigiert er sich. Aron sieht Atlantis als Wiese, die früher grün und saftig war, und heute ist da nur noch braune, verbrannte Erde. Er fragt sich, ob er es hätte verhindern können. Nein, manche Entwicklungen entziehen sich dem individuellen Wirkungsbereich. Seine Antennen sind zu kurz, seine Fühler reichen nicht so weit. Er ist nur ein Mensch.

Esra reicht ihm einen Becher Guayasa. »Den haben wir verdient«, sagt sie und hebt ihren Becher. »Und dann können wir –«

»Störe ich?« Malestro kommt aus dem Nebenzimmer. Sie haben ihn nicht gesehen. »Ich möchte das junge Glück in keiner Weise davon abhalten, sich zu vermehren.« Er deutet ein übertriebenes Grinsen an, das an einen Clownsmund erinnert.

»Wer –?« Aron schreckt auf und mustert den hageren Mann mit dem schwarzen Hut. »Ich kenne Sie doch. Sie … Sie waren auf dem Pferd, als wir den drei Männern begegnet sind, auf unserem Ausflug. Was machen Sie in unserem –«

»Aron«, unterbricht ihn Esra, »er ist nicht der, für den du ihn hältst. Ehrlich gesagt, weiß ich selbst nicht, was ich von ihm halten soll.«

»Warum?«

»Er hat Andeutungen gemacht.« Beim Reden fixiert sie seine schwarzen Augen. »Über meinen Vater. Der uns damals verlassen hat. Mein Bruder, meine Mutter, mich. Er will mich glauben machen, dass er es ist. Ich weiß nicht. Ich …«

Malestro tritt näher. »Ihr werdet doch einen alten Mann nicht vor die Türe setzen, hm? Jetzt, wo draußen so viel … los ist. Darf ich Platz nehmen, mein Kind?«

»Nennen Sie mich nicht so.« Esra spürt einen Eishauch, der ihr die dünnen Härchen auf der Haut aufstellt.

»Offenbar bleibt es beim Sie«, sagt er mehr zu sich selbst. »Na gut, Esra. Ich darf doch weiterhin Esra sagen, ja?«

Sie nickt.

Aron steht in Warteposition, er weiß nicht so recht, wie er sich verhalten soll. Immerhin redet der Fremde noch in der alten Jetzt-Sprache.

Malestro lässt sich auf dem Sonnenholz nieder. »Ich werde euch eine Geschichte erzählen. Setzt euch zu mir, sie wird euch gefallen. Es geht um ein Kind, das bekommt von seinen Eltern zum Geburtstag ein Paket mit einer bunten Schleife drum herum. Eigentlich hat sich der Bub ein Veloceel gewünscht, wisst ihr. Aber nein, die Eltern wollen nicht, dass er sich etwas tut. Der Vater Soziologe, die Mutter Biologin, beide wollen ihm etwas Sinnvolles schenken. Du wirst viel Freude damit haben, sagen sie. Der Bub reißt das Paket auf, drinnen ist ein leerer Kasten aus Glas, daneben ein Beutel. Der Bub glaubt an einen Scherz und dass das Veloceel draußen um die Ecke steht. Nein, sagt der Vater, das ist kein Scherz, das ist dein Geschenk. Was soll das sein?, fragt der Bub mit höherer Stimme. Er ist so enttäuscht, dass ihm fast die Tränen kommen. Seine Eltern beugen sich zu ihm und sagen: Das sind Urzeitkrebse. Du musst sie erst zum Leben erwecken. Hier, mit dieser Erde. Sie wachsen aus dieser Erde, deine Urzeitkrebse, sie werden größer, und sie gehören nur dir. Du kannst sehen, was sie tun, wie sie sich entwickeln, sie beobachten, ob sie sich vertragen oder gegenseitig auffressen, du kannst den einen oder anderen herausnehmen aus dem Spiel und sehen, wie es dann weitergeht, du kannst dich erfreuen an der Ernsthaftigkeit, mit der diese niederen Wesen herumkriechen. Sie wissen nicht, dass es dich gibt und dass du sie hervorgebracht hast. Sie wissen nicht, dass du ihr Schöpfer bist. Das macht das Spiel interessant. Hier, mein Sohn, die Urzeitkrebse gehören dir. Mach mit ihnen, was du willst. Tja. Der kleine Bub züchtet die Krebse, sieht ihnen ein bisschen zu und verliert dann das Interesse, weil alles recht absehbar ist. Er legt den Glaskasten beiseite. Nach einiger Zeit räumt er sein Zimmer auf, und der Kasten fällt ihm wieder in die Hände. Und wisst ihr was? Die Krebse sind alle tot, bis auf zwei. Erinnert dich das an was, Esra?« Er sieht sie kurz an. »Und dann geht der Bub her und zündet sein Spielzeug an. Wisst ihr warum? Er will das Unvermeidbare beschleunigen, sehen, wie sich die letzten Urzeitkrebse verhalten, wenn ihr Biotop in Flammen aufgeht. Jedes Spiel hat ein Ende.«

Die Art, wie Malestro redet, bereitet Esra Unbehagen.

»Ihr müsst sterben, um zu begreifen«, sagt er.

Aron steht auf. »Ich glaube, wir wollen diese Unterhaltung nicht weiterführen.«

Malestro geht nicht auf ihn ein, er wendet sich Esra zu. »Du hast deinen Bruder erschossen. Tut's weh?«

Sie will ihn anschreien. Er hebt die Hand, und sie verstummt auf sein Kommando.

»Still«, sagt Malestro, »ich weiß, es ist nicht leicht. Jedes Tier wehrt sich irgendwann. Man muss es nur lange genug in die Enge treiben.« Er befeuchtet seinen Mittelfinger und fährt sich damit in einer Esra-Parodie über die Augenbrauen. »Wer hätte vor einem halben Jahr gedacht, dass du zu so etwas fähig bist, hm? Die Moral in Person. Und jetzt? Anstand und Frohsinn sind bloße Erfindungen. Wünsche, die nicht aufrechtzuerhalten sind. Der Mensch ist das Problem. Er ist ein genetisch vielleicht eine Spur aufgebesserter Urzeitkrebs.«

Und du bist ein genetisch reduzierter Wichtigtuer, denkt Aron bei sich. Andererseits flößt ihm der Mann Unbehagen ein. Er hat nichts Menschliches an sich. Es scheint ihn ein Kraftfeld zu umgeben, etwas Unheimliches, Undurchdringliches.

Esra gibt ihm ein Blickzeichen, er solle sie nur machen lassen. Sie fragt: »Wer sind Sie?«

»Ich?« Malestro lacht. »Ach, mein Kind, ich habe viele Namen. Nenn mich Freund, nenn mich Vater. Nenn mich das Kind mit dem Glaskasten. Mich gibt es gar nicht.« Für einen kurzen Moment scheint sein Körper an Materie zu verlieren und durchsichtig zu sein, dann nimmt er wieder Form an.

»Was wollen Sie von uns?«

»Reden, sonst nichts. Ich bin wissbegierig, neugierig. Ich will wissen, wie die Geschichte ausgeht.«

Esra ist bewusst, dass sie hier mit Worten gegen etwas kämpfen, das sie nicht verstehen. Sie versucht es trotzdem weiter. »Es gibt einen Auftrag. Das Leben zu erhalten. Nach bestem Wissen und Gewissen.«

»Das klingt sehr hübsch aus deinem Schmollmund, mein Kind. Es zählt nicht. Am Ende siegt immer die Finsternis. Seit Anbeginn der Zeit. Die Urzeitkrebse ändern sich nicht.«

»Sie wollen uns prüfen, ist es das?« Aron wird ungeduldig. »Wollen Sie uns vorführen? Am Nasenring der Lächerlichkeit durchs Dorf schleifen. Ist doch so. Wo sollen wir anfangen? Beim Sinn des Lebens? Sollen wir Ihnen den verraten?«

»Es wäre ein Beginn«, sagt Malestro.

Arons Augen sehen Esra hilfesuchend an. Er schickt einen Gedanken. *Was meinst du?*

»Noch einmal«, sagt Esra, »es gibt einen Auftrag. Und es gibt eine Lösung. Für alles. Ich bin mir sicher. Es gibt einen Ausweg vor dem Untergang, eine Lösung für das große Zittern. Sie heißt: innere Festigung.«

Malestros Kopf fährt herum: »Ach.« Er wirkt nicht mehr herablassend, eher interessiert. »Nur zu.«

»Ja, innere Festigung. Nur wer innerlich gefestigt ist, kann äußerlich etwas bewegen. In seinem Bereich und weit darüber hinaus. Gute Gesinnung und positive Energie lassen sich nachweislich«, Esra hebt den Zeigefinger, »in Wellen verbreiten. Sie schaffen ein Klima des Zusammenhalts. Und in weiterer Folge: Frieden. Wir glauben daran. Wir glauben an die Liebe und die Weiterentwicklung. Wir bleiben nicht stehen. Es geht weiter. Der Mensch entwickelt sich weiter. Er hat die nächste Stufe der Evolution erreicht. Oder zumindest ist er auf dem besten Weg dorthin. Er wird einfühlsamer und gescheiter. Er legt die Waffen nieder und reicht seinem Gegenüber die Hand. Ich bin mir sicher, dass das geht. Der Mensch ist ein Monster, ja, das auch, aber er kann über seine niedere Beschaffenheit hinauswachsen.« Sie schließt die Augen, spricht mit Inbrunst. »Er kämpft für den Geist. Und erkennt dadurch, was er ist. Eine Seele von vielen.« Esra öffnet die Augen, sieht sich nach Malestro um.

Er ist verschwunden.

Wie spät ist es?

Ticktack. Ticktack. Ticktack. Ticktack. Die Zeit läuft ab. Jetzt.

Das Ende

Erst waren die Flammen, und dann kam die Flut.

ACHTUNG stand auf dem Visionator. Die Bilder, die der letzte Energiekristall ins Haus übertrug, zeigten Szenen der Apokalypse in holografischer Tiefe. Aron und Esra sitzen auf der Rundbank aus Sonnenholz in dem weißen Hauptraum ihres Hauses und verfolgen das Geschehen. Die Einspielung wirkte wie die Schlusssequenz eines Katastrophentraums. Aber das war kein Traum, es war echt.

Aber.

Mit dem hat alles angefangen. Mit diesem Aber. Aber all dieses Relativieren und Abwägen hatte keine Bedeutung mehr, wenn die Zeit ablief. Eine Zeit, die in der Mitvergangenheit fortschritt, während sich die Welt für zwei Menschen in der Gegenwart abspielt.

Aron sieht Esra lange in die Augen und schickt einen Gedanken: *Es beginnt.*

Sie nickt und denkt: *Ja.*

Überall im Raum weiße Stille.

Dann setzte der Ton wieder ein. *ACHTUNG.* Die Übertragung auf dem Visionator lief weiter. Der Tempel des Poseidon stand in Flammen. Löschmänner mit vom Ruß verklebten Haaren stemmten sich mit voller Kraft gegen die Querstreben der Drehräder, die die unterirdischen Wasserreservoirs öffneten. Eine nach der anderen schossen die Fontänen heraus, die sich in einem See aus waberndem Feuer verloren. Menschen drängten sich auf den Straßen, verwirrt, verstört, Hilfe suchend. Nichts war ihnen geblieben, nur die Angst im Gesicht.

Angst.

Der Kontinent begann sich aufzulösen. Als würde eine unsichtbare Macht, ein Feuergott, ihre Welt von innen heraus auslöschen. Die Rache des Ra. Die Heiligen Hügel barsten. Aufgeplatzte Erdkrusten, aus denen Magma strömte. Orangefarbene Lava floss träge die Abhänge hinunter, die noch vor kurzem mit saftigen Wiesen und Blumen überzogen waren. Jetzt war da nur mehr eine dampfende Welt, die fauchte und zischte. Feuersbrünste allerorten. Verbrannte Ziegen, tote Pferde. Bäume, deren pestschwarze Äste sich wie Skelette Richtung Himmel rankten. Stumme Zeugen der Verheerung.

Die Frau, die die Übertragung im Hintergrund des Hologramms kommentierte, schrie, um den Lärm rundherum zu übertönen: »Sie können es nicht aufhalten. Das Feuer ist überall! Es kreist uns ein. Es geht nicht weiter. Der Pfad ist abgeschnitten. Wir sind …« Ihre Worte gingen im Inferno unter. Das Holo-Bild zoomte in die Lohen, die großflächig und genüsslich über das Land leckten.

So sieht das Ende aus, denkt Esra, prachtvoll und unaufhaltsam.

Aron denkt: *Alles zittert, alles glüht.*

Das Bild zeigte eine einsame Gestalt in einer braunen Kutte unterwegs durch die Straßen von Atlantis. Ein Mönch ohne Ziel und Glauben. Die Häuser waren in der Hitze implodiert, kleine Badebecken in den Gärten verdampft. Am Ende aller Tage regnete es heiße Asche.

Menschen mit Masken vor Mund und Nase. Zum Schutz hatten sie gesagt. Frauen mit Kindern auf dem Arm. Männer, die der Mut verlassen hatte. Dutzende, Hunderte, Tausende rannten Richtung Meer, wildes Gezappel, auf nackten Sohlen oder in Fußleder auf der Flucht vor dem Unausweichlichen.

Es hätte nicht so weit kommen dürfen, denkt Aron, *niemals.*

Esra nimmt seine Hand und drückt sie. *Die Dinge sind, wie sie sind.*

Die Bilder wechselten schneller. Eine Bäuerin mit gebrochenem Blick, ihre Farm eine glosende Ödnis. Dann ein Mann auf dem Dach einer Kutsche, die Hände vors Gesicht geschlagen. Bildschwenk, wieder Zähne aus Feuer, die sich die Hänge des nahen Vorgebirges hinunterfraßen. »Die Flammen haben Area Sieben erreicht«, schrie die Berichterstatterin, »bis zu Area Zwölf ist es nicht mehr weit!«

Das Bild wackelte, kippte um neunzig Grad, die Übertragung lief weiter. Am Rand sah man, wie eine Stampede Büffel um ihr Leben rannte. Dann Aufnahmen des Regenwalds, üppige Vegetation, Schichten und Schattierungen von Grün, alles von Rauchwellen verschluckt. Zersplitterte Zedern und Reste von Tieren. Welche Art, war nicht mehr erkennbar, möglicherweise Leoparden und Pumas. Sie waren verkohlt, lagen da wie vergessen.

Aron schickt Esra einen Gedanken. *Warum, frage ich dich, warum nur?*

Esra denkt: *Es liegt nicht an ihm. Wir waren es.*

Wir waren.

Es ist wie ein Echo. Ein Abgesang wie von einem Chor.

Wir waren.

Wir waren.

Wir waren.

Das Jetzt ist fort. Die Gegenwart ist nicht mehr da. Die Menschen haben immer ganz im Augenblick gelebt. Nicht im Gestern, nicht im Morgen. Das Jetzt. Das war ihre Zeit. Nun hat sich die Vergangenheit in ihr Dasein geschlichen.

Wir sind nicht mehr, wir waren einmal.

Aron schluckt. *Ich liebe dich, Esra.*

Ich dich auch, mein Schatz.

Die Stadt war zu einem Haufen Schutt und Geröll verkommen. Heißer Dampf fauchte aus Fenstern, die aussahen wie Augen ohne Augäpfel. Atlantis, ein Abschied.

Aron denkt: *Die Zeit, die du mir geschenkt hast, war die beste meines Lebens.*

Esra denkt: *Ein bisschen mehr, nur ein bisschen länger.*

Ein paar Wochen.

Ein paar Tage.

Ein paar Stunden.

Er sieht auf die Projektion des Energiekristalls. Ein paar Sekunden.

Und dann kam das Wasser. Gigantische, heranrollende Ozeanwellen traten über die Ufer und begruben ganze Stadtteile. Türme schwankten, knickten ein. Brücken schoben sich zusammen. Fluten brachen heran, stoisch und rhythmisch. Wasser, immer wieder Wasser, unendliche Massen. Das war kein friedvolles Element mehr. Flüsse aus Schlamm zogen sich durch Gassen. Menschen suchten vergeblich Schutz in Kellern, über denen die Wohnhäuser aus dem Erdboden gerissen wurden. Die Bilder der Zerstörung hatten etwas Anmutiges. Die Wucht der Wellen zeigte stolze Kraft.

Erst waren die Flammen, und dann kam die Flut.

Feuer und Wasser.

Elementares am Ende.

Epische Reinigung.

Katharsis.

Esras Augen sind jetzt ganz klar. Sie steht auf und schaut aus dem Fenster. Am Ende des Horizonts bäumt sich etwas auf. Ein riesiger Wall. Etwas Graublaues. Eine Wand aus Wasser. Ein Tsunami.

Sie hörten nichts. Die Tiere, die das Feuer überlebt hatten, waren in die Berge geflohen. Die Elefanten als erste, dann die Affen und die Kühe, am Ende die Vögel und die Insekten. Es war ganz still. Keine Übertragung mehr. Die Ruhe vor dem Ende.

So also sieht der Tod aus, denkt Esra.

Es muss hundert Meter hoch sein, denkt Aron. *Gewaltig.*

Mindestens.

Es schaut so unwirklich aus.

Wie ein Traum.

Aron nimmt Esra in die Arme. Er denkt nicht, er entscheidet sich für das gesprochene Wort. Er flüstert ihr ins Ohr: »Es ist schön, so mit dir zu warten.«

»Ja«, sagt sie, »wir werden eins. Alles wird eins.«

Dann kam die Welle.

EPILOG
Auftrag angenommen

Ich brenne für das, was ich tue. Normalerweise beschäftigt man sich als Dermatologe mit allerlei Sachen, wenn es wo brennt auf der Haut. Oder auf der Seele.

Neil Young hat einmal gesagt: »Es ist besser auszubrennen als zu verblassen.« Kanadische Rockmusiker verstehen unter Burnout was Cooles. Und tatsächlich ist es ein Unterschied, ob man für eine Sache brennt oder von ihr verbrannt wird.

Heute reden alle von Burnout. Stress zu haben reicht nicht, Burnout-gefährdet muss man sein, sonst könnte wer kommen und mit dem Finger auf dich zeigen: Hackelst nix?

Der Begriff selbst wurde 1960 durch einen Roman berühmt, Graham Greenes *A Burnt-Out Case*, zu Deutsch *Ein ausgebrannter Fall*. Das Wort Burnout tauchte in den Siebzigerjahren immer wieder in Zusammenhang mit Pflegeberufen auf. Heute ist Burnout eine Volkskrankheit, wie Rückenschmerzen oder Migräne. Eine ernstzunehmende Krankheit. Burnout entsteht, wenn man über längere Zeit unter Daueranspannung steht. Körperliche Erschöpfung, Panikattacken, seelische Verwüstung.

Durch den Wald kommt man zum Harlingsedter Gipfelkreuz. Der Teil ist für mich immer erhebend. Von oben ist die Welt noch eine Spur friedlicher. Ich marschiere runter nach Königswiesen bis zur Pfarrkirche Mariä Himmelfahrt. Jedes Mal, wenn ich hier bin, muss ich mir das prachtvolle Gotteshaus anschauen. Es verfügt über eine künstlerische Bauweise, ein sogenanntes Schlingrippengewölbe aus dem 15. Jahrhundert, mit 480 Feldern alleine im Mittelschiff. Hier bete ich ein Vaterunser, Amen, und ziehe weiter. Zwischen Königswiesen und Mötlas, im Kronbachtal, trifft das Glück auf das Pech. Und zwar in Form einiger Pechölsteine, auf denen das Mühlviertler Heilsam, das Pechöl, sprich heilendes Terpentin erzeugt wurde. Teilweise liegen die Steine etwas abseits des Weges. Aber ich sehe das nicht so eng. Wo der Johannesweg endet, beginnt doch erst der Rest der Welt.

In Mötlas selbst schlendere ich an einer wunderbaren Steinbloßkapelle vorbei, und es geht weiter zu einer der größten Burgruinen Österreichs: Ruttenstein.

Ganz oben auf dem Turm werfe ich einen Blick auf den Johannesweg, mein Gott, wie schön diese Landschaft doch ist, dann schaue ich noch einen Sprung in die Schutzhütte Ruttenstein am Fuße der Ruine rein, auf ein Glaserl Most, später wandere ich weiter durch das wildromantische Flusstal der Großen Naarn bis nach Pierbach, wo sich der Kreis schlieIt, und –

Bumm. Entschuldigung. Bin in eine junge Dame gekracht. Verzeihung. Neben ihr ein junger Mann. Hallo, grüß euch, von wo seid ihr denn?

Sie sagen, sie kommen von weit her. Mir kommt vor, ich kenne sie von wo, ich weiß nicht. Sie wirken anders, scheinen ganz besondere Menschen zu sein. Wir gehen ein Stück gemeinsam, unterhalten uns. Ich stelle mich ihnen vor, reiche die Hand, ich bin der Johannes. Zögerlich reichen sie auch die Hände, als würden sie dieses Begrüßungsritual gar nicht kennen. Ich bin die Esra, sagt die Frau. Ich bin der Aron, sagt der Mann. Sie schaut aus wie die jüngere Schwester von Rene Russo, er hat ein bisschen was von Keanu Reeves.

Sie sagen, sie haben eine unglaubliche Geschichte zu erzählen. Ich sage, wunderbar, ich brauche sowieso noch Stoff für das neue Buch. Buch?, fragen sie, als wüssten sie nicht, was das ist. Ja, Buch sage ich. Für den Johannesweg. Ah, sagen die beiden. Es hört sich an, als hätten sie keine Ahnung, wovon ich rede.

Sie erzählen von einem Land fern unserer Zeit. Atlantis. Ah, sage ich, Atlantis, der versunkene Kontinent. Ja, sagen sie, versunken. Sie erzählen von einer perfekten Gesellschaft. Glück, Gesundheit, Frohsinn. Alle Menschen lebten in Eintracht. Bis das Böse einzog, ganz langsam, ganz leise, und die Seelen der Leute vergiftete. Eine Hochkultur war dem Untergang geweiht. Atlantis, auf der Spitze der Entwicklung zerstörte sich selbst. Die beiden verstanden längst, wo die Probleme lagen, die die Menschen nicht lösen konnten. Aron und Esra wollten retten, was nicht mehr zu retten war.

Sie stemmten sich gegen das Schicksal. Bis zum Ende. Und dann ist etwas passiert. Etwas, das sie sich selbst nicht erklären können. Ein Katapult durch Zeit und Raum. Ein Sprung mit einem Geschenk: Sie durften ihr Wissen behalten. Und genau das ist ihre Mission, sagen sie, ihr Auftrag aus Atlantis. Es geht um Dinge, die die Seele verdunkeln. Der Neid und der Geiz, der Hass und die Gier.

Das kenne ich, sage ich, das ist der Grund, warum wir überall Schwierigkeiten haben.

Wo wir denn Schwierigkeiten hätten, will Esra wissen.

Auf allen Kontinenten, sage ich, wir aber hauptsächlich in Europa.

Europa, die Göttin, fragt Aron?

Ich schmunzle und zeige ihnen die zwölf Stationen des Johanneswegs. Ich lese ihnen vor, weil sie sich mit unseren Buchstaben schwertun. Sie sagen, in Atlantis sehe das alles ganz anders aus. Gute Schauspieler, denke ich. Also, passt auf.

1. Humor soll dein Leben begleiten, denn er beflügelt deinen Geist und erfreut die Gesellschaft.
2. Bewahre die Geduld, dann kannst du den Tag ohne Hast erleben.
3. Bleibe mutig, es befreit dich von lähmender Angst, der Basis vieler Krankheiten.

4. Werde großzügig und strebe nicht gierig nach noch mehr.
5. Sei tolerant gegenüber deinem Gesprächspartner und akzeptiere auch seine Vorstellungen.
6. Erhöhe dich nicht selbst und sprich nicht abfällig über die anderen – früher oder später fällt es auf dich zurück.
7. Sei hilfsbereit und ein guter Gastgeber – es lohnt sich für beide Seiten.
8. Halte Maß in allen Dingen, insbesondere auch beim Essen und Trinken.
9. Egal, wie alt du bist, jammere nicht und sei zufrieden mit deinem Los.
10. Pflege deinen Körper, aber identifiziere dich nicht mit ihm, sondern halte ihn in Balance mit deinem Inneren.
11. Der Ernst des Lebens braucht Freude als Treibstoff der Lebendigkeit.
12. Der Schlüssel zum gesunden Altern liegt in deinem Alltag.

Das wäre die Lösung gewesen, sagt Esra. Mhm, nickt Aron. Damit hätten wir Atlantis retten können. Wir hätten uns nur daran halten sollen.

Vielleicht nicht gleich an alle Regeln, sage ich, aber am Anfang zumindest an ein paar. Das Leben ist nicht immer leicht, es spielt dir Streiche und gibt dir Prüfungen auf. Ich will ihnen nicht zu viel vom Sinn des Lebens kommen, sie wirken besonnen, wenn auch leicht verwirrt. Wie Fremde in einer Großstadt, dabei sind wir auf dem Land. Schön, dass ihr auf dem Johannesweg seid, sage ich. Schaut, dort vorne ist das Ziel, das ja gleichzeitig auch der Anfang ist.

Ah, sagt Aron.

Esras Blick ist eingefroren. Sie starrt nach rechts, dabei ist dort nichts.

Nur ein Wanderer mit einem Hund, sage ich. Ein Husky.

Das ist kein Husky, sagt sie. Das ist ein Eishund.

Danke!

Die Mühlviertler Alm möchte an dieser Stelle allen Menschen, die mit dem Johannesweg zu tun haben, die Hand reichen.

Großer Dank gebührt Initiator Dr. Johannes Neuhofer. Danke für die sehr gute Zusammenarbeit bei der Umsetzung deiner Visionen für ein gutes Leben. Danke für deine Verbundenheit und Freundschaft zu unserer Region, der Mühlviertler Alm.

Danke allen Tourismusforen und anderen ehrenamtlichen Helferinnen und Helfern, die sich mit viel Liebe und Zeitaufwand um die Wegstrecke kümmern.

Danke allen Anrainern des Johannesweges für die wohlwollende Unterstützung dieses regionalen Leuchtturmprojekts. Danke für die vielen netten Gespräche, die ihr mit Wanderern führt. Danke für die offenherzige Aufnahme unserer Gäste.

Danke auch allen Tourismusbetrieben und Taxiunternehmen für die freundliche Aufnahme der Pilgerinnen und Pilger in unserer Region. Danke für die sehr gute, betriebsübergreifende Zusammenarbeit.

Ein großer Dank gebührt dem Johannesweg-Verein und seinen Mitgliedern für das engagierte Mittragen und Weiterentwickeln dieses Lebensweges.

Danke allen Mitwirkenden, die bei der Erstellung dieses dritten Buches mitgearbeitet haben. Danke an alle Pilgerinnen und Pilger, die uns Fotos von ihren Eindrücken und Erlebnissen am Johannesweg geschickt haben – einige davon wurden ja für dieses Buch ausgewählt.

Danke allen Medienvertreterinnen und -vertretern, die schon selbst eine Reise auf dem Johannesweg angetreten haben. Besten Dank für die positiven Berichterstattungen.

Herzlichen Dank dem Projektauswahlgremium der Region Mühlviertler Alm, das durch seinen Einsatz eine Leaderförderung von EU, Bund und Land geschaffen hat. Ohne diese finanzielle Unterstützung wäre dieses Buchprojekt nicht möglich gewesen.

Zu guter Letzt: Ein herzliches Dankeschön allen Wanderinnen und Wanderern, allen Pilgerinnen und Pilgern. Schön, dass Sie sich mit dem Johannesweg auf den Weg zu sich selbst gemacht haben. Danke, dass Sie dafür offen waren, sich auf das, was wirklich wichtig ist, zu besinnen.

Danke für die ersten fünf gemeinsamen Jahre!

Mühlviertler Alm – Ursprung der Lebensfreude

Die Lebensregion Mühlviertler Alm

Eine Region mit zehn Gemeinden, gelegen im Nordosten Oberösterreichs, abseits der großen Ballungszentren, wo die Ruhe und Gelassenheit der Landschaft auf die Menschen übergeht – das ist die Mühlviertler Alm.
Dichte Wälder, plätschernde Bäche, sanfte Hügel – das zeichnet die Landschaft dieser Region aus. So vielfältig wie die Landschaft der Mühlviertler Alm ist, so ist auch ihr Angebot an sportlichen Freizeit- und Urlaubsaktivitäten. Ein Highlight ist der Johannesweg.

Info und Kartenmaterial

Tourismusregion Mühlviertler Alm
Markt 19, 4273 Unterweißenbach
+43 (0)7956 7304
office@muehlviertleralm.at,
www.muehlviertleralm.at

Am Johannesweg einkehren ...

Hier spüren Sie die Kraft des Mühlviertels. Sie wandern auf Naturwegen, lauschen den plätschernden Bächen und genießen den Weitblick bis in die Alpen. Auf den 84 Kilometern unterwegs, treffen Sie auf zwölf Stationen, die Themen wie Humor, Hilfsbereitschaft und Mut ansprechen. Zwischendurch machen Sie eine Pause und spüren den weichen Wald- oder Wiesenboden unter sich. Die Nächte verbringen Sie in einem frisch gemachten Bett, wer weiß vielleicht begleitet Sie auch ein schöner Traum durch die Nacht. Machen Sie sich auf den (Johannes)Weg und besinnen Sie sich auf das Wichtigste – auf Sie selbst.

www.johannesweg.at
www.muehlviertleralm.at

MÜHLVIERTLER ALM
Ursprung der Lebensfreude

Johannes Neuhofer
Der Johannesweg
So finden Sie zur inneren Einkehr und Zufriedenheit
Aufgezeichnet von Andrea Fehringer & Thomas Köpf
232 Seiten
Amalthea, Wien
ISBN 978-3-85002-809-7

Der Johannesweg
Die österreichische Antwort auf den Jakobsweg

Das Buch „Der Johannesweg“ ist ein fröhlicher Lebensratgeber, der den Weg in ein zufriedenes und gesundes Dasein bis ins hohe Alter weist. Und das ohne erhobenen Zeigefinger. Stattdessen geht man über zwölf Weisheiten dem tieferen Sinn des Lebens nach.
Den Johannesweg mit seinen zwölf Stationen kann man auch in natura begehen. 84 Kilometer lang schlängelt er sich durch die Mühlviertler Alm, eine der schönsten Regionen Österreichs. Sein Streckenverlauf ist in seiner Form der Blüte der weißen Lilie nachempfunden. In der Pflanzenwelt steht sie als Symbol für das Licht und wurde deshalb auch zum Zeichen des Johannesweges.

Johannes Neuhofer
Ich bin jetzt am Johannesweg
Zwölf Geschichten vom Leben
Aufgezeichnet von Andrea Fehringer & Thomas Köpf
205 Seiten
Amalthea, Wien
ISBN 978-3-85002-896-7

Ich bin jetzt am Johannesweg
Das Folgewerk nach dem Bestseller „Der Johannesweg"

Ein Clown, der nichts zu lachen hat. Eine Frau, die abnehmen will. Ein Pechvogel, der die Frau seines Lebens trifft. Ein Briefträger, der fremde Post liest. Eine Sängerin, die eine Chance bekommt. Zwei Brüder, die wieder zueinanderfinden. Eine Irre, die weise Worte spricht. Ein Lebensretter, den niemand leiden kann. Ein Kind, das sein Schicksal annimmt …
Es sind zwölf berührende Kurzgeschichten, die den Johannesweg streifen, angesiedelt am Wegesrand. Sie sollen Mut machen, Kraft geben wie eine Wegzehrung. Hier geht es um Menschen, die auf der Suche nach sich selbst sind und eines erkennen: Lebe dein Leben. Und finde deinen Weg.
„Ich bin jetzt am Johannesweg" – der Wegbegleiter für ein gutes Leben. Ein Buch, das Hoffnung gibt. Ein Buch, das bewegt.